闪亮的

共和国的建设者

葛　竞　著
徐福骞　绘

人民东方出版传媒
People's Oriental Publishing & Media
東方出版社
The Oriental Press

图书在版编目（CIP）数据

闪亮的名字 . 共和国的建设者 / 葛竞 著；徐福骞 绘 . —北京：东方出版社，2023.6
ISBN 978-7-5207-2818-8

Ⅰ. ①闪… Ⅱ. ①葛… ②徐… Ⅲ. ①先进工作者—先进事迹—中国—现代—青少年读物 Ⅳ. ① K820.7-49

中国版本图书馆 CIP 数据核字（2022）第 106930 号

闪亮的名字：共和国的建设者
（SHANLIANG DE MINGZI: GONGHEGUO DE JIANSHEZHE）

作　　者：葛　竞
绘　　者：徐福骞
策 划 人：黄　娟
责任编辑：黄　娟　潘朵朵
特约编辑：余　莹　高　扬　宋伟杰　周艺婷　张冰洁　盛天南
责任审校：刘越难　赵鹏丽　金学勇
出　　版：东方出版社
发　　行：人民东方出版传媒有限公司
地　　址：北京市东城区朝阳门内大街 166 号
邮　　编：100010
印　　刷：北京联兴盛业印刷股份有限公司
版　　次：2023 年 6 月第 1 版
印　　次：2023 年 6 月第 1 次印刷
开　　本：787 毫米 ×1092 毫米　1/32
印　　张：23.75
字　　数：260 千字
书　　号：ISBN 978-7-5207-2818-8
定　　价：100.00 元（全 4 册）
发行电话：（010）85924663　85924644　85924641

编写说明

党的十八大以来，以习近平同志为核心的党中央高度重视功勋荣誉表彰工作。2015年12月，全国人大常委会颁布《中华人民共和国国家勋章和国家荣誉称号法》，其中规定：

国家勋章和国家荣誉称号为国家最高荣誉。

国家设立“共和国勋章”，授予在中国特色社会主义建设、保卫国家和国防建设中建立卓越功勋的杰出人士。

国家设立国家荣誉称号，授予在经济、社会、国防、外交、教育、科技、文化、卫生、体育等各领域作出重大贡献，享有崇高声誉的杰出人士。

2019 年是中华人民共和国成立 70 周年，党中央决定，首次开展国家勋章和国家荣誉称号集中评选颁授，隆重表彰一批为新中国建设和发展作出杰出贡献的功勋模范人物，并号召全社会学习他们忠诚、执着、朴实的鲜明品格。

2019 年 9 月 29 日上午 10 时，在人民大会堂举行的中华人民共和国国家勋章和国家荣誉称号颁授仪式上，中共中央总书记、国家主席、中央军委主席习近平向于敏等 8 位“共和国勋章”获得者，叶培建等 28 位国家荣誉称号获得者颁授勋章奖章。

2020 年 9 月 8 日上午 10 时，全国抗击新冠肺炎疫情表彰大会在人民大会堂举行。会上宣读了由习近平签署的主席令，授予钟南山“共和国勋章”，授予张伯礼、张定宇、陈薇“人民英雄”国家荣誉称号，以表彰他们在抗击新冠肺炎疫情斗争中作出的杰出贡献，弘扬他们忠诚、担当、奉献的崇高品质。

本套书根据9位“共和国勋章”获得者和31位国家荣誉称号获得者的生平经历和先进事迹撰写而成，旨在向广大青少年读者群体讲述这些闪亮的名字背后的动人故事，展现榜样人物真实的生活面貌和赤忱的家国情怀。

本套书共分为4册，依次为：《共和国的建设者》《人民的领航员》《我们的榜样》以及《我们的英雄》。

《共和国的建设者》以于敏、申纪兰、孙家栋、李延年、张富清、袁隆平、黄旭华、屠呦呦、钟南山等9位“共和国勋章”获得者为叙写对象，展现他们为建设祖国、卫护人民所作出的巨大贡献。

《人民的领航员》聚焦于“人民科学家”叶

培建、吴文俊、南仁东、顾方舟、程开甲，“人民教育家”于漪、卫兴华、高铭暄，以及“人民艺术家”王蒙、秦怡、郭兰英等11位国家荣誉称号获得者，描绘了他们在科学、教育、艺术领域发挥的模范引领作用和作出的突出贡献。

《我们的榜样》描述了“人民楷模”王文教、王有德、王启民、王继才、布茹玛汗·毛勒朵、朱彦夫、李保国、都贵玛、高德荣，“民族团结杰出贡献者”热地，“‘一国两制’杰出贡献者”董建华，“外交工作杰出贡献者”李道豫，以及“文物保护杰出贡献者”樊锦诗等13位国家荣誉称号获得者的先进事迹，彰显出他们恪守岗位职责的榜样力量和真诚服务人民的奉献精神。

《我们的英雄》讲述了7位“人民英雄”国家荣誉称号获得者的故事，他们分别是艾

热提·马木提、申亮亮、麦贤得、张超、张伯礼、张定宇、陈薇，展示了他们用热血谱写忠诚、以生命守护人民的英雄气概。

“崇尚英雄才会产生英雄”。我们此次面向青少年读者群体讲述闪亮的名字背后的平凡故事，即是希望青少年读者能在阅读过程中，同走榜样人物的成长生活之路，探寻他们身上优秀道德品质的建立历程，在心中激荡起爱国主义情怀，自然萌发对英雄人物的景仰与向往之情。

“争做英雄才能英雄辈出”。本套书在叙写人物时，选取的生平事迹真实可信，灌注其间的精神情感诚挚动人，所用文字表述贴近日常生活。我们希望青少年读者能够感到亲切真实，潜移默化地受到榜样力量的感染，见贤思齐，争做英雄，树立为中华民族伟大复兴贡献力量的崇高理想。

目录

于敏
——隐身的“氢弹之父”

要成为伟大的科学家，需要走过一条怎样的道路呢？今天，让我们走近共和国勋章获得者，“氢弹之父”于敏，看一看他走过的道路吧！

想象一下，如果你独自一人到很远很远的地方生活，在这里，你不能告诉任何人你是谁、你在做什么，也不能联系最亲爱的家人和朋友，你能坚持多久？

也许你会说，我能坚持 10 天、1 个月，甚至 1 年。可是有这样一个人，他 28 年隐姓埋名，填补了中国原子核理论的空白，为氢弹突破作出卓越贡献。

让我们把时间调回到于敏 13 岁的时候，一起重走这位科学家的人生道路。

少年求学，科研梦启

在于敏生活的年代，日军悍然对中国发动了罪恶的侵略战争，中国人民受尽了日本侵略者的欺辱。

和所有刚进入青春期的小男孩儿一样，那时的于敏朝气蓬勃、活力满满。他刚学会骑自行车，对此好奇又兴奋。

有一天，于敏找同学借了一辆自行车，他哼着歌儿骑着车，要去找同学玩。路上，迎面开来了一辆大吉普车，他瞧见车朝自己的方向开过来，便提前停了下来，靠边等待，让吉普车先行。

可没想到，这辆吉普车反而加速朝着于敏开了过来。就在吉普车要撞上于敏的那一刻，他灵活地避开了。

吉普车从耳边呼啸而过，留下一串狂妄的笑声。于敏警觉地抬头，才发现车内的司机原来是一个日本人！

日本人竟然敢如此嚣张，对一个孩子都不怀好意！这可是在中国领土上，还是在天津这种大城市，如此飞扬跋扈，简直欺人太甚！

看着手中的自行车，再望向日本人扬长而去的车影，于敏暗自发誓：“我们必须强大起来，绝对不要再受外国人的欺负！”

要想扬眉吐气，就要缩小“自行车”和“吉

普车”之间的差距。于敏握紧拳头，在心里埋下一颗种子，暗自下定决心：立志报国，科学救国。这八个字，成了他奉献终生的追求。

于敏从小就在数学这门学科上有很高的天赋。高中时，他就读于全天津市最好的耀华中学。在学霸如云的校园里，他轻轻松松就能考第一名，后来，他更是以优异的成绩考上了北京大学工学院。

工学院的学习内容对动手能力要求很高，但于敏偏偏是个“心灵手不巧”的学生，老师上课讲的理论知识，他很快就能掌握，可面对动手实操，他就感到有些力不从心。于是，于敏有了转入理学院研究自己最擅长的理论知识的想法。

1945 年是于敏上大学的第二年，这一年的 8 月 6 日，发生了一件让世界都震惊的大事。

8月6日早上8点，日本广岛的居民们像往常一样，充满希望地迎来了新的一天。16分钟后，天空中突然闪过一道令人眼花目眩的强烈白色闪光，紧接着，城市上空传来震耳欲聋的巨响，一朵巨大的蘑菇形状的烟云腾空而起，卷起滚滚火浪，竖起无数根火柱。顷刻间，广岛市成为一片焦热的火海。

这一天，全广岛的时钟指针都停止在8时16分。是美国在日本投掷了“原子弹”。原子弹在离广岛地面600米处的位置爆炸，顷刻间摧毁了方圆十几平方公里的数万幢房屋。

原子弹爆炸产生的剧烈闪光致使成千上万人双目失明；炙热的高温烧毁了许多建筑；而原子弹遗留下的具有辐射的残骸，更能让幸存者在往后20年内都受到病痛的折磨。

更悲惨的是，处在爆炸中心的人会在瞬间

死亡；而离中心远一点的人，只保留着在一刹那被烧毁时的残骸；更远一些的地方，有些人虽侥幸还活着，但也被严重烧伤。

消息传开，这个有大规模杀伤力的“新型武器”让世界人民都感到恐慌害怕。远在中国的于敏被这个消息触动，他意识到自己必须去做些什么！

转战物理，以身报国

有想法就要去行动。于是，于敏在 1946 年转入了理学院去攻读物理，并将自己的专业方向定为理论物理。

一次全年级考数学，数学系专业的学生平均成绩才 20 分，就连数学系成绩最好的学生也只刚考过及格线而已，而学物理的于敏却考了

100分！

老师和同学们都对于敏刮目相看，可于敏回忆起这段往事时，却谦虚地说：“我不笨，我自己认为我也不聪明，我只是很勤奋。我也许只是有点天赋，但我不算是很聪明。”

上大学时，于敏暑假因为没有路费回不了家。他常常拿着课本和习题，跑到景山顶上一边乘凉一边做着习题，享受学习带来的快乐时光。

就这样，于敏以十分出色的成绩顺利考取研究生，并在北京大学兼任助教。

1950年10月，中国人民志愿军支援朝鲜，在战场上奋力抵抗，美军节节败退。此时，几乎已经无计可施的美国总统杜鲁门却在一次记者招待会上轻蔑地表示，美国还有原子弹呢，也许可以在朝鲜战场上使用一次。杜鲁门的话一出口，立刻引起轩然大波，这明显就是在针对中国，挑战中国人民的底线。

毛泽东主席听了这话，毫不惧怕地说：“我国有6亿人口，有960万平方公里的土地。美国那点原子弹，消灭不了中国人！”

和所有中国人一样，听到毛主席这番话的于敏，也备受激励，热血沸腾。于敏不知道的是，随着国际时局的转变，他的命运也将从此改变。他极其聪慧的头脑和在数学上的极高天赋，让他在众多学生中脱颖而出，被几位“大人物”看中了。

1951年的一天，在“中国原子能科学事业的创始人”钱三强的安排下，于敏被带到了一个神秘的地方。

有人走到于敏面前，诚恳地说：“我想把你介绍到近代物理研究所工作。近代物理研究所是我们的核物理、核科学技术的基地。现在，需要你帮我们做点工作。”

于敏这才意识到，这个神秘的地方，竟然是新中国第一个核科学技术研究基地——近代物理研究所。而眼前的这位则是我国核科学事业的奠基人之一——彭桓武。

在彭桓武的介绍下，于敏渐渐梳理清楚了事情的前因后果。

当时，新中国刚刚成立，美国仗着他们的原子弹耀武扬威。中国没有这样的武器，美国便觉得中国实力薄弱，才敢如此猖狂地用核武器威胁中国。

虽然在世界各国的辖制下，美国承诺不会再使用原子弹，但如果中国没有同样级别的武器，那我们始终都会被人压制，永远活在被威胁的恐慌之中。

为了不再受牵制，当务之急是中国必须研制出自己的核武器。在这样紧迫的背景下，近代物理研究所成立了。除了于敏，还有许多和他一样出类拔萃的科学家被选进这里，共同研究原子核理论。

当时的于敏，在全国最顶尖的学府当助教。作为研究生，他的学术前途一片光明，按照正常人生轨迹的发展，他也许会成为北京大学的一名教师，传道授业，桃李满天下。可命运偏偏不按既有的轨迹发展，从于敏踏入研究所的那一刻起，他就怀揣着“立志报国，科学救国”的理想。眼前的机会，正是于敏实现理想的好时机。

“国家需要我，我一定全力以赴！”于敏毫不犹豫地投入到原子核理论的研究中。面对完全陌生的知识领域，于敏迎难而上，勤奋学习，在几次调研中都表现突出。最终，上级决定直接将这项工作交给他和邓稼先来领导。

别看于敏平时随和友善，平易近人，他当起研究小组的负责人来可是十分严厉，组员都很怕他。

于敏要求组员每个星期都要汇报本周看书的进展和成果。书里有很难的公式，组员们必须自己推算成功之后，才敢在于敏面前汇报。可即便他们准备得再充分，每次汇报时，还是能被于敏尖锐的提问难住，答不上来。

在于敏和邓稼先的带领下，再加上有苏联的经验和帮助，中国在原子弹的研究上很快就有了成果。

可就在1951年、1953年，美国和苏联分别研发出了氢弹。氢弹，是比原子弹的威力还要大几百倍的武器！而此时，苏联不愿意再将研制氢弹的经验分享给我们了。中国面临的是更严峻的考验——要想不再惧怕别国的核威胁，必须也研制出氢弹来！

无名之路，余生尽献

1961 年 1 月的一天，于敏被叫到了钱三强的办公室。

钱三强开门见山地说：“经上级批准决定，将你调入氢弹理论的预先研究工作。你愿意转去氢弹研究工作组吗？”

这是于敏始料不及的事情。钱三强与他的这次谈话，改变了他此后的人生道路。

为了国家的发展，于敏毅然决然地投身到氢弹研究的事业中。

“虽然世界上有氢弹，但对于我们来说是一

穷二白。杜鲁门跟艾森豪威尔都赤裸裸地讲，他们决不能让中国搞氢弹。那时候中美关系非常紧张，美国甚至派军舰带着核武器到我们近海来挑衅。是可忍孰不可忍，我过去学的东西都可以抛掉，我一定要全力以赴搞出来。”于敏坚定地说。

这是一次为了理想的转变，是一次为了祖国的转变，能够有这样的转变，不仅是因为于敏的智慧与能力，更是因为他内心的坚定信仰与爱国情怀。

由于任务涉及国家安全，研究核武器的事情必须严格保密，这也就意味着，于敏不能告诉任何人他的行踪和工作，甚至连名字和身份也要保密。

这一保密，就是将近 30 年。

1965 年，于敏带领几十名成员去往上海华东计算技术研究所计算一批模型。那里有全国唯一一台计算速度能达到每秒万次的计算机，虽然不如现在的电脑速度快，但比人脑还是要快很多。

本以为一到研究所就可以用上计算机，可真实情况却让于敏傻了眼。由于只有唯一一台计算机，而需要使用的科研小组又不止一组，他们只能排队等待使用。就这样，于敏只能在每天晚上别人都睡觉的时候，带着小组成员熬夜推算。

那时候的计算机就像现在的打印机，计算完之后会出来很多打孔纸带，于敏就搬个椅子守在旁边，一目十行地验算着计算出来的结果。往往大家都发现不了的错误，于敏看一眼就能敏锐地找到问题。

大家讨论模型计算结果时十分激烈，常常

因为想法不同而吵得不可开交，谁也说服不了谁。就在大家一筹莫展时，一直在埋头苦算的于敏终于有了新的进展。他判断此时的设计模型存在一些问题，针对这些问题，他提出了一种新方法。

于敏的想法就像是黑暗中的一盏明灯，瞬间驱散众人心中的迷雾。小组成员们赶紧将于敏的结论进行检验，试算了两个模型，得出了很好的结果。

于敏的发现解决了制造氢弹的关键步骤，让团队有了新的突破，胜利的曙光就在眼前！

激动的于敏给身在北京的邓稼先打了一个“奇怪”的电话，就像电视剧里的“间谍行动”一样，全程使用别人听不懂的暗语进行交流。

“我们几个人去打了一次猎，打上了一只松鼠！”于敏兴奋地说。他这是在告诉邓稼先，他们已经发现了有效氢弹构型！

“你们美美地吃上了一顿野味？”邓稼先也难掩激动，进一步向于敏确认情况。

“不，现在还不能把它煮熟，要留作标本。我们有新奇的发现，它身体结构特别，需要做进一步的解剖研究，可是我们人手不够。”于敏这是在向邓稼先求助，希望他能派人来帮助自己。

“好，我立刻赶到你那里去！”挂断电话，邓稼先立马启程。

在旁人看来，这段对话十分奇怪，可对于像于敏这样的科研工作人员来说，深入血液里的保密意识，让他们必须克制自己的言行。即使有了显著成绩，也不能大肆声张，要时刻为国家的安全着想。

1967 年 6 月 17 日，随着中国西部地区上空一声巨响，大漠上空同时升起两个“太阳”——两朵蘑菇云拔地而起——我国第一颗氢弹空投爆炸试验成功！

从原子弹到氢弹，美国用了7年3个月，英国用了4年7个月，法国用了8年6个月，苏联用了4年，而我们中国只用了2年8个月！这飞跃的成果离不开像于敏一样默默奉献的科学家们！他们隐姓埋名，无私奋斗，终其一生，全身心地投入国家发展的事业中。

在这漫漫几十年岁月里，于敏曾经三次和死神擦肩而过，最严重的时候，他直接休克过去，好久都没有反应。即便如此，于敏却仍在病情好转之后又迅速投身到研究中。

于敏的名字解密时间是1988年，此时他的妻子孙玉芹才知道，原来自己的丈夫一直在从事氢弹研究工作。

于敏和妻子育有一儿一女，而在此之前，年幼的孩子们根本不明白父亲每天都在忙什么。于敏很少回家，和孩子们见面的次数少之又少，即使回来，也总是在思考工作上的问题。直到孩子们长大之后，才逐渐理解父亲，最终把父亲当作自己的榜样。

而“于敏”这个名字第一次公布在大众面前，则是在1999年的“两弹一星”功勋奖章发布会上，此时距离于敏从事氢弹研发已经过去38年的时间了。

于敏就像他最欣赏的“偶像”诸葛亮那样，是为了理想奋斗终生，为了国家“鞠躬尽瘁、死而后已”的人民英雄。可于敏一直都很谦虚，他说：“我比诸葛亮差远了，他是中华民族的英雄，我只是萤火之光，怎能与皓月争辉。”

有人把于敏誉为“中国氢弹之父”，于敏连

忙摆手摇头：“这个提法不对，我受之有愧。核武器事业是一项集体的事业，是全国各条战线、多个部门大力协同的成果，不是哪一个人、哪一个单位能够独立完成的。我自己只是做了应当做的工作，荣誉属于参加核武器研制的全体科技工作者、干部、工人和解放军指战员。”

隐姓埋名数十年，将自己的一生奉献给国防事业，于敏从不叫苦、不叫委屈。他对儿子于辛说，一个人的名字早晚是要消失的，这一生能把自己的微薄之力融入强国的事业中，就已经很欣慰了。

申纪兰
——劳动就是解放

1954 年的秋天，秋风萧瑟，树上的叶子缓缓落下，有的像蝴蝶飞舞，有的像鸟儿展翅。此时的北京，地上撒满了金色的落叶，好似一条金光大道，25 岁的申纪兰站在北京的街道上，心潮澎湃。

这是申纪兰第一次来到北京，她骑着毛驴在路上颠簸了四天四夜。北京的一切对她来说都十分新鲜，别说那车水马龙的街道了，就连电灯她都是第一次见到。她没有一丝闲暇的时间，马不停蹄地赶往住所，她要练习一件简单而重要的事情：画圈儿。

这次，她来北京的目的是要代表山西省平顺县西沟村的村民们，在毛泽东的名字下画上一个漂亮的大圆圈。

你可能会疑惑，画圈究竟是什么意思？那是她要投出的光荣一票！

申纪兰因在自己村里的表现突出，所以被选为农民代表前往北京参加第一届全国人民代表大会。在这次的人民代表大会中，将选举产生国家主席！申纪兰将代表西沟村的所有村民，选举毛泽东作为国家主席。

第一次进京的申纪兰不会想到，她以后还会更多次地走进这个全国政治经济文化的中心——她是唯一一位连续参加了十三届人民代表大会的人大代表。

她和来自全国各地的人大代表一起见证了中国人民代表大会制度的逐步完善。有人评价申纪兰，说她是人民代表大会制度的“见证人”和“活化石”。

年纪轻轻的申纪兰为什么会被选作整个西沟村的代表呢？就让我们一起走进她的故事，感受这位女共产党员的传奇人生吧！

劳动就是解放，妇女能顶半边天

1929 年，伴随着一声啼哭，申纪兰出生在山西省平顺县。

这是一个位于太行山革命老区的不起眼儿的小山村，它位置偏僻，自然条件也非常恶劣。整座山没有绿色的植被，光秃秃的一片，河滩里也不见小鱼的踪影，到处是乱石。用一句话来形容，那就是“金木水火土，什么也没有”。

那时，这里的村民们吃不饱穿不暖，生活条件十分艰苦。旧社会的封建剥削和连年战乱让中国人饱尝苦难，中国女性更是受尽压迫，地位卑微。

那个时候的农村，人们思想封建，总是用“围着三台转”来形容女性，说女人放不下碾台，走不出炕台，离不开锅台，有些女性甚至还一直保留着裹小脚的陋习。而申纪兰从小就不认为女人和男人有何区别，一生信守“劳动就是解放”，所以18岁的她在嫁到西沟村的第6天就下地干活儿，从不喊苦喊累。

那时的申纪兰也没有想过，自己有一天竟然能改变整个村庄，她只是对那句老话“好男人走到县，好女子不出院”感到愤愤不平。

“男的才能在户籍上立户，妇女却不可以，这就是看不起妇女啊！我们妇女也是人，但没人把我们当人看……如果说旧社会是黑咕隆咚的深渊，那我们妇女就在万丈深渊的最底层！”申纪兰义愤填膺地对村民们说。

1951年，全国劳动模范、平顺县委书记李顺达为了让全村人吃饱肚子，开始大力发展生产，他联合了几个互助组成立了合作社。生产规模扩大了，光靠村子里的男劳力已经无法完成生产计划。李顺达大胆地提出：让勤奋能干的申纪兰担任副社长，去呼吁女同胞们加入劳动。

呼吁妇女加入劳动可不是一件容易的事情，几千年来形成的女人持家、男人干活儿的习俗怎么可能说改就改？

申纪兰那时才22岁，她并没有被眼前的困难吓住，而是一边积极地投入农业生产，一边挨家挨户地动员妇女们加入劳动。

“既然我已经是副社长，能说得上话了，那我就得为妇女做点事情。”申纪兰心想。

天刚蒙蒙亮，申纪兰便早早地起床，带着一壶水，开始挨家挨户地动员。

“劳动就能解放！加入我们去劳动吧，王婶儿！”申纪兰苦口婆心地劝道。

“我都是活了半辈子的人了，死了就是一辈子，还有啥解放不解放。”王婶儿一边说一边关上了家门，申纪兰碰了一鼻子灰，但她并没有灰心：“这家不行，那我就去下一家。”申纪兰决定各个击破，她突然灵机一动：“没错，我应该先去找她们哪！”

申纪兰瞄准了那些在家被丈夫看不起的女性。当时村里有个非常胆小的李二妞，人们就说：“纪兰，你要是能让她改变了，那我们就承认你的真本事，跟随你的脚步。”

申纪兰听了这话既觉得开心又感到棘手，攻破李二妞确实是个不小的难题。但她并没有因此而退缩，而是开始隔三岔五地往二妞家跑，她对二妞说：“咱们好多农业妇女都下地了，你也得去呀。”二妞听了这话，摇了摇头。申纪兰又说：“你在家窝着，穿得破，吃得差，还常受气，到合作社劳动，给家里多分粮，增加了收入，你男人保准要对你好的。”

二妞听了这句话，眼里闪烁着光芒，她动心了。申纪兰意识到，胜利的曙光要来了！

申纪兰不光做二妞的工作，她还会时不时地找二妞的男人谈话，做工作。功夫不负有心人，终于有一天，二妞开始扛着农具下田了！慢慢地，村里的其他妇女也跟随着申纪兰走进农田干活儿了。

消除歧视，同工同酬破难关

可农地里的男人看不起女人，女人们也有些自卑，影响了劳动的积极性。

让妇女们下田干活儿只是第一步，如何调动妇女们劳动的积极性，让她们得到应有的尊重才是真正的难题。

“为什么我们干着同样的活儿，却不能拿同样的工钱！”

“凭什么男人一天记10工分，我们女人只能一天记5工分，这不公平！”

“对啊对啊，要是一直这样我还不如在家纳鞋底呢！”

妇女们此起彼伏地抱怨道。申纪兰将这些看在眼里，记在心里，不断想方设法地为妇女们争取应有的权利。

“同样干了一天撒粪施肥的活儿，为什么男劳力都记了10工分，可是我们女劳力只记了5工分？”申纪兰找上了记分员理论道。

“那还不是因为男的就是比女的强，地里的哪项技术活儿不是男人干的？”记分员反驳道。

“这是错误的思想！我明天就让你意识到自己的问题。”申纪兰生气地回去了，她意识到光靠嘴上说理是说服不了别人的，只有下手去做才是最好的证明。

第二天，倔强的申纪兰便在下地时坚持不牵马，自己踩耙劳作。一天下来，她不仅干了和男同志一样的活儿，而且把地耙得又匀又平，得到了大家的一致夸奖。

“记分员，你说说，我这个分到底怎么算？”申纪兰仰起头，底气十足地对着记分员喊道。

记分员在众目睽睽之下涨红了脸，低着头不情愿地给了她 10 工分。这可是山西省平顺县西沟村的女劳力第一次获得了 10 工分！

这个消息顿时在西沟村里炸开了锅，申纪兰趁热打铁，和村里的几个妇女积极分子一起向合作社提出了“男女干一样的活儿，应该记一样的分”的要求。

面对这个提议，男人们又不同意了：“妇女们干的活儿都还不知道是什么样，就想要跟我们一样记分？”

面对这样的质疑，申纪兰又想出了一个新的解决办法：“那我们开展一次男女劳动比赛吧！如果女人不比男人差，那就答应我们的诉求。”男人们思考了一下，同意了申纪兰的提议。就这样，干活儿比赛没过多久就开始了！

比赛分配了一样多的人和地，去撒粪施肥。

男人们干了一会儿就停下来喝水休息，妇女们却不叫苦不叫累，不到晌午，妇女们就都把地耘完了，而此时，还有男人没耘完呢！连最反对同工同酬的男社员也说："是该提高妇女的工分了。"

就这样，妇女们渐渐地也开始干和男人们一样的活儿了，放羊、耙地、站耙，丝毫不弱。妇女还能和男人一样下地种苗，她们动作灵巧，效率甚至超过了男人……秋后社里评出21个劳模里，妇女占了9个。事实证明，女社员干得一点儿都不差，有的甚至还比男社员干得好！男人们终于服气了，社务委员会经过认真的讨论，也重新确定了男女同工同酬的分配办法。

那时的申纪兰并没有意识到，她带领西沟村妇女所取得的成果，在新中国农村发展史上都具有重大的历史意义和现实意义。

1953 年，申纪兰的这一创举被《人民日报》用长篇通讯《劳动就是解放，斗争才有地位》报道出来。25 岁的她也因此名扬全国。所以 1954 年，申纪兰被选为人大代表出席第一届全国人民代表大会。不仅如此，她提出的“男女同工同酬”倡议，还被写进了中华人民共和国的第一部宪法。

申纪兰的贡献我们有目共睹，她的努力和成果在一定程度上解除了禁锢中国女性上千年的封建思想枷锁。

“要是做不到的，我们妇女就不争。我们能做到的，就是要公道。”申纪兰这样说。

扎根农村，不忘初心

为什么说申纪兰的一生是传奇的一生呢？

由于从小就没有上过学，她最初是不识字的，但是好强的她经过勤学苦练，努力提升了自己的文化水平。

申纪兰在1973年调任山西省妇联主任一职，可正厅级干部的身份并没有让她欣喜，反而令她为难。她作出了一个令所有人大为吃惊的决定，申纪兰向组织提出了“六不”申请：不转户口，不定级别，不领工资，不要住房，不调工作关系，不脱离劳动。

“农村现在还很困难，在省里有自来水用，可我们的家乡走多远还挑不到一担水。农村的生活还没有富起来，还很苦，我应该回到农村和群众同甘苦共患难。”就这样，任职期满的申纪兰没有申请退休享福，而是毅然决然地踏上了返乡的道路，回到了山西省平顺县西沟村，为农民们寻找新的致富路。

1983年，西沟村实行了家庭联产承包责任制，迎来了改革开放的新时代。没过多久，南下考察归来的申纪兰带回了“无工不富”的新理念。她带领乡亲们办起了第一个村办企业——铁合金厂，这也是西沟人民第一次尝到市场经济的甜头。渐渐地，越来越多的企业在西沟村建成，西沟村也逐步走上了快速发展的道路。

在申纪兰身上，“勿忘人民、勿忘劳动”的初心已经融入血液。即便在担任省妇联主任期间，她也依然早早起床，给大家扫地、打开水、擦桌子，也不曾将自己和孩子的户口迁到城市。

申纪兰对物质生活看得很轻。她住的一直都是20世纪60年代的老房子，房子里有一张旧桌子和一个旧式小柜子，一张老式木床占了半个屋子，没有一件现代化家具和高档电器。但她却多次将奖金捐给村集体，坚持不领厅级干部工资，原来每月只拿村集体的150元补贴，这几年才涨到300元。

申纪兰的一生都是朴实无华的。“不是西沟离不开我，是我离不开西沟，离不开劳动。我的根在农村，我只是一名农民”，申纪兰这样的心声令人动容。

此外，申纪兰在村子里一直担任着部分村办企业的董事长职务，虽然企业产品打着她的旗号，但是她既无股份，也不领工资，更没从村办企业中拿一分钱。她对村庄的贡献一直都是纯粹而无私的。

我们知道，申纪兰身上最醒目的标签是全国人大代表。1954年，25岁的申纪兰当选为第一届全国人大代表，自那之后她从未卸任。连任十三届全国人大代表，时间跨度长达66年，这样的经历堪称难以复制的传奇。从这个角度看，申纪兰的一生与人大代表的身份深度融合，称她为人大代表制度的“常青树”，并不夸张。

西沟村的村民们经常会在村子里看到一位身着深蓝色粗布衣服、一头短发刚盖住耳朵的干练妇女，她就是申纪兰。自从在1975年剪掉长辫子之后，申纪兰40多年来一直保持着这种在农村最常见的打扮。

66年间，申纪兰提出的建议涵盖着“三农”、教育、交通、水利建设等各个领域，既有关系国计民生的大事，也有涉及群众利益的小事。她事事关心，事事挂念。可以说，在改革开放的40多年里，申纪兰不断地探索太行山区的发展道路，带领村民们创业致富，使西沟村形成了集旅游、商贸、种养于一体的产业发展新格局，成了全面发展的现代化新农村。

申纪兰获得过无数荣誉，但她始终牢记着

自己是一名共产党员。一直以来，她严格要求自己，也严格要求着自己的后代。虽然她一生奔波劳累，没有生育，但是她领养了三个孩子。为了不让晚辈们在思想上放松，觉得自己家和别人家不一样，申纪兰经常会提醒他们："你和别人不一样的地方在于你要更努力。要想比别人强，就要比别人忙；要想学得好，就要比别人起得早。"就这样，在申纪兰的言传身教下，她的子孙们都养成了热爱劳动、勤俭节约、低调做人的优良品格。

申纪兰一生不曾停止劳动，即便将近 90 岁高龄，每天还是力所能及地参加劳动。

"要和乡亲们在一起，把根永远扎在农村大地上。"这是她的初心。

申纪兰一生为西沟村的建设奔波劳碌，"勿忘人民"的初心也早已融入她的血液之中，直到她生命的最后时刻。

2020 年 6 月 28 日，91 岁的申纪兰走完了她不平凡的一生。去世前，躺在病床上的她仍然牵挂着西沟村，她虚弱地嘱咐身边的人：“记住，一定要艰苦奋斗，勤俭节约，一分钱掰成两半花，穷家难当，省一分是一分，节省得多了也能办个事……”不仅如此，申纪兰还将“共和国勋章”的经费全部拿了出来，上交为党费。

“太行精神光耀千秋，纪兰精神代代相传。”一个人要是没有追求，不可能干成事；一个人要是不干出一番成就，也不可能升华为一种精神。与其说纪兰精神是世人对申纪兰的致敬，不如说申纪兰以她独特的奉献赢得了人民的认同。

申纪兰是时代的一面旗帜，她的一生都在为初心、责任、使命而奋斗。她更是以劳动者的本色展现了熠熠生辉的巾帼风采。

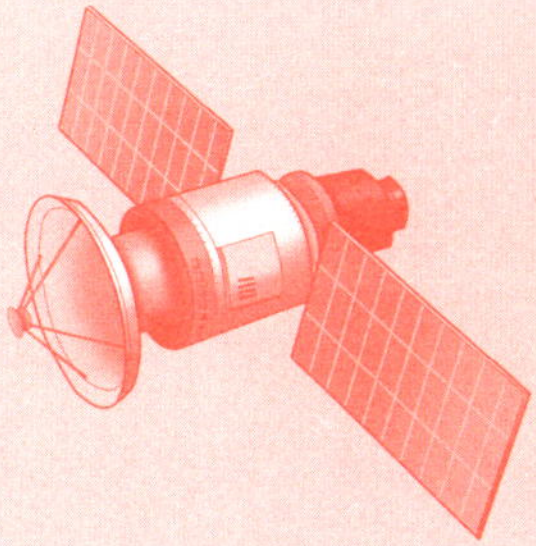

孙家栋

——与星月相伴的科学家

夜晚，每当我们抬头看向天空，都会看到天空中的繁星密布。点点星光汇成一条闪烁不定的星河，在夜空的深蓝色幕布中，若隐若现，缓缓流淌。

盯着闪闪的星星，我们或许会有这样的疑问：在那遥远的天空之外，到底有什么呢？像宝石一样的星星，走近观看它们，究竟会是什么模样呢？传说中的天上的神仙、科幻小说中的外星人，他们究竟存在吗?

遥远而又神秘的天空中，藏着每个人都好奇的秘密。传说，早在几百年前的明朝，就已经有人为了探索天空的秘密，付出了实际的行动。

相传，明初期的万户是第一个想到利用火箭飞天的人，也因此被称为“世界航天第一人”。据记载，万户晚年的时候，把 47 个自制的火箭绑在椅子上，自己坐在上面，双手举着两只大风筝，然后叫人点火发射，想利用火箭的推力，加上风筝的力量飞起。不幸的是，火箭爆炸，万户也为此献出了生命。

前辈牺牲了自己，却激励了无数后人。后来的人们从未放弃对太空的向往和探索，怀着对遥远天境的敬畏和憧憬，中国人在实现航天梦想的道路上，一直没有停止前进的脚步。

2007 年 10 月 24 日，“嫦娥一号”在西昌卫星发射中心发射升空。

电视机前，亿万中国人注视着这颗缓缓升空的“新星”，它带着人类自古以来对外太空的好奇，冲向云霄。“嫦娥一号”是中国探月计划中的第一颗绕月人造卫星。“嫦娥一号”卫星首次绕月探测的成功，使中国成为世界上为数不多具有深空探测能力的国家。这也意味着，中国的航天事业又向前迈进了一大步。

电视里，科研人员们在发射现场，看着“嫦娥一号”发射成功，激动地拥抱鼓掌，一片欢呼雀跃。当镜头转向一位白发苍苍的老人时，人们却发现他正悄悄转过身去，远离喧嚣热闹的人群，独自拿出手绢，擦拭眼角的泪水。

这位和蔼可亲的老人，背后有着耀眼的星光——无数个“中国第一”和他的名字紧紧联系在一起：中国第一颗导弹、第一颗人造卫星、第一颗科学实验卫星、第一颗返回式遥感卫星、第一颗通信卫星、第一颗资源探测卫星、第一颗北斗导航卫星、第一颗探月卫星……

他就是我国人造卫星技术和深空探测技术的开创者之一、中国科学院院士孙家栋。

艰难岁月，奋力求学

1948 年初，战火纷飞，时局动荡。孙家栋身边的同学有的放弃了学业，有的随着国民党军队撤走，大家都在自谋出路。孙家栋的三哥孙家楠，当时已经是中共地下党员，他对孙家栋说："往北再往北，到已经解放了的哈尔滨去。整个中国都快要解放了，新中国的建设需要大量人才，你当前最紧迫的任务和人生最高使命便是继续读书。"

孙家栋听了三哥的话，立马赶到哈尔滨，报考就读哈尔滨工业大学。

当时的哈尔滨工业大学由中国和苏联共同管理。在学校里，俄语这门课程是非常基础，也是非常重要的。孙家栋进入学校后，就被分到预科班学习俄语。

俄语比我们现在学的英语要难学多了，而且那个时候不像现在可以通过看视频、听录音的方式学习外语，只能对着课本、跟着老师进行枯燥的学习，很多人都没法克服语言学习的困难。想到三哥说的话，为了祖国的建设，孙家栋硬着头皮跟俄语“死磕到底”，咬着牙坚持了下来，很快就成为班里的尖子生。

1950 年的元宵节，在这个应该和家人团圆欢聚，一起吃元宵的时刻，孙家栋所在的学校也为那些不回家的学子准备了丰盛的美食。

在那个物资匮乏的年代，食堂难得地为同学们准备了红烧肉！泛着油光的红烧肉飘出浓郁的香味，还没进食堂就能闻到。要是吃上一口，那肥而不腻的滑嫩口感、入口即化的咸甜味道便会在舌尖绽放。光是想想，就快要流出口水了。好多同学甚至都放弃了和家人团圆的机会，而是选择留校，只为了尝上一口这样的美味。

和这些同学一样，孙家栋也被红烧肉勾起了馋虫，决定先吃完饭再赶回家。留下来吃饭的同学们，早已饥肠辘辘，他们敲着空碗，开着玩笑起着哄，催促快点上菜。

就在这时，学校的领导突然急匆匆地走进食堂。大家赶紧安静下来，不敢再玩闹。校领导宣布了一个让所有人都感到突然和意外的消息：

“在座的同学们，有谁想加入中国人民解放

军空军，请即刻报名！报名者，务必赶上今晚8:30开往北京的火车。”

中国人民解放军空军征兵了！今晚就走！这个消息让在场的每个人都目瞪口呆，这也太突然了，上一秒还在期待着吃上红烧肉，下一秒就要参军入伍去北京？

看着校领导认真严肃的脸，他们很快就意识到，这不是玩笑，而是千真万确的正式通知。

同学们面面相觑，就连不知什么时候端上桌的红烧肉都变得没有吸引力了。刚刚还吵着快点上菜的大伙儿，此时面对桌上的红烧肉，却没有一个人伸出筷子。

渐渐地，食堂里出现小声讨论的躁动声音：

“你想参军吗？”

“我……我也不知道。参军是很光荣，可是这太突然了，我还得再想想。”

“我也是，而且还要离开这里，去人生地不熟的北京，谁也不知道会面临什么！”

“我倒是想加入的，但的确有点突然。早知道这样，我就应该先回家见家人一面！”

…………

大家讨论的声音越来越激烈，没有人注意到，孙家栋默默地举起了手，他已经作好了决定：“报名参军！”

能加入中国人民解放军，对于孙家栋来说，就已经是至高无上的荣誉了，更何况还是能够遨游蓝天的“空军”，这简直是他梦寐以求的机会！

只是简单收拾了几件行李，根本没来得及和家人打招呼。当晚，孙家栋就和其他志愿参军的同学一起踏上了从哈尔滨开往北京的火车。

到了北京以后，孙家栋才知道这次紧急参军的缘由。原来，毛泽东主席和当时的苏联领导人斯大林签署了《中苏友好同盟互助条约》，苏联答应帮助中国建立一支自己的空军部队，因此需要一批懂俄语的可造之材。

就这样，这批会俄语的哈工大预科班的同学得到了让命运发生转折的机会。

科研岁月，锋芒尽显

孙家栋庆幸自己上学的时候认真学习了俄语，并且养成了很好的学习习惯。1951 年，为了培养高级航空人才，中央军委在全国优秀人才中抽调 300 余人参加遴选考试，最后从这 300 余人中精挑细选出 30 名成绩优异者，孙家栋名列其中。他和另外 29 人被派往举世闻名的茹科夫斯基空军工程学院，学习飞机发动机专业。

茹科夫斯基空军工程学院是出了名的严格，

对学生的成绩要求很高。学校在校门口树立了一面光荣榜，成绩好的学生照片会按照排名高低依次排开，贴在光荣榜上。

孙家栋在校学习7年间，成绩一直都名列前茅。他的照片也因此始终出现在光荣榜上，而且随着排名越来越靠前，照片的尺寸也越来越大。学校里的苏联人都对这名来自中国的留学生刮目相看，肃然起敬。

不仅如此，成绩优异的学生还能获得一枚由苏联政府颁发的奖章。这是一枚足足50克重的、刻有斯大林头像的纯金奖章，能获得这枚奖章，就代表着学校乃至整个国家的认可。

当孙家栋走上领奖台，接过这枚奖章时，礼堂里响起了经久不息的掌声，所有老师和同学都对他投去敬佩的目光。

1957年11月，毛泽东主席在莫斯科大学音乐堂接见了中国留学生，他说：

“世界是你们的，也是我们的，但归根结底是你们的。你们青年人，朝气蓬勃，正在兴旺时期，好像早晨八九点钟的太阳，希望寄托在你们身上……”

毛主席的话让孙家栋备受鼓舞，他感受到前所未有的使命感，一腔热血涌上心头：历经7年学成归国，是时候在实践中检验学习成果，用实际行动报答祖国了。

回国后，正值“两弹一星”事业启动，国家指派孙家栋研发导弹。孙家栋和科研人员从苏联的导弹开始研究，他们希望能够借助苏联的经验，仿制出自己的导弹。

苏联的导弹资料卷帙浩繁，而且都是俄文，

需要花大量的时间进行整理、分类。这时，俄语过硬的孙家栋便展示出自己专业的实力。他没日没夜地埋在高高的资料堆里，一边整理一边分析有用的数据，他的大脑就像计算机一样，每时每刻都在高速运转。

就在仿制工作进入最关键的时刻，苏联却召回了原本用来帮助中国的全部专家，并收回了所有关键技术资料。没有了外援，中国就只能靠自己的力量研制导弹了。

孙家栋临危受命，被委任为导弹型号总体设计室主任。他带领团队潜心钻研，成功研制出第一枚国产仿制近程地对地导弹“东风一号”。4年之后，又成功发射了由我国自主设计的“东风二号”中近程导弹。紧接着，孙家栋又担任射程更远、精确度更高的“东风三号”导弹总体主任设计师。孙家栋的优异表现，被上级看在眼里。

光荣岁月，筑梦长空

1967 年，钱学森任命 38 岁的孙家栋为“东方红一号”的技术总负责人，从此，孙家栋开启了卫星研究事业。

从学飞机到造导弹，再到研究卫星，对于国家的安排，孙家栋只说了简单的八个字：“国家需要，我就去做。”

1970 年 4 月 24 日，中国第一颗人造卫星“东方红一号”从戈壁大漠腾空而起。《东方红》乐曲响彻太空，标志着中国成为当时世界上第五个用自制火箭发射国产卫星的国家。孙家栋不负众望，再次圆满地完成了祖国交付的任务。

然而，令孙家栋意想不到的是，他的职业生涯即将迎来最惨痛的一次教训。

1974 年 11 月 5 日，我国发射第一颗返回式遥感卫星。离火箭点火发射还剩几十秒，孙家栋突然发现卫星没有按照程序转入内部供电。

孙家栋瞬间脑袋“嗡”的一下，血液冲上了大脑，让他身体僵住不得动弹。如果卫星不能自己供电，就意味着即将发射上天的遥感卫星就如同一块废铁。

“赶紧停下来！”一向冷静又稳重的孙家栋突然大叫一声，在场的工作人员都吃惊地看着他，因为他的举动显然已经违反了组织纪律。

按照规定，在卫星发射的过程中，孙家栋是没有权力叫停的，但能让一向沉稳的专家突然心急如焚，一定是出现了什么异常之处。出于对孙家栋的尊重，发射场负责人同意了他的要求，立即中止发射，并安排人员检查、排除故障，再重新发射。

令所有人没想到的是，重新发射仅仅过了20秒，一声巨响传来，火箭和卫星一起爆炸，空中燃起一个巨大的火球——所有人数年的科研成果在顷刻间灰飞烟灭。

孙家栋下意识地伸出手，仿佛这样就能阻止爆炸一般，可惜，一切都太晚了。孙家栋没有察觉到，泪水早已布满他的脸颊。

所有人都伤心懊恼不已。但孙家栋没有因此消沉，他擦干泪水，作为团队的支柱，他必须振作起来，鼓励大家，从头再来。

寒冷的冬天里，孙家栋带着团队成员在沙地里搜寻爆炸碎片。即使发射已经失败，也必须搞清楚爆炸的原因到底是什么。只有找到原因，下一次才不会再犯同样的错误。

大家含着泪，仔细地在粗糙的沙石里翻找火箭和卫星的残骸，大到外壳碎片、小到螺丝钉，甚至连一根线头都不放过，就这样整整寻找捡拾了三天。

在孙家栋的鼓励和感染下，所有人渐渐从低落的情绪中走了出来，将捡回来的残骸拼凑重整，一一排查。最后大家发现，酿成大祸的居然是一截外表看起来完好，可内部已经断开了的小导线！

一根如此细小的导线就能导致整体爆炸，这次的血泪教训，让孙家栋在之后的研究中，对每一步的细节都更加严格地把关，绝不允许再犯同样的错误。

1999 年 9 月 18 日，为我国造了 9 年导弹，从事航天工作 30 多年，一次又一次为中国航天创造奇迹，主持研制了数十颗卫星的孙家栋，走上了人民大会堂的领奖台，成为共和国最年轻的“两弹一星”元勋。

2007 年 11 月 5 日，“嫦娥一号”顺利完成绕月飞行。那一刻，孙家栋、栾恩杰、欧阳自远三位为中国探月工程呕心沥血的老科学家的手紧紧地握在一起，他们热泪盈眶地相互拥抱，激动地喊着：“绕起来了，绕起来了！”

“一方面为国家为民族感到自豪，另一方面也感觉到航天这个集体，没有辜负国家和人民的期望，这两种心情混合在一起，加上压力突然一释放，感情就难以自抑……”提到往事，孙家栋感慨地说。

孙家栋把一生都献给了中国航天事业，他与“星月”为伴，为了亿万中国人的航天梦不懈努力，为祖国奉献了一切。导弹、卫星、嫦娥、北斗……一步一个脚印，他就是这样开拓出了一条探索外太空的通天航路，让一代代中国航天人跟随前辈的精神指引，继往开来，大步向前！

李延年
——永葆战斗精神的军人

微风拂过窗台，窗边花盆里的粉色花朵随风摇曳。李延年拿出珍藏多年的老相册，戴上老花镜，轻轻地抚摸着照片上的每一个面孔。

那个年代的照片清晰度很低，尺寸也小。李延年仔细观看着照片上每个人的表情，昔日战友的音容笑貌历历在目，闭上眼，他仿佛又回到了那些年和战友们一起并肩作战的日子。

硝烟之下，顽强生长

1928 年 11 月，李延年出生在一个贫苦的农民家庭。那个年代的人们，饱受战争和饥荒贫穷之苦。因为家里穷，交不起学费，才 14 岁的李延年就辍学去了一家粮食加工厂当学徒。由于年纪小，在工厂里的李延年总是被老板欺辱打骂，平日里除了干一些杂活儿累活儿之外，有时还要给老板端尿壶。碰到老板心情不好的时候，他还会被老板当作出气筒。李延年只能把所有的委屈都咽进肚子里，等到夜深人静的时候再一个人偷偷抹眼泪。

这段经历让李延年学会了隐忍和坚强，不管吃了多大的苦头，他都能面不改色地藏在心里。

1945 年 8 月 15 日，日本政府宣布无条件投降，这也意味着，长达 14 年的抗日战争终于要结束了。

“共产党来了，穷苦人就有了希望！”当时，国家正在征兵，召集年轻力壮的小伙子加入军队，为国效力。

李延年记得上学时老师说过：“共产党的部队专门解放老百姓，你们一定要想办法参军！”

于是，李延年没有迟疑，立刻去了征兵现场。报名现场都是和自己差不多年纪的小伙子，每个人的脸上都是坚毅的表情，代表了他们想加入中国共产党领导的军队的坚定决心。

这群人，就是自己未来的战友。看着他们和自己一样的朝气蓬勃，对未来充满希望，李延年有一种找到组织的归属感，仿佛回到了家里一样，他更加坚定了参军入伍的决心。

“我是个穷人家的孩子，参加革命队伍算是参加对了。做一名合格的共产党员，为人民的事业干到底。当初当兵，我就做好了准备把命交给国家。”退伍后的李延年回忆起当初，参军前的想法仍印刻在心头。

“共产党的部队打仗要起到带头作用，工作、学习、生活都要带头，不带头不行。”从那以后，李延年便始终用一名军人的标准严格要求自己。

他入伍时，正是国内内战多发之时，因此他刚入伍，就有许多战斗的机会。

李延年发现，自己似乎天生就为战斗而生。一摸到枪，内心就燃起一股无名之火，指引他在战场上奋勇杀敌。他受够了受人欺压的日子，在战场上，一枪干掉一个敌人，实在是扬眉吐气！

“我喜好打枪，每次打仗都很勇敢。”李延年说。在每场战斗中，李延年都敢打敢冲，多次立功受奖。

辽沈战役打响后，李延年所在的东北人民解放军第10纵队奉命参加黑山阻击战，负责阻击国民党廖耀湘兵团，截断敌军的退路。

敌人的数量多于我军数量五倍，这一仗实属难打。但战士们清楚地知道，即使再难，也要顽强抵抗，为友邻部队争取更多包围敌军的时间和机会。只要队伍里还剩一名战士，就要继续战斗下去。最难的时候，李延年和战友们在阵地坚守了3天，让敌人寸土未进。

在阻击战最关键的时候，李延年和战友们连夜急行军100多里，双腿跑赢了敌人的汽车，赶在天亮之前到达预定地点修筑工事。就在李延年和战友们一起抢修工事时，敌人突然凶猛地朝我方冲了过来，黑压压一片，犹如排山倒海一般。

李延年迅速反应，赶紧拉着战友抢占最佳攻防阵地，举起武器和敌人展开殊死较量。身边不断有人倒下，又不断有人接替前者的位置；一个战友牺牲了，另一个就主动补上去，昔日亲密熟悉的战友中，有许多人都将生命永远地留在了这片土地上……

“打了这么多年仗，我一直认为打仗不能怕死，越是畏畏缩缩，说不定就真的‘光荣’了。”辽沈战役结束后，李延年还先后参加了平津战役、宜沙战役等战斗，愈战愈勇，每场战斗都表现出色。1950 年 8 月，李延年在湘西剿匪期间被提拔担任连队指导员，并率领连队以微小代价消灭土匪 200 余人。

从年轻的小战士，到经验丰富的指导员，

一路走来，李延年从未动摇过内心信念，一心为党和人民而奋斗。为了牺牲的战友，他决定，一定要好好活着，带着战友的心愿继续勇敢战斗下去。

鸭绿江畔，浴血奋战

抗美援朝期间，李延年所在部队被编入中国人民志愿军入朝作战。1951 年 3 月，李延年随志愿军跨过鸭绿江。10 月，他担任志愿军某营七连指导员，他所在的营奉命对失守的 346.6 高地实施反击。

346.6 高地总共有五个小山头，李延年带领连队负责从右路攻击，率先夺下一个山头。一场战斗下来，小山头上一片狼藉，原本茂密的树丛都被炮弹炸平了，就连树根都被炸飞了出来，地上到处都是燃烧着的枯木残枝。夯实的黄土地都被打成了空心的虚土，稍有不慎就会一脚踩空掉进坑里。即便如此，丧心病狂的敌人仍未停止轰炸，时不时地仍有炮弹袭来。

有一张照片就记录着李延年掉进虚土里的那一刻：照片里，李延年戴着破损的钢帽，半个身子都被埋在土里，一名通信员拼命把他从土里挖了出来。

“你中弹了！”通信员又心疼又着急。

李延年挥挥手，轻松地说：“哦——没事！”

不就是挨了枪子儿吗？没什么大惊小怪的，李延年想。李延年不知道的是，他不是被枪打中了，而是被一枚炮弹碎片击中了！即便受了重伤，即使鲜血浸湿了衣背，他也没觉得有多痛，更别提掉眼泪了，因为他的胸中有一颗为祖国战斗到底的心。

张排长是和李延年一个警卫班的战友。一次战斗中，李延年发现张排长暴露了，赶紧从底下的坑道里跑过去提醒他。

“你赶快趴下！”李延年心急如焚地朝着张排长大喊。可没等他话说完，一枚炮弹就砸在张排长的头上，张排长头部被击中，壮烈牺牲了。

自己受伤流血，李延年都能忍过去，可眼睁睁地看着战友就在自己眼前被炮弹击中，李延年却再也无法忍下去。经过一夜激战，李延年所在的部队伤亡很大，通信电台被炸毁，一度与上级失去了联系。当时后方指挥无法知晓战场的情况，前方战场也收不到指挥命令，有些年轻没有经验的小战士开始感到不安。

敌人想要乘虚而入，发起一轮又一轮强悍的攻击，压向我军阵地。而此时，部队里的武器损坏情况十分严重，机关枪已经无法连发，全营弹药都严重不足。

初秋的深山夜里非常寒冷，战士们去的时候还穿着单衣，大家都冷得发抖，山上也没水喝、没饭吃，饿了就只能吃点自制的面粉。

战士们疲惫的状态李延年都看在眼里，他高声大喊着口号，鼓舞士气："我们已经打下四个山头了，还剩最后一个。我们一鼓作气，把它打下来！"

听到这话，战士们眼里泛起希望的光，不约而同地盯着李延年。

"没有弹药，就去战场上搜！我们是硬骨头，能攻上来，就能守得住！"一句"硬骨头"唤醒了战士们不屈的意志，战士们情绪高涨，每个人都抱着视死如归的决心，再次拿起武器，奋力杀敌。

休息时，战士们就赶紧清扫战场，拣回弹药。不管是敌人的还是自己人的，只要有弹药，就立马再次投入战斗。

“打退敌人增加一分光荣，共产党员、共青团员大显身手的时候到了！”李延年高喊着口号，一边将剩余战士重新编队指挥作战，一边冒着炮火组织人员抢修工事。

“我们能把阵地夺回来，就能守得住。把阵地守得住，我们就是胜利。”此时，李延年早就忘记身上的伤痛，心中只有一个信念，就是守住阵地。

两天一夜的战斗中，丧心病狂的敌军不顾一切地一轮又一轮地压向我军阵地，将炮弹不遗余力砸向我军，密集到仅仅一面普通的军旗上就布满了200多个弹孔。

战斗中李延年发现，敌人大约每隔3分钟

就会发起一轮炮弹攻击。掌握这个规律后，李延年和战友利用间隙，悄悄摸上了第五个山头。

爆破班班长滕桂桥，在子弹打光后，虽然已经身中数枪，但仍用最后的力气拉着爆破筒，义无反顾地冲向敌人，最后与冲上阵地的 20 多个敌人同归于尽。

看着战友一个接一个地牺牲，李延年强忍悲痛，他带领战士们继续奋勇杀敌，打退了敌人的多次反扑。直到通信恢复，重新收到上级的命令，他们才撤出阵地。

李延年所在的部队，共有 203 人参与战斗，最终撤出来的只有 40 多人。

战后，志愿军总部这样评价李延年："李延年同志在强攻 346.6 高地的战斗中，在战斗激烈和伤亡大的情况下，先后共整顿五次组织，并随时提出有力的鼓动口号。在胜利的情况下勇敢前进、紧张情况下压住阵脚，自始至终保持了部队有组织地进行战斗……对战斗胜利起了决定性作用。”

1952年11月，李延年被志愿军总部授予“一级英雄”称号、记特等功1次，并获朝鲜民主主义共和国自由独立二级勋章。

荣誉满肩不改初心

李延年从朝鲜战场凯旋回国后，他的战斗生涯并没有就此画上句号，他又在部队兢兢业业地奉献了29年。

1979年，作为广西军区原某边防师政治部副主任的他，参加了边境作战，负责保障工作。彼时，这位已年过五旬的战斗英雄像过去无数次受领任务那样，响亮干脆地说：“作为一名老兵，党叫干啥就干啥！”

李延年这一生，获得大大小小荣誉无数，可对他来说，这荣誉却是一件无法开口提及的“羞事”，一提起来，他就心里难受。

“我戴着这么好的勋章，获得这么高的荣誉，这都是牺牲流血的同志换来的啊。”李延年把自己各类荣誉奖章都捐给了军事博物馆。想起那些逝去的战友，李延年说：“现在你们都不在了，我活下来了，国家给我们这么高的荣誉，我感到惭愧啊。”

从部队离休之后，李延年过着简单低调的生活，他从不主动跟人提起自己的功绩，多年来坚持读书看报听广播，关心国家大事，紧跟时代的步伐。他卧室的书桌上，摆满了各类政治学习书籍，书和笔记本上密密麻麻地记满了理论要点和心得体会。

“把荣誉还给英雄，把初心传给后人。”李延年在纸上一笔一画地写道。

虽然战争已经结束，可对于李延年来说，“战斗”却并未结束。

李延年经常去中小学给孩子们宣讲红色故事，他始终相信，教育青少年是第一位的任务，一定要让后辈好好学习，不忘初心。李延年对孩子们说：“当社会主义的接班人不容易，要继承革命前辈的精神，遵照习主席的指示，不忘初心、牢记使命。绝不能忘记流血牺牲的千万烈士，是他们的付出换来了我们今天的幸福生活……我戴这个勋章就要替牺牲流血的同志讲话发声，他们没有完成的任务，我们要继续完成。他们没有实现的目标，我们一定要实现。”

战争年代，战斗就是打败敌人，而和平年代，李延年的“战斗”则是带着烈士们的荣誉，将烈士们的精神传递下去。

2019 年中秋节前夕，在广西军区军史馆烈士墙前，李延年驻足凝视，他一边看，一边轻抚着墙上每一位牺牲战友的名字。李延年闭上眼，脑海中又浮现昔日战友的笑脸，手指抚摸的冰冷文字仿佛有了温度。

走出军史馆，广场上，五星红旗迎风飘扬，李延年驻足，对着国旗缓缓举起右手，敬了一个标准的军礼。李延年知道，自己还有很重要的任务没有完成：代替逝去的烈士们活下去，让后人牢记历史。

张富清
——紧跟党走，做党的好战士

在湖北恩施土家族苗族自治州有一座美丽的小城叫来凤县，那里没有车水马龙与人声鼎沸，只有安逸且舒适的平凡生活。但就是在这座平凡的小城里，发生了一件并不平凡的事。

2018年底，为了响应国家政策，小城里的退役军人事务局按照上级指示开展退役军人信息采集工作。12月3日傍晚，正当工作人员整理材料准备下班时，一位衣着整齐的中年男子拿着一个陈旧的皮箱走进了办公室。

“您好，请问这边是军人信息采集点吗？”这名中年男子十分礼貌地问。

“嗯嗯，您这边请，把材料递给我做登记就行啦。”工作人员十分热情地回复。

可当中年男子小心翼翼地把那陈旧的皮箱打开后，所有人都惊呆了。皮箱里面有一份保存完好却已经泛黄的立功登记表，上面清晰地记录着一名叫“张富清”的战士的丰功伟绩：一次特等功、三次一等功、一次二等功、两次获“战斗英雄”称号。

“一等功”是什么概念呢？在一个军队中，只有对军队有重大贡献，并且对全军有重大影响的人才会被记一等功。不仅如此，登记表下方还有一张色彩鲜艳的报功书，上面记录着张富清在解放战争中奋勇杀敌，荣获特等功的荣誉。这特等功比一等功的级别还要高，人们不禁惊叹，在他们这个不起眼的小城里竟然卧虎藏龙，生活着这样一位大英雄。紧接着，几枚金光闪闪的奖章被取了出来，其中有一枚是西北军政委员会颁发的奖章，上面还镌刻着“人民功臣”四个大字……

“这些荣誉，这些奖章，可不是一个普通人能拿的，请问张富清是……？”瞠目结舌的工作人员好奇地问这位中年男子，他们对这位名叫“张富清”的战士充满了兴趣。

“张富清是我的父亲，这么多年过去了，我从来都不知道他是一名退伍军人。直到这次退役军人信息采集，我们才知道了他的过去。这小皮箱里的东西，我们全家人都是第一次见，他藏得可深了。”中年男子不好意思地摸了摸脑袋。

“您的父亲是一名不折不扣的英雄，这些赫赫战功就是他最好的证明。”工作人员斩钉截铁地说。

自那天起，“张富清”这个名字逐渐被传开，那些尘封了60多年的往事也随着这个偶然的契机被世人所知。越来越多的人知道了这位老英雄的故事，就连国家主席习近平都对张富清这位湖北老人的先进事迹作出了重要指示。

就让我们一起走进张富清的故事，去感受属于他平凡而又伟大的一生吧。

九死一生的永丰战役

虽然张富清已经在湖北生活了几十年，但恩施土家族苗族自治州的来凤县却并不是他的老家。1924年，张富清在陕西省汉中市洋县出生。他是如何与这远远相隔六百多公里的两个地方产生联系的呢？那还得从他 24 岁那年说起。那一年，他成了一名中国人民解放军战士，并且还在同年 8 月加入了中国共产党。

处于和平盛世的我们可能无法想象战争给过去的人们带来的伤害。战争让无数的普通百姓家破人亡、妻离子散，无情的炮弹炸毁的不仅仅是一个又一个村落，更是人们的希望。

当时的中国还未解放，选择在那个年代参军入党，其实就意味着把自己的命交给了党，为建设新中国奉献出自己的所有。但张富清不畏生死，毅然决然地将自己的一生奉献给了党，奉献给了国家，年仅 24 岁的他便清楚地意识到，中国人民的未来就寄托在人民解放军的身上。

于是，张富清舍生忘死，不畏强敌地投入解放战争中。他一路英勇奋战，勇往直前，先后立下了四次大功！

张富清作为壶梯山战斗中的突击组组长，浴血奋战，不仅攻下了敌人的碉堡1座，还缴获了机枪1挺，为后面大部队顺利推进扫清了障碍。在这次战斗后，他荣立师一等功！没过多久，张富清带领6名突击组的队员在东马村的外围冲锋陷阵，成功占领了敌人的碉堡，虽然当时的他已经负伤流血，可一想到要为后面部队打开前进之路的缺口，张富清便强忍着疼痛，继续在战场上奋勇杀敌。他在这场战斗中，荣立团一等功！

张富清越战越勇，锐不可当，在后面的几次任务中，他压制住敌人的火力，成功阻截敌人，荣立师二等功；更是在深夜突袭，夺取了碉堡2个，打得敌人措手不及，荣立军一等功！

张富清在这纷飞战火里所向披靡的经历并没有被历史掩埋，他立下的赫赫战功都被悉数记录在了那泛黄的登记表上。这些在外人看来只是白纸黑字的记录，对于张富清来说是一次次面对死神的劫后余生。他肩负起的不仅是战友的希望，更是国家的希望。没有他们的英勇奋战，就没有我们如今的和平年代。

1948 年，为了能够帮助淮海战役解决部队粮食问题，西北野战军接到了攻下陕西蒲城永丰镇的战斗任务。接下任务的解放军连夜挖掘坑道，逼近了永丰镇的堡墙之下，但新的问题接踵而至：

“城墙这么高，我们怎么进去？”有士兵问道。

“就是爬，我们也得爬进去！”排长坚毅地说。

“我去吧！我之前就是突击组的，我先上，为大家打开一条道路。”张富清大声地对排长喊道。

“我也去！”“我也愿意！”其他士兵此起彼伏地喊道，没有一个人退缩。

最终，排长选出了两人和张富清一起在当晚发起突击。

夜渐渐深了，张富清和战友们开始行动了。固定好了绳索之后，下一步就是爬上城墙。这城墙十分高大，周围还有敌人看守，在攀爬的过程中一旦暴露，那就如同落入虎口一般，在劫难逃。

张富清和战友们以过人的身体素质顺利地爬上了永丰城墙，尽管双手在与绳索的摩擦过程中已经出血，可他们完全不在乎。张富清找准时机，率先跳下了城墙，当他抬头才发现，自己已经落入了敌群，七八个举着枪的敌人围着他们。

说时迟那时快，张富清举起了自己手中的冲锋枪就是一顿扫射。他本想把敌人打退，可他哪是这么多人的对手，突然间，张富清的脑袋好像被石头重重地砸了一下，顿时两眼发花，头晕目眩。他晃了晃脑袋，努力让自己保持清醒，再次专心地投入到战斗中。没过一会儿，鲜血顺着他的脸颊流了下来，这时他才意识到自己已经“挂了彩”，用手一摸脑袋，顺着头皮的方向竟然有一道子弹留下的沟壑。原来，敌人的子弹刚才是擦着他的头皮飞过去的！

张富清早已不在乎生死与疼痛，他的心中只剩下一个信念：作为一名共产党员，只要党需要我，我就不能退缩！就算只有一条最艰险的路可走，我也会保持对党的赤胆忠心，迎难而上！就算是牺牲了，这也是为了党为了人民，我也无比光荣！

就是这个信念支撑着受了伤的张富清坚持战斗到了最后一刻。他虽然头部血流不止，但思路却十分清晰。当他拼尽全力把外围的敌人击退之后，立刻以最快的速度在碉堡下徒手挖出了一个土坑，然后拿出了携带的所有手榴弹和炸药包，并把它们捆在了一起，埋在了那个土坑中。

张富清将手榴弹拉环拉下，迅速侧滚翻到一旁掩护起自己。手榴弹的爆炸引爆了炸药包，“砰”的一声巨响之后，碉堡顺利被炸毁。这场战斗打到了天亮，张富清和战友们共炸毁碉堡两座，缴获机枪两挺！可这场战斗的胜利是张富清和战友们拿生命换取的，和他一起突击的那两名战友自战斗开始后他再也没有看到。

张富清只要回忆起这段往事，便会眼含热泪，内心久久无法平静。他只能轻声感慨：“和我一起并肩作战的许多战友，都为党为人民献出了自己宝贵的生命。和他们相比，我有什么资格来标榜自己啊！”

有人问张富清：“难道你在打仗的时候真的不怕死吗？”

张富清总是坦然作答：“有了坚定的信念就不怕死。我情愿牺牲，为全国的劳苦人民、为建立新中国牺牲，光荣，死也值得。”这个回答朴实却又铿锵有力，这个信念简单却又充满激情。张富清以坚定的信仰战胜了死神，跨过了所有阻碍新中国建设的绊脚石。正是因为有了信念这盏明灯，张富清才有了奋进的方向，经得起那些血与火的严峻考验。

朴实勤勉，默默奉献

张富清作为一个土生土长的陕西人，就连打仗也没有到过湖北，那他到底是如何来到湖北省恩施土家族苗族自治州的呢？

其实，这源于他心中那颗为国奉献之心。在中华人民共和国成立之后，虽然人们过上了没有战争的和平生活，但有些地区仍然十分贫困，亟须建设。1955 年退役转业时，张富清坚决服从组织安排，赴湖北最偏远的来凤县工作。他带着爱人孙玉兰扎根来凤县，一口皮箱，锁住了他在战场上获得的全部荣誉。

张富清先后在来凤县任城关粮油所主任，三胡区副区长、区长，建行来凤支行副行长等职务，哪里缺人他就去哪里支援。这之中的有些单位可是外人眼中的“肥差”，可张富清全家过得却并没有那么光鲜。张富清的儿子回忆起小时候，记得就算父亲是在粮油所工作管理粮油供应，家里也总是吃不饱、睡不暖。

“外人都以为我们家条件好，可是家里的事情，爸爸其实都不怎么帮我们。”张富清的儿子想起小时候的生活不免有些委屈，“感觉自己童年就没有吃饱过。”

不过，张富清并不是对自己的孩子不负责。在他眼里，家人只要有的吃、有的穿就行了，还有很多老百姓没吃没穿，需要帮忙。张富清把一颗心全部奉献给了百姓和国家，自己从来没有想过要从中获得什么好处，也从来没有向组织要过任何补贴，就连自己的工资也是国家发多少就是多少。

“等我长大一点后，才明白了父亲的良苦

用心。父亲以身作则，他就是我们的榜样。”张富清的儿子后来感慨道，“我自己也被父亲的所作所为打动，我们是领导的家属，就应该在各个方面都起带头作用。”在张富清的影响下，他身边的所有亲人都被带动着为国奉献，为社会奉献。

“张老为人正派，做事也尽职尽责，总是挑最难最辛苦的任务，我们每个人都对他敬佩有加。”和张富清一起工作过的同事们都对张老赞不绝口，那时的他们还不知道张富清奋勇杀敌的英雄事迹，只是针对他的工作态度就给出了如此高的评价。

上了年纪后，张富清得了白内障，眼睛看不清东西了，便在儿子的安排下前往武汉进行白内障手术。离开之前，建设银行的后辈行长特地前往张富清家嘱咐他：“您的医药费是可以全额报销的，到时候去了医院就选择那种最好的晶体，这样也能保证效果。”这句暖心的提醒，张富清只是心领了。等他回家之后，儿子才发现，他选的是最便宜的晶体。

“当时和我同病房的是一个农民，我就问了问他选的什么晶体，然后我就让医生给我用和他一样的了。”张富清说，“我已是95岁高龄的人了，我已经离休了，不能再为国家作贡献了，能为国家节省一点是一点。”

离休后，张富清依旧保持艰苦朴素的作风，住老房子，穿旧衣服，用旧家具，过简单生活。2012年，张富清因病左腿截肢，为了不影响子女“为党和人民工作”，88岁的他装上假肢顽强站了起来。

2018年底，国家开展退役军人信息登记，张富清隐藏半个世纪的战功才被发现。

战斗英雄的事迹披露后，诸多光环加身，他依然是老样子，没有一丝一毫的改变，还是那个坚守初心、保持本色的张富清。

2022 年 12 月 20 日，张富清在湖北武汉因病去世，走完了他战斗与奉献的一生。

张富清一生都在以自己的方式报效祖国，他自认平凡，却做了无数伟大的事。战争时期，他奋勇无畏，在枪林弹雨中披荆斩棘，立下战功无数；新中国成立之后，他勤勤恳恳，为国家的建设做实事，为人民办好事；离休之后，他低调为人，面对疾病坚韧不拔，永不放弃。

张富清身上有太多令人感动的精神品质，他就是这个时代的精神丰碑！

袁隆平——甘于奉献的当代“神农”

2021 年 5 月 24 日，长沙下着细密的小雨，天空灰暗又低沉，压得每个人都喘不过气来。这一天，整个长沙市的菊花都被卖空了，所有的鲜花和悼念都送给了同一个人。

长沙的街道挤满了前来送别的人群，人们不约而同地从四面八方赶到湘雅医院，一动不动地伫立在雨中：白发苍苍的老人、身着校服的学生，甚至还有蹒跚学步的孩童，每个人都手捧鲜花，面色凝重，望向前方。

灵车向人群驶来，雨越下越大，就连老天爷都在为袁隆平的逝世而哭泣，雨滴打在每个人脸上，和满脸的泪水混合在一起。

“袁爷爷，一路走好！”

人群里，不知是谁大声喊了一句，颤抖而撕裂的声音击溃了在场每个人的内心防线，在无数人的哭泣声中，所有人都自发高声整齐地喊道：“一路走好！一路走好！！”

数千人的呐喊声回荡在长沙上空，汇集着全国各地人民的悼念之思。数十万人不远千里连夜赶到长沙市明阳山，只为送袁隆平最后一程。

一位85岁的走路都颤颤巍巍的老奶奶，却坚持坐了6小时颠簸的大巴车，赶到现场；一个刚下夜班的送外卖小哥，来不及脱下工作服，就匆匆赶来悼念；还有从河北省临城县连夜驱车 8 小时赶来的一家三口，夫妻俩带着刚学会说话的孩子，在雨中伫立一整天，只为了来送别。浩荡的人群在无言的默契中，默默缅怀着这位让亿万人民吃饱饭、吃好饭的恩人。

袁隆平爷爷为什么会让人们如此怀念呢？因为他为国家和人民作出的贡献关系到我们每个人的一日三餐，关系到家家户户的餐桌。

我们从小就会背“谁知盘中餐，粒粒皆辛苦”，那么你知道我们吃的大米是怎么来的吗？

每年春暖花开的时候，把种子播种在水田里，种子经过发芽，会长出嫩绿的秧苗。在阳光雨露中，秧苗肆意生长，杂乱无章，这时就需要把那些“捣乱”的秧苗拔掉，还要去掉病苗和结穗比较少的弱苗，之后就等着这些剩下的秧苗慢慢结穗长大。

等到了秋日丰收时节，沉甸甸的稻穗会压得水稻直不起腰，这个时候就要收割稻秆，将稻秆上的稻穗筛下来。这些被筛下来的水稻粒经过脱壳处理之后才能变成大米。因此，要想吃到喷香的大米饭，就得看水稻能不能茁壮成长，能不能结出饱满的稻穗。

许多年前，我国的农业还不够发达，粮食产量比较低，满足不了人们的需求，遇到灾年，还会发生忍饥挨饿的情况。在那样的年代，有一位农业科学家一直坚持从事“水稻雄性不育试验”，立志找到提高水稻产量的方法。他的坚持不仅让亿万人填饱肚子，远离饥饿，更为中国粮食安全、农业科学发展和世界粮食供给作出了杰出贡献。他就是被誉为“世界杂交水稻之父”的袁隆平爷爷，杂交水稻研究领域的开创者和带头人。

别看袁隆平爷爷已经年过90，但他的精气神可一点也不比我们年轻人差。不管遇到什么事，他总是笑呵呵的，即使失败了，也总是乐观地说：“失败了不气馁，找到原因从头再来就是啦！”

被问到对年轻人有什么寄语时，袁爷爷就像小孩子一般，立马露出自豪的表情，得意地一笑：“年轻人啊，首先要注意身体，这是最基础的！”

“我年轻时喜欢锻炼，我可是个游泳健将啊，年轻的时候是武汉市第一名啊！”回忆起往昔的光荣时刻，袁爷爷满脸藏不住的骄傲，“当年没有哪个人能赢我，现在很可能你们这些年轻人都游不赢我。”

袁爷爷这可不是在吹牛，如果他当年没有选择从事农业研究，说不定后来真的能成为奥运会游泳冠军呢！

不服输的“体育健将”

袁隆平小时候和家人一起逃难到重庆，一路上都在坐船。

有一天，袁隆平不小心掉进水里。不会游泳的他在水中翻腾，大喊着“救命”，可挣扎得越用力，就越下沉。大量的水灌进他的鼻孔里、口腔里，差点就要将他淹没。就在这时，经验丰富的老船夫及时发现了袁隆平并将他救上了船，这才使他脱离危险。

上船后的袁隆平并没有感到多害怕，相反，天性乐观的他立马决定：一定要学会游泳！这样无论是以后再遇到此类情况，还是需要下水救人，他都能够应对。

到了重庆以后，一到夏天，每天放学回家后，袁隆平就跑到长江边练习游泳。渐渐地，他掌握了熟练的游泳技术，甚至可以从江这头游到江对岸，气都不带喘地游上一个来回。游泳的时候，袁隆平感到很快乐，不仅仅是因为运动带来的身心舒畅，更多的是因为身体徜徉在江水中时，耳边响起激荡的流水浪花声，让他感觉温柔的江水就像是大地母亲的被子一般包裹着自己。

后来，袁隆平觉得自己的游泳技术还算不错，很想参加一次正式比赛，来检验自己的学习成果。

1947年6月，湖北省举办全省体育运动会，袁隆平积极地报了名。可体育老师只是打量了他一下，便摇摇头说：“你个子太小，体力不够，不行！”

袁隆平很不服气，心想，都不给我机会证明自己，就这么快否定我，哼，走着瞧！

预赛的那天早晨，袁隆平也偷偷来到比赛现场。

对于袁隆平的出现，体育老师十分惊讶。体育老师无奈地笑了笑，这小子，总是有股子“不服输”的劲儿，于是他对袁隆平说：“你既然来了，那就试试看吧！”

结果出乎大家意料，这个不被看好的小个子，竟然在预选赛中获得了汉口 100 米自由泳和 400 米自由泳的双料第一名！而在接下来的比赛中，袁隆平更是一鼓作气，拿下了全省男子自由泳比赛的第二名！

这下可让所有老师和同学都对袁隆平刮目相看。当袁隆平带着荣誉回到校园时，同学们都以他为荣，大家兴奋地把他抬起来，向上抛举庆祝。

遇到困难，一定要努力克服、顽强拼搏。正是身上这股不服输的劲儿，促使袁隆平在往后的人生道路上不断迎难而上，攀登高峰。

大自然的“农业启蒙”

袁隆平从小便对大自然十分热爱，他爱山水树木，爱花鸟草虫，爱大地和泥土，也爱雨露和阳光。

刚上小学时，他随母亲到汉口郊区的一家果园游玩。一直生活在城市里从没去过农村果园的他，就像是打开了新世界的大门，眼前花红柳绿的缤纷景象深深地印在了他的脑海里。

母亲牵着他的手，漫步在茂密的果林里。粉红水润的大桃子挂在树上，一个个结实又饱满，仿佛用手指戳一下就能溢出汁水来。顺着木架奋力攀爬上来的藤蔓，结出一串串碧绿的葡萄，苍翠欲滴，泛着酸甜的香气。不远处的田埂上，结出几个红红的西红柿，这在当时可是稀奇玩意儿。袁隆平看呆了，久久愣在原地。放眼望去，黄的、红的、白的、绿的……五颜六色的果实构成了一幅丰收的图画，空气中飘来果实的香气，到处都是大自然赐予农民的礼物。

“我们吃的粮食是黄土地里长出来的，我们穿的衣服是用从黄土地上收获的棉花织成的布做的，我们住的房子是用黄土烧成的砖盖起来的……总之，我们的衣食住行都离不开土地。所以说，土地是生命之源。”母亲对年幼的袁隆平说。袁隆平似懂非懂地点了点头。

从此，每到桃子成熟的季节，记忆中那

个美丽的果园便浮现在他的脑海里：满园里郁郁葱葱，到处是芬芳馥郁的花草和饱满鲜艳的果实。

“我觉得那一切实在是太美丽了！美得我当时就想，将来我一定要去学农。”袁隆平兴奋地说。

袁隆平的母亲华静是一位温柔贤淑的知识女性，她爱读哲学家尼采的著作，还能讲一口流利的英语。在对孩子的教育上，华静也很严格：“孩子的智商如同宝库，唯有品德和情操，才是打开宝库的钥匙。”华静不仅努力为孩子们创造最好的教育环境，还十分注重孩子的品德教育，让袁隆平从小便树立起积极向上的价值观。因此比起同龄人，袁隆平在对事物的认知上更加成熟理性。

16 岁时，袁隆平转入一所由英国人创办的高中。这所学校里，英语、物理、化学这几门课程全是由欧洲老师用英文授课。

在母亲的耳濡目染下，袁隆平小时候便养成了好的学习习惯。在全英文的学习环境中，他的英语进步得很快，就算看英文电影，他也能一字不漏地全听懂。良好的英语基础，为袁隆平日后研究杂交水稻提供了最夯实的技能支持。

到读大学选专业时，袁隆平的父亲因自己一直从政，他建议袁隆平填报南京的重点大学，以后和他一样走仕途，为人民作贡献。母亲则民主地说："爸爸的意见你要认真考虑。当然最后还得由你自己做主！"

看着母亲殷切的脸，袁隆平的思绪又飘回到记忆中的果园，每每想起，他仿佛都还能闻到当时的果香。

袁隆平又想起，小时候母亲带自己去“神农洞”游玩。当时正值秋收时节，来来往往的游客只要经过神农的雕像前，都会停留驻足，向神农虔诚祷告。年幼的袁隆平好奇地问：“为什么人们这么尊敬神农？”

母亲笑着摸了摸袁隆平的头，温柔地说：“我们吃的粮食都是当年神农氏教人们种出来的！”

神农，是上古时期的炎帝，是人们敬仰的先贤。相传，他亲尝百草，发展用草药治病的方法；他发明刀耕火种，创造了两种翻土农具，教人们垦荒种植粮食作物；他还领导部落人民制造出了饮食用的陶器和炊具。

听完母亲的介绍，袁隆平不禁对眼前的雕塑肃然起敬，毕恭毕敬地向神农行了三个鞠躬礼。

就像老年的袁隆平在信中写的那样，在他

成长的道路上，母亲是那颗最亮最闪的启明星：

“无法想象，没有您的英语启蒙，在一片闭塞中，我怎么能够用英语阅读世界上最先进的科学文献，用超越那个时代的视野，去寻访遗传学大师孟德尔和摩尔根？

“无法想象，在那个颠沛流离的岁月中，从北平到汉口，从桃源到重庆，没有您的执着和鼓励，我怎么能够获得系统的现代教育，获得在大江大河中自由搏击的胆识？

“无法想象，没有您在我的儿时讲尼采，讲这位昂扬着生命力、意志力的伟大哲人，我怎么能够在千百次的失败中坚信，必然有一颗种子可以使万千民众告别饥饿？”

回想从小到大的种种过往，袁隆平心中的理想逐渐清晰起来，他越发意识到，自己对大自然的一切都心生向往。他爱春华秋实、瓜果树木，也希望像神农那样回到大地母亲的怀抱中，用双手创造出新世界，解决粮食问题，改善民生现状。

“我要报考农学院！”袁隆平坚定地说。

见儿子如此坚定，一向民主的父亲也没有再提反对意见。他只是教导儿子，既然是自己选择的道路，就要坚持到底。

袁隆平坚毅地点了点头。

稻田里的“当代神农”

就这样，袁隆平进入西南农学院（今西南大学）学习。从此之后，他几乎一生的时间，都是在农田度过的。

炎炎夏日，太阳像烧焦的火球，狠辣地灼烤着大地。寻常人或待在家中避暑，或想办法乘凉降温，可偏偏有这么一个怪人，不顾高温热浪，一头扎进稻田里。不用猜，这个人就是袁隆平。

盛夏的稻田里气温高达40℃，即使穿着厚厚的鞋子，也能感受到地表的高温。升腾的滚滚热浪让稻田就像一个大火炉，全方位地“烘烤”着袁隆平。袁隆平就要在这大片大片的稻田里寻找“水稻雄性不育株”。他必须时刻佝偻着腰，弯下身子，一株一株地查看水稻，这难度无异于“大海捞针”。

袁隆平穿梭在稻田里，密密匝匝的稻叶就像锋利的小刀，一次次地划伤他的双腿。夏日的蚊虫极多，一些叫不出名字的小毒虫也趁机

“为非作歹”，盯上袁隆平这个送上门的“大餐”。即使袁隆平把全身包裹得严严实实，身上还是留下了许多被蚊虫叮咬的痕迹。

最可怕的是一种叫“水蛭”的软虫，它隐藏在烂软的泥田里，最爱吸附在人的皮肤表面，疯狂吸血。对付这种虫子，不能把它硬扯下来，因为越扯它就扎得越深。

可这些毒虫蛇蚁，在袁隆平看来，并不是他最害怕的。袁隆平最害怕的，其实是自己的寻找没有结果，研究不出提高水稻产量的方法，心中的理想无法实现。

功夫不负有心人，就在这样年复一年的寻找中，袁隆平终于在成千上万株的水稻中，一步一个脚印、一株一探寻地找出了6株雄性不育株。

这6株雄性不育株是培育人工杂交水稻的关键，如果能够科学培育，就可以大幅度提高水稻产量。

经过两年的实验，袁隆平终于培育成功“雄性不育系”，并于1966年2月在中国科学院的院刊《科学通报》上发表了一篇名为《水稻的雄性不孕性》的论文。这篇论文一经发表，就引起了上级领导的高度重视。上级领导立即发函支持袁隆平的研究活动，表示这项研究的意义重大，如果能成功，将使水稻大幅度增产，解决人民的吃饭问题。

好消息接连传来，袁隆平得到了国家和政府的支持，更加坚定了他要在这条路上走到底，不能辜负人民的期望的决心。1968年5月的一天，袁隆平像往常一样来到试验田，却发现试验田一片狼藉，秧苗全部被拔光，地上到处是凌乱的脚印，原本茂密的稻田被踩得光秃秃的，肥沃的泥土被破坏得稀烂。试验田毁了！

就在众人都感到绝望之时，袁隆平骨子里那不服输的劲儿又来了。他偏偏不认命，低下头趴在地上，像探测器一样精准地扫视每一寸土地，充满希望地寻找幸存的秧苗。

就这样，袁隆平最终从田埂边的污泥里捡回了5棵被半埋着的秧苗。

袁隆平的脸上再次露出了孩子般满足的笑容。看到袁隆平这样，他的助手尹华感到惊讶。从始至终，袁隆平都没有追究这到底是谁干的。他无奈地说：“袁老师就是那种摔摔打打都不记痛的人！”

的确，天性乐观是上天赐予袁隆平的礼物。正是这种永远乐观、永远充满希望的心态，再加上那股子不服输的劲儿，引领着袁隆平一步步走向农业事业的巅峰。

2020年11月2日，袁隆平在湖南的试验田杂交水稻双季测产达到了亩产 1530.76 公斤，这个数字再次创下了新的纪录。可对于袁隆平来说，提高水稻产量只是最基本的要求，接下来，他还要向全省、全国水稻产区推广，为国家粮食安全作出新贡献。

即使早已过了退休的年龄，袁隆平爷爷还是像孩童一般保持着童真与好奇，仍像年轻时一样，不停歇地穿梭在试验田里。

早在 1999 年，经国际小天体命名委员会批准，中国科学院北京天文台施密特 CCD 小行星项目组发现的一颗小行星被命名为“袁隆平星”。从地上的苗到天上的星，这条道路正象征着袁隆平脚踏实地，一步步作出伟大贡献的人生道路。

2021 年 5 月 22 日 13 时 07 分，袁隆平爷爷在中南大学湘雅医院逝世，变成了天空中那颗最闪亮的星，照耀着中国人民遥望天空的面庞。

在悼念袁隆平爷爷的每一束鲜花上，都放着一张手写的卡片，是每个人内心最诚挚的情感表达：

“从此以后，碗中有米，心中有您。”

“感恩国士，吾辈奋进。”

“这世上没有神仙，也无须立庙，因为每一缕升起的炊烟，都是飘自人间的怀念。”

而那些无法赶到现场参加悼念活动的人，也纷纷在网上晒出自己的“光盘行动”。从今天起，不浪费每一粒米，不辜负每一滴汗水，是我们对袁隆平爷爷最真情实意的怀念。

袁隆平曾经说自己有个禾下乘凉梦：“水稻长得有高粱那么高，穗子像扫把那么长，颗粒像花生那么大，而我则和助手坐在稻穗下面乘凉。”在他梦中的世界里，不会有人挨饿，每个人都能吃饱饭。

袁隆平的梦想和人生自始至终都与我国的粮食产业发展紧紧相连，与我国的民生民情紧紧相连。也正因为如此，人民的心也和他紧紧地联结在了一起，他将永远印刻在每个中国人的心里。

黄旭华
——“无名”的“核潜艇之父”

1988年4月的一天，海面上的晨雾刚刚散去，阳光在海面上洒下金色的光芒，一条金色蛟龙正缓缓地驶入海洋——原来，这是一艘即将进行深潜试验的核潜艇。

核潜艇的工作台前站着一位精神矍铄的老人。他的头发梳得一丝不乱，微微下陷的眼窝里那一双深褐色的眼睛正紧紧地盯着屏幕，仔细检查着工作台上的数据。这位花甲老人就是中国第一代核潜艇的总设计师——黄旭华。他不惧危险，亲自上艇指导这危机重重的深潜试验。

你可能会疑惑，究竟什么是“深潜试验”呢？

就像学校里的期末考试是用来检验你一学期的学习成果一样，深潜试验就是为了检验核潜艇的设计是否合理以及建造质量是否达标。

一次期末考试没考好没关系，下学期再努力就好。可深潜试验一旦出了问题，这就是危及生命的事情。1963 年美国的一艘核潜艇就是在深潜试验中由于设备故障导致沉没，上面的 104 名艇员和 25 名其他工作人员都葬身在了 2500 米深的海底。

深潜试验的危险系数极高，但又是必须进行的步骤。这是因为整个潜水艇的设计和制作过程都是在陆地上完成的，可它执行任务的时候却是在海洋深处，一切的预期效果都得靠潜艇设计人员的测算。所以，在深潜试验前，大家的心情既紧张又压抑。

“咱们所有的设备材料没有一个是进口的，都是我们自己造的。开展极限深潜试验，并没有绝对的安全保证。我总担心还有哪些疏忽的地方。为了稳定大家情绪，我决定和大家一起深潜。”

作为核潜艇总设计师的黄旭华亲自上艇的这个决定，对于所有工作人员来说都是最大的鼓舞。在他们眼里，既然核潜艇的总设计师都敢和他们一起深潜，那一定是对潜艇有着充分的信心，安全系数很高。黄旭华的决定让整个团队的信心更加坚定。

这次“深潜试验”是否会成功？让我们拭目以待。

“深潜试验准备开始！”核潜艇内的黄旭华严肃地用广播说出了这句话。全体工作人员都屏住了呼吸站在自己的工作台前。

“5，4，3，2，1，深潜试验正式开始！”黄旭华的话音刚落，海面上的金色蛟龙摇晃了一下身体，而后便一头扎进了水里，属于它的冒险之旅正式开始了！

深潜试验充满着未知与风险。黄旭华也不知道在这神秘的大海里究竟会遇见什么困难险阻，只能鼓起勇气和大家一起朝下潜去。

核潜艇的“深潜试验”是一步一步分阶段进行的。在第一阶段，它先是潜到了距离海平面100米的深度，你可别小看这100米，它已经是相当于陆地上25层楼的高度了呢！

大海中一片宁静，黄旭华侧着耳朵仔细地听着。他需要灵敏察觉到核潜艇出现的任何声响，以此来确定此时此刻的核潜艇有没有出现漏水以及其他问题。不过，黄旭华似乎只听得见工作人员"怦怦怦"紧张的心跳声。

"一切运行正常。"工作人员全面检查后反馈道。第一个100米的小阶段取得了胜利，大家终于舒了一口气，互相看了几眼给予彼此肯定后，神情又再次紧张了起来。接下来，他们还需要继续下潜，而随着深度的不断增加，没有人能保证到底会不会出现问题。

就这样，核潜艇继续往大海深处探索着，200米……250米……到了280米时，可怕的状况出现了。

280米相当于70多层楼那么高，这个深度的压强非常大，人体很难承受得住，正是在这个深度，核潜艇开始出现了异常。

"咔嗒、咔嗒"，舱艇的门开始变形并发出

了一阵阵的声响，大家有些害怕。

“不会是大海中有什么生物在攻击我们吧？”

“咱们的这个核潜艇够坚固吗？”

参试人员在交头接耳。

黄旭华严肃地让大家安静下来，自己则仔细地听着声响。

海水巨大的压力开始挤压艇体，部分舱门因为变形压紧而无法打开，令人心惊肉跳的“咔嗒、咔嗒”声响也此起彼伏。

“砰——”的一声巨响后，黄旭华及其他负责人连忙跑到了指挥舱间，眼看着一根支撑深度计的角钢随着下潜的深度不断增加而渐渐扭曲，大家的心都提到了嗓子眼儿。

与此同时，伴随着奇怪的响声，大家头顶上竟然也开始滴答滴答地漏水。要知道，在极限深度，一块扑克牌大小的钢板承受的压力是

1吨多，100多米的艇体上任何一块钢板不合格、一条焊缝有问题、一个阀门封闭不足，都可能导致艇毁人亡。

黄旭华和工作人员仔细排查，竟然发现了19处正在漏水的地方！“咔嗒”声也在继续。参试人员有些不知所措。“大家都冷静下来！这并不是很严重的问题，这个声音其实只是高压下艇体结构相互挤压所发出的，结构变形是正常的，都在设计与控制范围以内，漏水的地方我们检修紧固便可。”黄旭华安慰道。

大家一次一次地细数，那“咔嗒、咔嗒”的声响一共响了11次，每一次都击打着参试人员的耳膜和心房。大家都屏住呼吸，努力让自己平静下来，不再让不安的情绪蔓延。

在接近最大深度时，黄旭华镇定自若地指挥着参试人员一步步按规程操作、记录、播报，一切工作紧张而有序。操作人员也个个集中精神，临危不惧，坚守在各自的岗位上。

中午12时左右，当第二舱的深度计指针指向极限深度300米并略有超出时，黄旭华和参试人员不约而同地屏住了呼吸，静静地等待了整整5分钟。核潜艇没有任何异常！

“停——”黄旭华宣布道。

随着这一声清脆的“停”的指令，舱内寂静一阵后爆发出了阵阵欢呼！

“成功了！我们成功了！”参试人员开心极了。

“咱们的核潜艇下潜到了设计的极限深度，并且全艇的设备运转正常，这证明该核潜艇的艇体结构的设计与制造是成功且合格的，通海系统安全可靠，符合战术需要。”黄旭华继续补充道，“可以返程了！”

这只蛟龙在海底世界探索了四五个小时之

后，终于可以返回到海面上了。在确定了一切安全之后，核潜艇开始上浮，在上浮到 100 米的时候，大家都兴奋地合影留念，黄旭华更是意犹未尽，他略一沉吟，而后拿来了笔墨纸砚，挥毫泼墨，一气呵成，写下了：

花甲痴翁，智探龙宫；惊涛骇浪，乐在其中。

这首在核潜艇发展史上广为传诵的壮丽诗篇，不仅抒发出了一种大无畏的豪情壮志，笔墨之间还洋溢着黄旭华自身的乐观主义精神。

随着核潜艇成功地浮至海面，黄旭华也成了历史上第一位亲自跟随核潜艇完成深潜试验的核潜艇总设计师。更重要的是，深潜试验成功意味着中国的核潜艇从无变成了有，中国的蛟龙也在海中觉醒，开始守护自己的家园。

2019 年 9 月 29 日上午 10 点，中华人民共和国国家勋章和国家荣誉称号颁授仪式在人民大会堂隆重举行，国家主席习近平为这位白发苍苍的老人颁授了“共和国勋章”。

“黄旭华，我国第一代核潜艇总设计师。为国家利益隐姓埋名，默默工作。60 多年来潜心技术攻关，为核潜艇研制和跨越式发展作出巨大贡献。”颁奖词体现了黄旭华身上最耀眼的光彩。

出生于医学世家

黄旭华出生于医学世家，原本立志从医。可是耳闻日军飞机的轰炸，目睹满目疮痍的废墟，少年黄旭华重新思考了自己的人生道路：“国家太弱就会任人欺凌、宰割！我不学医了，我要读航空、造船，将来制造飞机捍卫我们的蓝天，制造军舰抵御外国的侵略！”

就这样，黄旭华怀揣着梦想进入了上海交通大学的造船系学习。正式开始上专业课后黄旭华才发现，这和他想象的不同。课本是纯英文的，老师讲课也用的是英文，就连平时做笔记和考试答题都要求用英语，这对于黄旭华来说，实在是让他为难。

但黄旭华没有退路，他开始努力学习英语。每天天刚蒙蒙亮，黄旭华便早早地洗漱完毕，带着课本在离宿舍门口较远的地方大声朗读；平时要是遇见了不认识的单词，他也会专门准备一个本子记录，每隔三天进行一次默写。同时，书中的每一句话他都会在心中默默地翻译上好多遍。通过一段时间的学习和适应，黄旭华逐渐跟上了学习的节奏，上课不仅能听懂老师所教授的内容，还能和老师用英语进行互动。英语能力的提高为他之后的核潜艇研究奠定了基础。

我国在核潜艇研制工程正式启动后，希望能够得到在这个领域先行者的技术支持。可是，当时的苏联不但对我们的请求一口回绝，甚至还在长波电台及联合舰队的建设方面也无视我国的主权和安全诉求。毛主席被苏联的傲慢和无礼激怒，字字铿锵地说："核潜艇，一万年也要搞出来！"

这句气势如虹的口号，不仅坚定了黄旭华等科研工作者独立自主研制核潜艇的信心，也宣示了中国人民不畏霸权、自强不息的意志和精神。在那个特殊的年月里，黄旭华深深地被毛主席这句热血沸腾、情绪激昂的誓言感染，他下定决心，一定要把中国的核潜艇给搞出来。

可是我国在这个领域真的是一片空白，全国几乎没人懂核潜艇是什么，黄旭华也只是接触过常规潜艇而已。所幸，黄旭华的英语能力还不错，于是他们就从国外的报刊上搜罗核潜艇的信息，仔细甄别真伪，拼凑其轮廓，不放过任何学习的机会。当有人从国外带回了两个美国“华盛顿号”核潜艇儿童玩具时，黄旭华如获至宝，反复把玩具打开、拆解，用来检验他们的构思。

志强便国强。带着这个梦想，黄旭华将一生都献给了中国核潜艇事业，经过千难万苦实现了核潜艇的中国制造，使中国变得更加强大。

赫赫而无名，不悔奉献终身

黄旭华的一生几乎都是“赫赫而无名”的，这不仅是指黄旭华隐姓埋名，而且指的是他虽然功勋卓著，但是在这几十年间他的事迹、贡献和声誉却不能被公众甚至是自己的家人所知。

这30年间，黄旭华跟自己的亲人几乎没有联系，除了时不时给家里寄点钱，父母和兄弟姐妹没有人知道他在做些什么。就连黄旭华的三个女儿也没有一个人知道父亲是在研制核潜艇，大女儿是在考进了719研究所后才知道了爸爸所从事的工作。

父母曾多次写信问黄旭华在北京哪个单位，到北京去干什么工作，但黄旭华一直闭口不答。由于不能回到父母身边尽孝，黄旭华每逢年节都会给老人寄钱回去以此表达孝心。可父亲生气地把黄旭华寄的钱退了回去，姐姐也写信骂他“越大越不懂事”。面对被退回来的汇款单，黄旭华心中五味杂陈，却不能多解释。

黄旭华被自己的亲人们纷纷埋怨，但母亲从来没有责怪过他。就好像与他心有灵犀一样，冥冥之中，她觉得黄旭华一定是有自己的难言之隐，也一定在做“好”事，于是一直在家安慰其他的兄弟姐妹。

1986 年，当黄旭华再次踏上阔别的家乡时，已经过去整整 30 年了。他的父亲和兄长已经去世了，看着已是满头银发的 90 多岁的母亲，黄旭华不禁跪地痛哭流涕。而这次重逢，家人仍不知道他这么多年在干什么，直到一年后一篇题目为《赫赫而无名的人生》的长篇报告文学发表，详细地介绍了中国核潜艇总设计师的人生经历。至此，他才终于被“解密”！

黄旭华把杂志寄给了母亲。母亲一看，里面所讲的黄总设计师就是30年没有回过老家，而被兄弟姐妹们误解为不要家、不孝顺的三儿子。

母亲一而再、再而三地阅读这篇文章，满脸泪水，却又自豪不已。她把子孙们召集过来，郑重地对大家说：“三哥（黄旭华）的事情，大家都得谅解！”母亲这句话让黄旭华非常感动，每次想起来，都让他忍不住流泪……

自古忠孝不能两全，黄旭华说：“对国家的忠，就是对父母最大的孝。”

黄旭华的“无名”人生大致可以划分为三个阶段：

在上海交通大学的地下党生涯便是黄旭华“无名”人生的开始。为了国家的新生，为了唤起同辈年轻人的觉醒，他在血雨腥风中为党的事业秘密地奋斗着。

黄旭华的第二段“无名”人生是他在船舶工业管理局上班的一段经历，当时的保密工作已经非常严格了，每个工作人员都要签订保密承诺，十个指头都要按手印，保证不得向任何人，包括自己的配偶、父母、兄弟、子女透露自己工作的任何情况。也是从这个时候起，黄旭华的父母和亲人们就不知道他在做些什么了。

第三段“无名”的人生就是黄旭华参加“09”工程之后了，这段经历长达30年。由于核潜艇研制是天字第一号工程，保密程度甚至严于“两弹一星”，做这件事几乎是“与世隔绝”。

在他隐姓埋名30年之后，国家和人民给予黄旭华巨大的荣誉。这些荣誉，是国家和人民为了纪念和表彰黄旭华为祖国国防建设作出的巨大牺牲和贡献，更是要让这位伟大的科学家和爱国者铭刻在共和国的历史上，走入每个中国人的记忆中。

祖国会记得，人民会记得。

屠呦呦
——用中医药造福世界

“呦呦鹿鸣，食野之苹”，这句摘自《诗经·小雅·鹿鸣》中的诗句，也是一个小女婴出生时，父母寄予她的美好期望。

一群鹿儿呦呦鸣叫，在原野上吃着艾蒿，多么悠闲自在。父母给家里五个孩子中唯一的女儿取名“呦呦”，是希望女儿这一生能像小鹿一样，恬静美好，快乐自在。

可没想到，女儿一辈子只专注做一件事，

这件事恰恰和这句诗有关！虽与父母期望相去甚远，但她却做到了让“屠呦呦”这个名字垂于青史、流芳百世。

2015 年 10 月，屠呦呦因发现了青蒿素获得诺贝尔生理学或医学奖，该药品可以有效降低疟疾患者的死亡率。屠呦呦是第一位获得诺贝尔科学奖项的中国本土科学家。诺贝尔科学奖项是中国医学界迄今为止获得的最高荣誉，也是中医药成果取得的最高认可。

85 岁的她，站在瑞典卡罗林斯卡医学院的演讲台上，用中文发表了名为《青蒿素的发现：传统中医献给世界的礼物》的主题演讲。她的声音坚定激昂，向全世界讲述了中国科学家们的故事。

屠呦呦说，青蒿素是传统中医药送给世界人民的礼物，对防治疟疾等传染性疾病、维护世界人民健康具有重要意义。青蒿素的发现是集体发掘中药的成功范例，由此获奖是中国科学事业、中医中药走向世界的一个荣誉。

“作为一名科学工作者，获得诺奖是一项很大的荣誉，青蒿素这个衍生物研究成功是多年研究集体攻关的成绩，青蒿素获奖是中国科学家集体的荣誉。这也标志着中医研究科学得到国际科学界的高度关注，是个入口。”

屠呦呦感到无比自豪，她说：“这是中国的骄傲，也是中国科学家的骄傲。”

久病成医，求学梦重又燃起

1946 年，16 岁的屠呦呦不幸染上了肺结核。在当时，这种病又叫“肺痨”，被人们视为绝症，一旦染上，生还概率很小。

即使是在医学发达的今天，对这种病的治疗也依然很棘手。可想而知，当时的屠呦呦状况有多危险。因此，她被迫放弃学业，回家休养。

在家休养的这两年，屠呦呦每日都和药物打交道，饱受疾病折磨。屠呦呦不知道自己的生命会在哪一刻消逝，她决定把每一天都当作最后一天来过，不到生命的最后一刻，决不放弃学习。于是，她几乎每天都废寝忘食地看书。

就像给她取的名字“呦呦”一样，屠呦呦的母亲希望屠呦呦能像小鹿一样恬静美好，学习家务事，未来嫁个好人家，过相夫教子的平淡生活。可屠呦呦偏偏有自己的主见：“朝闻道，夕死可矣。”她相信，读书可以改变自己的命运，因而即使在有限的生命里，她也要拼尽全力去追求知识和真理。

外地求学的哥哥寄来的信件，就像一针强心剂，及时注入屠呦呦的心里：

“呦妹，学问是无止境的。当你获得局部成功的时候，你千万不要认为满足；当你不幸失败的时候，你亦千万不要因此灰心。呦呦，学问决不能使诚心求她的人失望。”

学无止境，诚心求学，屠呦呦对未来的人生又燃起了希望。

那之后，屠呦呦更加积极地配合治疗，再加上心情愉悦畅快，她的身体好得很快。而在这个过程中，屠呦呦意外发现，自己对医学产生了浓厚的兴趣。都说“医不自医”，意思是医生能给别人治病，但却不能医治自己的病，屠呦呦偏不信，她要成为能医人也能医己的医者。

就这样，学医的愿望在心底越发强烈起来。

1951 年，屠呦呦考入北京大学，在北大医学院药学系学习。在专业课的学习过程中，她尤其对植物化学、本草学和植物分类学有着极大的兴趣。

“既能让自己远离疾病，又能救治更多的人，何乐而不为?”对于学医这个选择，屠呦呦从未后悔过。

攻坚克难，青蒿素提纯奇迹

疟疾，主要经由蚊虫叮咬或输入带疟原虫的血液进行传播，是一种长期威胁人类健康乃至生命的流行病。一旦被传染，患者会在短时间内经历极寒和高烧两种症状，同时引起肌肉疼痛、贫血和脾大。这种疾病早在 3000 多年前的殷商时代就已开始流行，一旦出现，便死伤无数。

1967年，在越南战场，一场大面积的疟疾暴发。在当时，没有任何药物能够有效抑制疟疾，不幸染上此病的人大多数都会在极度痛苦中死去。在这种紧急情况下，越南向中国求助。在毛泽东主席和周恩来总理的指示下，一个代号“523”的研究项目组成立，目标是寻找治疗疟疾的有效药物。

项目组成立最初，研究人员前前后后试了四万多种草药，可两年过去了，依旧没有什么进展。这时，屠呦呦受邀加入研究小组。此时，39岁的她是中医科学院的一位研究员。屠呦呦的丈夫远在云南，两个女儿都还不满6岁，一个人带孩子本就辛苦，如果现在加入研究组，年幼的孩子们怎么办？

望着女儿们单纯的脸庞，屠呦呦心情复杂。孩子们睁着水汪汪的眼睛，神情天真，还不知道即将和最亲爱的母亲分别。想到这儿，屠呦呦内心绞痛，一时间进退两难。但纠结和犹豫也只是片刻的，屠呦呦很快就作了决定：将两个孩子送回宁波老家，让父母暂时照顾一段时间。而自己要全身心投入科研工作。

屠呦呦毅然决定加入研究组，她勤奋好学，既有西医研究背景，又擅长中医传统医理，更有一颗报效祖国的决心。上级任命她为研究组组长。沉甸甸的责任落在自己肩头，屠呦呦一丝都不敢怠慢，一头扎入科研工作中，这一干，就是三年。三年中，她几乎每天都在实验室中度过，和家人聚少离多。

屠呦呦还记得，一次难得的假期，她准备好了给女儿们的礼物，满怀期待地踏上了回家的归程。许久未见，不知道女儿们长高没有？学会写几个字了？想到这儿，屠呦呦的嘴角不自觉扬起幸福的微笑。可很快，现实就给屠呦呦泼了一盆冷水。

她刚踏进家门，大女儿像是见到陌生人一样，死死盯着她，许久都不愿意开口叫一声“妈妈”。而不满 4 岁的小女儿，更是害怕地躲在姥姥爷身后。

两个女儿的反应让屠呦呦又矛盾又难过。屠呦呦明白国家大事与个人私事的关系，为了“大家”，只能牺牲个人“小家”。在科研的道路上，她只是沧海一粟，还有很多和她一样的科研人员前赴后继，为祖国的科学事业献身，甚至连回家的机会都没有。和女儿的感情可以慢慢培养，日后再弥补，可耽误了科研任务，耽误的就是亿万人的生命。屠呦呦没有犹豫，她背起行囊，又回到了工作岗位。

“对我们来说，交给你任务，就要努力工作把国家任务完成。”屠呦呦这样说。

对抗疟疾，是全世界共同努力攻克的难关，各个国家的研究都陷入停滞。此时，身为组长的屠呦呦把目光投向了我国有 2000 多年发展历史的古老学科——中医药。

中医药前辈们留下的古籍宝典中，收录珍藏着无数医学的秘密。屠呦呦坚信，前辈们的经验对于现在的研究一定会有所启发和帮助，而解决疟疾的方法，就要从前人的道路中寻找蛛丝马迹。

屠呦呦开始带着组员查阅中医典籍，大家整天埋头于那些生僻晦涩的古医书中，逐字斟酌验证。她从系统整理历代医籍入手，查阅经典医书、地方药志，四处走访老中医。最后，屠呦呦从2000多个药方中筛选出640余个药方，整理了一个包括青蒿在内的《抗疟单验方集》，供研究者进一步发掘。最终，他们从200种草药中得到380种提取物，一一在小白鼠身上进行抗疟疾检测。

在实验中，屠呦呦分离出了胡椒酮晶体，她将希望放在这个样品上，然而，最终结论是：胡椒提取物虽对疟原虫抑制率达84%，但对疟原虫抑杀作用并不理想。一时间，屠呦呦陷入迷茫和困惑之中。

一次偶然，屠呦呦翻到一本古书《肘后备急方》，是晋朝葛洪所写，书上记载着治疗疟疾的草方："青蒿一握，以水二升渍，绞取汁，尽服之。"意思是说，抓一把青蒿，用水泡了之后，绞成汁全部喝掉。其实，早在前期探索实验中，屠呦呦就注意到了青蒿，也将其写进了《抗疟单验方集》里，但当时的实验结果表明，青蒿对疟原虫只能产生 68% 的抑制率。屠呦呦反复阅读书中的记载，前辈葛洪确实论证了青蒿能够有效治疗疟疾，可为什么却和自己的实验结果不相符呢?

屠呦呦盯着这句话，陷入思考，突然，“绞取汁”这三个字让她豁然开朗。屠呦呦意识到，古人萃取草药汁液的方式通常就只有煎和煮这两种。而之前实验出的青蒿抑制率不高，很可能是因为没有提取纯度较高的青蒿素。屠呦呦赶紧回到实验室，开始验证自己的猜想。她采用沸点只有 34.5℃ 的乙醚代替水和酒精来提取青蒿素。

乙醚极易挥发，不仅有毒，还很容易引起剧烈爆炸，操作时必须极其小心谨慎，稍有不慎就会导致严重后果。当时没有现在先进的通风系统和防护措施，实验开始不久后，科研人员就开始出现各种身体不适的状况：头晕眼花、鼻子出血、皮肤过敏……因长期吸入乙醚，屠呦呦还得了中毒性肝炎。

这时，团队已经进行了几百次提取青蒿素的实验，可都以失败告终。一时间，大家都有些丧气，着手准备其他药物的研究。可屠呦呦偏偏不愿放弃，她执拗地一次又一次重复实验。经历了 190 次失败后，她终于在 1971 年 10 月 4 日，得到了青蒿中性提取物“191 号样品”。实验结果显示，这种样品对鼠疟、猴疟疟原虫的抑制率为 100%！

1972 年 11 月 8 日，屠呦呦和她的同事们获得了抗疟有效单体的提纯物质——一种白色针晶，并将之命名为青蒿素。

以身试药，中医学扬名世界

一时间，所有人都欣喜若狂，多年来的付出没有白费，人类在治疗疟疾的道路上终于有了新的进展！

许多人前来道贺，恭喜屠呦呦和她的团队。可屠呦呦本人却异常冷静，她知道，发现青蒿素只是第一步，虽然它对实验对象小白鼠起到了抑制作用，可并没有对人体实验过。青蒿素对人体是否有效，尚无定论。更何况，在之前的实验中，把青蒿素应用在动物身上时，曾出现了一过性转氨酶升高等副作用，对身体产生了伤害。如果将青蒿素正式投入使用，一定要确保对人体无害才行。当时还没有关于药物安全性和临床效果的评估程序，唯一的办法是在人类身上进行实验。

可是，找谁来做这个“人体实验”呢？大家面面相觑，没人敢说一句话，毕竟是用身体冒风险的事情，每个人都很谨慎。

这时，屠呦呦站了出来，毅然坚定地说：“我是组长，我有责任第一个试药。”见组长如此坚定，在场的每个人的情绪都被感染了，紧接着，更多的人站了出来：

“我也愿意试药！”

“我也去！”

就这样，1972 年 7 月下旬的一天，北京东直门医院住进了三位特殊的“病人”。屠呦呦和她的两位同事，不顾个人安危，自愿以身试毒，冒着生命危险来当“小白鼠”。

试药实验开始的前几天，屠呦呦没有出现任何不良反应，于是，她要求同事对她加大剂量。在医院严密监控下，试药观察获得了让人惊喜的结果：青蒿素不会对心脏、肝脏、肾脏产生任何副作用。屠呦呦和她的同事们，用自己的生命作保证，亲自证实了药物安全，才投入临床给病人使用。

消息传开，举世震惊。几千年来都没有人能解决这个困扰人类的疾病，而如今，中国人却找到了治疗方法。

1986 年，青蒿素正式获得新药证书。2004 年 5 月，世界卫生组织正式将青蒿素复方药物列为治疗疟疾的首选药物，从此青蒿素作为“中国神药”，在世界各地显示奇效。

过去 10 年，全球死于疟疾的人数下降了 38%。全球 43 个国家，其中包括 11 个非洲国家的疟疾发病率和疟疾死亡率都下降 50% 以上。这些了不起的成就，离不开屠呦呦和她的团队的默默耕耘、无私奉献。

2015年10月5日，诺贝尔生理学或医学奖获奖名单揭晓，女科学家屠呦呦成为首位获得这一奖项的中国科学家。两个月之后，一向低调的屠呦呦走上瑞典颁奖台，发表自己的获奖演讲："中国医药学是一个伟大的宝库，应当努力发掘，加以提高。"屠呦呦说，"欲穷千里目，更上一层楼，请各位有机会时更上一层楼，去领略中国文化的魅力，发现蕴含于传统中医药中的宝藏。"

全场掌声雷动。屠呦呦用自己的方式，将中华民族优秀的文化瑰宝推广发扬到全世界，将自己的一生，献给了中医药研究。

李克强总理这样评价屠呦呦：

"屠呦呦获得诺贝尔生理学或医学奖，

是中国科技繁荣进步的体现，是中医药对人类健康事业作出巨大贡献的体现，充分展现了我国综合国力和国际影响力的不断提升。”

对于如此殊荣，屠呦呦却谦虚地说：“作为科学工作者，得到诺贝尔奖是一个很大的荣誉。青蒿素及其衍生物的研制成功，是当年研究团队集体攻关的成绩。青蒿素的获奖，是中国科学家群体的荣誉。我觉得科学要实事求是，不是为了争名争利。”

屠呦呦将荣誉名利看得很淡，走下领奖台，她仍是实验室里那个默默研究的科学家，又继续投入到下一项研究中。2016 年，屠呦呦在青蒿素抗疟研究之后，发现青蒿素对治疗部分红斑狼疮效果也很显著，在临床试验的审批上也取得了巨大进展。

在科研的道路上，屠呦呦从未停止，她说："中国医药学是一个伟大宝库，青蒿素正是从这一宝库中发掘出来的。未来我们要把青蒿素研发做透，把论文变成药，让药治得了病，让青蒿素更好地造福人类。"

"呦呦鹿鸣，食野之苹"，屠呦呦的名字似乎就注定了她与青蒿素，与中国医药研究那份终生相伴的不解之缘。屠呦呦的一生与祖国紧紧联系在一起，与中医药的发展与创新紧紧联系在一起，这正是一位科学家与她挚爱的祖国共同为人类进步所作出的伟大贡献！

钟南山
——敢医敢言，生命至上

2020 年 9 月 8 日，正值金秋时节，这一天对全国人民来说是一个特别的日子。伴随着中国人民解放军军乐团演奏的雄壮音乐，全国抗击新冠肺炎疫情表彰大会在人民大会堂隆重举行。

中国刚刚经历了一场没有硝烟的战争。在与病毒的战斗之中，有这样一位抗疫英雄，他不畏艰险，冒着被传染的风险身居一线；他敢医敢言，只为能拯救更多的生命。他在此次新冠肺炎疫情防控中作出了巨大的贡献。在人民大会堂的万众瞩目之下，习近平总书记代表党、代表人民为他授予至高无上的荣誉——共和国勋章。

在鲜花与掌声的簇拥下，一位意气风发的老人走向了颁奖台中央，他目光炯炯，身型挺拔，一点儿也看不出已经84岁高龄了。习近平总书记亲自为他戴上了熠熠发光的共和国勋章。这不仅是对他医者身份的肯定，更是对他为国为民作出巨大贡献的褒奖。

这位老先生名叫钟南山。你对这个名字一定不陌生，他是我国呼吸疾病研究领域的领军人物，也是本次抗击突如其来的新冠肺炎疫情的功臣。下面就让我们一起走进他的故事，去看看他是如何与病毒斗智斗勇，成为抗疫英雄的吧。

平凡而又非凡的家庭

1936年10月20日，随着一声响亮的啼哭，一个可爱的小婴儿在中央医院呱呱坠地。由于中央医院在南京钟山的南面，孩子的父亲便为他取名叫“南山”。

钟南山的父亲是中央医院的儿科专家钟世藩，母亲廖月琴则毕业于高级护理专业，因而钟南山从小在父母身边耳濡目染，积累了一定的医护知识。

小时候的钟南山也像大多数孩子一样调皮贪玩。每天最期待的事就是放学。那时候天空湛蓝，风也清凉，几个小孩子把书包一扔，便跑到后山去捉虫子、玩弹珠，可以一直疯玩到晚上。

这个小秘密很快就被爸爸钟世藩发现了，每到了“小团伙”集体放风的日子，钟爸爸总会早早地来到后山，一把将兴高采烈的钟南山拎回家，然后盯着他做功课。每每这时，钟南山都觉得自己如同坐牢一般，一点自由也没有，于是便想方设法溜出去，只为享受一段自在玩耍的时光。

父子之间的“斗智斗勇”贯穿了钟南山懵懂而青涩的童年时光，长大后的钟南山发现，父亲身上有许多值得他学习的地方。钟世藩救治病人从来都不论时间，不论地点，即便在十分恶劣的天气下，他也仍然风雨无阻地为病人出诊。而对于登门造访的病人，无论身份背景，他也都会一视同仁。

有一次，钟南山一家正在吃饭，门外忽然响起了急迫的敲门声。原来是当时校卫队的孩子们生病了，由于家里太穷，没钱到医院看病，只好请求钟医生去看看。钟世藩听到这一情况，毫不犹豫地放下碗筷，起身去给孩子们看病。

钟世藩这种无私的奉献精神，身为医者的仁心与大爱，深深地感召着钟南山，也潜移默化地影响着钟南山人格的养成。

钟南山的家庭看起来平凡，但他父母身上的精神却难能可贵。他从父亲身上学到了严谨、无私与负责，从母亲身上获得了温柔与坚定。父母的言传身教深深影响着这个逐渐成熟的少年，指引着他茁壮成长。

一个艰难的选择

我们现在熟知的钟南山，已经是一位德高望重的医生了，但很多人可能不知道，年轻时候的他差一点就成为一名职业的田径运动员。

小学时期的钟南山，运动细胞十分发达，一直以来都是校园体育场上的常胜将军。上了初中，随着身体渐渐长成，钟南山奔跑的速度也越来越快。超常的运动天赋让他在各个比赛中大放光彩，一直跑进了广东省田径队。

在广东省举办的田径比赛中，面对来自全省的劲敌，钟南山毫无畏惧，勇往直前，不仅获得400米短跑比赛的亚军，还一举打破了广东省的纪录。在随后的全国田径运动会上，钟南山又一次成功地站上了领奖台。

对于一个高中生来说，这样骄人的成绩无疑令人惊叹，他因此收获的不仅有老师同学的关注，还有北京体育大学递来的橄榄枝。原来，北京体育大学的老师们一直密切关注着这颗闪闪发亮的体育新星，他们迫切地希望钟南山能够加入国家队训练，成为一名专业的田径运动员。

人的一生总是会遇见很多的岔路口，有时选择了一条路，就意味着选择了自己一生的发展方向。彼时，青年时代的钟南山便来到了这个让他难以抉择的人生岔路口。

虽说已经在体育领域取得了不小的成绩，可钟南山的内心一直还埋藏着一颗想要学医的种子。

在他小的时候，钟世藩时常会用自己的工资买一些小白鼠养在家里做研究。而那段时间里，钟南山放学回家的第一件事就是冲进父亲的书房，一边兴趣满满地看着父亲做实验，一边用各种工具逗弄着小白鼠。平时学习连两个小时都坐不住的钟南山，这时却总能在书房里一待就是一下午。

父亲钟世藩看到他如此喜爱小白鼠，便把饲养小白鼠这个任务交给了他。钟南山十分开心地接下了任务，每天都会定时给小白鼠喂食，一顿都不落下，有时还会学着父亲的样子对这些小白鼠进行细致的观察，了解小白鼠的各种习性。

就这样，在父亲有意无意的培养下，“小白鼠饲养员”钟南山对医学产生了浓厚的兴趣。

到底是学医，还是当运动员呢？钟南山思考了很久。他知道，如果自己选择成为田径运动员，一定能够得到很好的培养，前途光明坦荡。可是一想到自己曾经照顾过的那些小白鼠，想到与父亲做实验时的点点滴滴，想到被父亲治愈的病人们的笑脸，一个清晰的答案在钟南山的心中逐渐显现。

最终，他拒绝了北京体育大学的邀请，决

定以医学院为目标继续参加高考。许多个备考的日夜里，钟南山的心中一直回荡着一个声音：“一名运动员的职业生涯是很短暂的，但倘若你是一名医生，你便有了一项能够坚持一生的事业，那就是救死扶伤。”

怀揣着这一信念的钟南山回到了学校，将顽强刻苦、不屈不挠的体育精神融入学习中。他把难题看作具有挑战的体育赛事，一步一步地攻克，将成绩稳步提升上来。最终，他以优异的成绩考入了自己梦想中的院校——北京大学医学院（今北京大学医学部）。

尽管最终选择了从医，但体育这项爱好一直陪伴着钟南山。数十年来，就算工作再忙再累，钟南山始终坚持体育锻炼，年近 90 也不曾懈怠。他总是在不同的场合激励着当代的年轻人：“体育运动里的这三种精神是难能可贵的。

一是竞争精神，二是团队精神，三是高效完成的精神，把体育这种竞技精神拿到工作、学习上，是极为宝贵的。”

没有硝烟的战争

2002 年 12 月 15 日下午，一位十分壮实的男子被人搀扶着走进了医院门诊，他看上去与普通的感冒患者并无区别，只是咳嗽、流涕、发烧，还有轻微的呼吸困难。因此医生并没有过多在意，只是按照普通感冒的治疗方式为他诊治。

但奇怪的是，这个病人的情况始终没有好转，并且同一时间里，相似症状的病人越来越多。当使用各种抗生素治疗均不见效，第二例病人的肺部经 X 光透视呈现了“白肺”后，一些医护人员开始陷入了恐慌与不安之中。他们意识到，一种从未被现代医学观测到的新型病毒已经侵入了这座城市，人类现有的所有医疗条件和医学认知，在它的面前根本不堪一击。

短短十余天，这种怪病就迅速在广东省蔓延开来，人们将它称作“非典型肺炎”，后简称为“非典”。当时的人们并没有意识到，这场来势汹汹的疫情将会夺走多少同胞的生命，给世纪之初的中国乃至整个世界带来多么惨痛的打击。

由于“非典”疫情来势凶猛，又无法确诊病因，一时之间几乎没有能够有效预防和治疗的办法，病人的数量连日剧增，医护人员也接连倒下。就在最前线的医护人员濒临崩溃的时候，在广州呼吸疾病研究所工作的钟南山临危受命，担任此次医疗救护专家指导小组的组长。

“把重症病人都送到我这里来！”

这声铿锵有力的呐喊，是钟南山给全国人民的定心丸。尽管还不知道这个可怕“非典”的病源在哪，病原体又是什么，但钟南山的这句话，安抚了每一个中国人慌乱的心，让他们有了足够的安全感。

2003 年 1 月，死亡的人数不断增加，疫情仍在蔓延扩散。每一位医护人员都像是绷紧到极致的弓弦，尽管他们仍尽力安抚着病患，寻找着病源，但看似平静的外表下，同样有着无尽的战栗与恐惧。他们也是人啊！他们也会感染，会倒下，会面临死亡的威胁，在他们的家中，也有日夜悬心、担忧不已的亲人。

为了鼓舞士气，缓解这种极端压抑的氛围，钟南山带领着自己的医疗小队，身先士卒，毫无惧色地与病人正常接触，按照惯例测量血压、体温。

“我们是医生，医院便是我们的战场，这场与疾病的战役，我们不上，谁上？”这是钟南山作为医生面对未知疾病的坚定信念。他相信，“非典”并非那么可怕，一定可以治疗，可以防治，可以控制！

对于危重症患者，钟南山一直在尽可能地寻找治疗方法。当重症病人被送到医院后，他冒着被感染的风险挨个检查他们的呼吸道，记录症状，分析病情。在钟南山看来，临床诊疗能让大家更清晰地看见病毒，认识病毒，研究病毒。

一直坚持锻炼的钟南山身体向来非常硬朗，但夜以继日的高强度工作，还是让这副“钢铁之躯”倒下了。2003 年 1 月 28 日，年近 70 岁的钟南山在连续 38 小时的高负荷工作之后，也病倒了。不过值得庆幸的是，钟南山得的不是“非典”，在妻子的精心照料之下，他的病情逐渐好转，而刚刚恢复健康，钟南山就再一次返回一线战场，与“非典”进行抗争。

终于，在钟南山的带领下，呼吸疾病研究所研究出了针对“非典”的有效防治方案，不仅遏制住了疫情继续传播，还让许多患者康复出院。钟南山团队的努力使广东省“非典”患者的死亡率被控制在了 3.8%，而在当时，全世界的“非典”患者死亡率高达 11%。

这场无声的战争以钟南山和全体医务人员的胜利告捷。但让人意想不到的是，16 年后，一场更大的挑战蛰伏在命运的拐角，正静静等待着他。

2019 年 12 月底，湖北武汉的一家医院里，接二连三地有相同症状的病人前来就诊，他们的共同症状都是发热、干咳、乏力，情况严重时会呼吸困难。

如果将两次疫情的初期阶段对比来看，就会发现眼前的一幕是多么似曾相识：最初，病患只出现了普通感冒发热的症状。但因为有了“非典”的前车之鉴，得知消息的钟南山立刻察觉到这次疾病并不简单。一切都在以一种失控的速度冲向那个最糟糕的方向——很快，震惊世界的新冠肺炎疫情彻底暴发。

2020 年 1 月 18 日傍晚，火车站的人很多。候车大厅里有一个步履匆匆的身影，他正是钟南山院士。广州前往武汉的高铁票早已售罄，费了一番周折，钟南山才拿着一张无座高铁票登上了列车，在列车长的安排下坐在了餐车的角落里。

时隔多年，作为国家医疗与防控高级别专家组组长，他再一次成了这场艰辛战役的领头人。这份沉甸甸的责任压在这副早已不再年轻的肩上，让他夙兴夜寐，全力以赴。

钟南山的面前摆满了各种有关新冠肺炎疫情的资料。临危受命的他面色凝重：这次疫情，与“非典”既相似又不同。新型病毒到底有多危险，眼下还没人知道。他闭上眼睛，陷入了深思。

疫情在武汉迅速蔓延开来，此时正值“春运”，武汉又是国内重要的交通枢纽，一旦病毒进一步扩散，后果将不堪设想。一时间，所有人都将希望寄托在了这位两鬓如霜的老人身上。病毒到底来自哪里？该怎么救治、怎么防护？最重要的是，病毒的传染性到底有多强？会不会已经出现了人传人的现象？

这些问题藏在每个人的心中、眼里，实在是太沉重了。记者会上，大家聚精会神地抬头望着，却迟迟不敢问出口。直到钟南山望着所有人，面色凝重地说出那句话："现在可以说，肯定的，有人传人现象。"

这句话干脆果断、斩钉截铁，向全中国人民明示了此次疫情防疫的困难，却也体现出了钟南山和医疗团队的勇气和担当，成功给全国人民打了一针"强心剂"。

"我的建议是，能不去武汉就不去武汉，武汉人能不出来就不出来。"

"目前没有特效药，口罩就是最好的防护。"

"早发现，早隔离，这是疫情防控最有效的办法。"

每开一次发布会，钟南山对全中国人民的叮嘱就会多一句，一遍一遍，不厌其烦。如果说抗疫的医护人员是一支白衣为盾、药理为刃的军队，那么钟南山无疑就是三军阵中指点沙场、调兵遣将的元帅。他带领着旌旗猎猎的医疗队伍，带领着满心惶惶的人民，在这场没有硝烟的战争中，进行着勇敢无畏的厮杀。

由于奔波在疫情防控一线，他出现在大众眼前的时刻开始减少，人们只能看到镜头前的他越来越疲惫，眉头总是紧紧地皱着。

他说："武汉是一座很英雄的城市。"说这话时，他的神情坚毅无畏，只是眼角有泪光闪烁。没有人知道，在疫情风暴的中心，他每天奔忙在最前线，看到无数饱受病魔摧残的患者，心里都在想些什么。但很多人都记住了记者会上他掷地有声的发言，他说："有全国，有大家的支持，武汉肯定能过关。"

作为抗击"非典"的领军人物，钟南山长期从事呼吸疾病的医疗、科研工作。数十年的经验让他很快意识到，要打赢这场战"疫"，必须将临床救治与科研攻关紧密地结合起来。

确立了战“疫”思路，钟南山与团队迅速反应，投入繁重的工作之中。他牵头收集疫情发生以来全国 500 多家医院总计 1099 例新冠肺炎患者的临床信息，进行分析总结，提出“早关注、早部署、早启动、早落实”的策略，为遏制疫情蔓延赢得了宝贵的时间。

不顾 84 岁的高龄，钟南山一次次地加大着自己的工作量，几乎没有空闲能够停下来喘口气。他亲自参与远程视频会诊，连线湖北武汉、荆州等地，对当地医院收治的危重症、重症患者进行临床诊疗的指导，极大地提高了危重症患者的救治率。

面对一名使用体外膜肺氧合（ECMO）辅助支持长达 111 天的新冠重症患者，钟南山带领医疗团队迎难而上，积极采用各种诊疗手段，硬是将患者从死神手里夺了回来，使其成功康复出院，创下了“世界之最”的奇迹。“生命至上，作为医生，我们不会放弃每一个生命。”钟南山的话语铿锵有力，果敢坚毅。

在积累了临床诊治经验的基础上，钟南山参与主持了《新型冠状病毒肺炎诊疗方案》第 2 版至第 8 版的撰写和修订，为全国各地诊治病例提供了切实的参考。

战“疫”期间，钟南山的日程表排得满满当当。除参与、指导临床救治，他在科研攻关方面同样未有丝毫懈怠。

“现代抗疫战，打的就是科技战，科技攻关要跟病毒赛跑。”钟南山说。

2020 年 1 月 21 日，钟南山临危受命，担任新冠肺炎疫情联防联控工作机制科研攻关专家组组长。他带领团队发现了病毒可通过被污染的粪便及其气溶胶进行传播；最早建立起疫情预测模型；成功研发出新型冠状病毒 IgM 抗体快速检测试剂盒；构建并推广应用基于大数据和人工智能的预测预警系统，有效提高了疫情防控的精准性……

钟南山及其团队还第一时间将科研发现加以整理，形成学术成果，与世界一起分享中国的抗疫经验。疫情期间，他和团队在《新英格兰医学杂志》等国际知名学术期刊上发表 SCI 文章 50 余篇，牵头完成新冠肺炎相关疾病指南 3 项，相关论著 2 部。其中，《中国 2019 年新型冠状病毒感染的临床特征》首次汇总过千病例数据，较为全面地总结了新冠患者的临床特征，一度成为全世界引用最多的论文之一。这些学术论文成果汇聚了中国智慧，展示了中国方案，在助力全球抗疫、共同构建人类卫生健康共同体方面作出了积极的贡献。

在全国人民的共同努力下，特别是以钟南山为代表的可敬可爱的医护人员的奋力救治下，武汉实现新冠肺炎确诊病例“清零”，疫情防控取得阶段性重要成效。但疫情尚未完全结束，国内部分地区仍有确诊病例发生，钟南山和他的团队也未就此停下脚步，而是依然勇担重责，继续走在对抗疫情、护佑生命的道路上。

2021 年 5 月，广州市出现新冠病毒德尔塔变异株本土传播病例。钟南山带领广州实验室迅速迎战，启动建设“猎鹰号”气膜实验室并投入使用，形成高效检测模式，在一个月的时间内，累计完成核酸检测近 150 万管，超 1200 万人次的筛查，有效遏制了疫情的扩散蔓延。

钟南山团队还以最快的速度对德尔塔病毒感染病例的临床特点、传播规律进行总结，为精准防控提供指导参考。2021年9月，唐小平、李锋团队联合钟南山、陈如冲团队发表研究成果，首次在全球范围内精准描绘德尔塔变异株完整传播链，并刊载于国际权威杂志《柳叶刀》子刊《电子临床医学杂志》，让世界瞩目“中国速度”。

2021年11月3日，“钟南山呼吸疾病防控创新团队”荣获国家科技进步奖创新团队奖，成为2020年度全国唯一获此殊荣的创新团队。这不仅是对钟南山及其团队不畏艰辛、积极攻关取得的重要成果的肯定，更是对他们心系人民、勇于担当的精神气概的赞许！

在本该安享晚年、陪着老伴儿、逗逗孙辈的时刻，这位年逾八旬的老人却披上了铠甲，奔赴抗击疫情的战场前沿。这样的坚毅无畏源于钟南山身为医生的那颗大爱仁心，在他的心里，挽救生命是值得自己毕生为之奉献和奋斗的使命。

从2003年的“非典”再到2019年的新冠，钟南山永远是那个风雨无阻的逆行者。岁月或许会苍老他的容颜，却始终无法冷却他守卫国家与人民的炽热内心。当新的风暴出现时，钟南山依旧会像从前那样勇敢地走到台前，讲真话，做实事，用科学安定人心，帮助人们正确认识病毒，消除对未知的恐惧。

闪亮的名字

人民的领航员

葛 竞 著
徐福骞 绘

人民东方出版传媒
People's Oriental Publishing & Media
東方出版社
The Oriental Press

图书在版编目（CIP）数据

闪亮的名字．人民的领航员 / 葛竞　著；徐福骞　绘．—北京：东方出版社，2023.6
ISBN 978-7-5207-2818-8

Ⅰ．①闪…　Ⅱ．①葛…　②徐…　Ⅲ．①先进工作者—先进事迹—中国—现代—青少年读物　Ⅳ．① K820.7-49

中国版本图书馆 CIP 数据核字（2022）第 106927 号

闪亮的名字：人民的领航员
（SHANLIANG DE MINGZI: RENMIN DE LINGHANGYUAN）

作　　者：葛　竞
绘　　者：徐福骞
策 划 人：黄　娟
责任编辑：黄　娟　潘朵朵
特约编辑：余　莹　高　扬　宋伟杰　周艺婷　张冰洁　盛天南
责任审校：刘越难　赵鹏丽　金学勇
出　　版：东方出版社
发　　行：人民东方出版传媒有限公司
地　　址：北京市东城区朝阳门内大街 166 号
邮　　编：100010
印　　刷：北京联兴盛业印刷股份有限公司
版　　次：2023 年 6 月第 1 版
印　　次：2023 年 6 月第 1 次印刷
开　　本：787 毫米 ×1092 毫米　1/32
印　　张：23.75
字　　数：260 千字
书　　号：ISBN 978-7-5207-2818-8
定　　价：100.00 元（全 4 册）
发行电话：（010）85924663　85924644　85924641

编写说明

党的十八大以来，以习近平同志为核心的党中央高度重视功勋荣誉表彰工作。2015年12月，全国人大常委会颁布《中华人民共和国国家勋章和国家荣誉称号法》，其中规定：

国家勋章和国家荣誉称号为国家最高荣誉。

国家设立“共和国勋章”，授予在中国特色社会主义建设、保卫国家和国防建设中建立卓越功勋的杰出人士。

国家设立国家荣誉称号，授予在经济、社会、国防、外交、教育、科技、文化、卫生、体育等各领域作出重大贡献，享有崇高声誉的杰出人士。

2019年是中华人民共和国成立70周年，党中央决定，首次开展国家勋章和国家荣誉称号集中评选颁授，隆重表彰一批为新中国建设和发展作出杰出贡献的功勋模范人物，并号召全社会学习他们忠诚、执着、朴实的鲜明品格。

2019年9月29日上午10时，在人民大会堂举行的中华人民共和国国家勋章和国家荣誉称号颁授仪式上，中共中央总书记、国家主席、中央军委主席习近平向于敏等8位“共和国勋章”获得者，叶培建等28位国家荣誉称号获得者颁授勋章奖章。

2020年9月8日上午10时，全国抗击新冠肺炎疫情表彰大会在人民大会堂举行。会上宣读了由习近平签署的主席令，授予钟南山“共和国勋章”，授予张伯礼、张定宇、陈薇“人民英雄”国家荣誉称号，以表彰他们在抗击新

冠肺炎疫情斗争中作出的杰出贡献，弘扬他们忠诚、担当、奉献的崇高品质。

本套书根据9位“共和国勋章”获得者和31位国家荣誉称号获得者的生平经历和先进事迹撰写而成，旨在向广大青少年读者群体讲述这些闪亮的名字背后的动人故事，展现榜样人物真实的生活面貌和赤忱的家国情怀。

本套书共分为4册，依次为：《共和国的建设者》《人民的领航员》《我们的榜样》以及《我们的英雄》。

《共和国的建设者》以于敏、申纪兰、孙家栋、李延年、张富清、袁隆平、黄旭华、屠呦呦、钟南山等9位“共和国勋章”获得者为叙写对象，展现他们为建设祖国、卫护人民所作出的巨大贡献。

《人民的领航员》聚焦于“人民科学家”叶

培建、吴文俊、南仁东、顾方舟、程开甲，“人民教育家”于漪、卫兴华、高铭暄，以及“人民艺术家”王蒙、秦怡、郭兰英等11位国家荣誉称号获得者，描绘了他们在科学、教育、艺术领域发挥的模范引领作用和作出的突出贡献。

《我们的榜样》描述了“人民楷模”王文教、王有德、王启民、王继才、布茹玛汗·毛勒朵、朱彦夫、李保国、都贵玛、高德荣，“民族团结杰出贡献者”热地，“‘一国两制’杰出贡献者”董建华，“外交工作杰出贡献者”李道豫，以及“文物保护杰出贡献者”樊锦诗等13位国家荣誉称号获得者的先进事迹，彰显出他们恪守岗位职责的榜样力量和真诚服务人民的奉献精神。

《我们的英雄》讲述了7位“人民英雄”国家荣誉称号获得者的故事，他们分别是艾

热提·马木提、申亮亮、麦贤得、张超、张伯礼、张定宇、陈薇，展示了他们用热血谱写忠诚、以生命守护人民的英雄气概。

“崇尚英雄才会产生英雄”。我们此次面向青少年读者群体讲述闪亮的名字背后的平凡故事，即是希望青少年读者能在阅读过程中，同走榜样人物的成长生活之路，探寻他们身上优秀道德品质的建立历程，在心中激荡起爱国主义情怀，自然萌发对英雄人物的景仰与向往之情。

“争做英雄才能英雄辈出”。本套书在叙写人物时，选取的生平事迹真实可信，灌注其间的精神情感诚挚动人，所用文字表述贴近日常生活。我们希望青少年读者能够感到亲切真实，潜移默化地受到榜样力量的感染，见贤思齐，争做英雄，树立为中华民族伟大复兴贡献力量的崇高理想。

目录

叶培建
——追星问月筑梦人

圆圆的月亮挂在天边，泛出亮白色的朦胧轻纱。仔细瞧瞧，圆月上还有几块灰黑色的阴影。这是谁在月亮里留下的影子呢？也许是藏在月宫里的白兔，趁嫦娥仙女不注意的时候，又偷跑出来玩耍，留下了踪迹；也许是被惩罚在月亮上砍伐桂树的吴刚，不小心掉下来的树枝……

大树下，一个小男孩被外婆抱在怀里，听

外婆讲述有关月亮的故事。小男孩望着天边圆圆的月亮，陷入无尽的想象。

和你们一样，每个人小时候都会对遥远天边那些到达不了的地方充满好奇，天空之外到底有什么呢？月亮之上，又究竟有没有仙女的存在呢？

外婆温柔地摸了摸小男孩的头：“孩子，我们这一代是没有机会去月亮上看看啦，你要好好学习，以后替我去月亮上瞧一瞧！”

看着外婆和蔼的脸庞，小男孩似懂非懂地点了点头。从此，一颗关于航天梦想的种子，悄悄种进男孩心底。

而这个男孩，后来不仅实现了自己的梦想，还为我国的航天事业作出了巨大贡献。他就是我国绕月探测工程、“嫦娥”系列月球探测器研制团队的“大专家”——叶培建。

叶培建不仅是“嫦娥”系列各型号总指挥、总设计师顾问，“嫦娥三号”首席科学家；还是中国空间技术研究院技术顾问、中国科学院院士；更是无数航天科研领域的年轻人心中的“主心骨”，只要有他在，遇到什么问题都不怕。

叶培建为中国航天事业尤其是空间事业兢兢业业奉献了50余年，一生矢志“为人民服务、做人民的科学家”，被授予“人民科学家”国家荣誉称号。

与航天的不解之缘

1951年，叶培建在家乡上着小学，一年之后，父亲从抗美援朝的战场上回来了。

叶培建的父亲是一名军人，对叶培建要求十分严格。当时，经历过战争的父亲，在战场上见识到了我国和其他国家在空军实力上的差距，意识到未来发展空军是重中之重，于是便对叶培建说："你长大了要学工科，学航空。"

叶培建点了点头，这刚好与他内心的想法一样，去月球上看一看，一直是他和外婆的梦想。

上初中的时候，有一天晚上，一家人在院中乘凉。一阵微风拂过，吹散天空中的乌云。一轮明亮的圆月从云层后慢慢显露出来，月光洒在大地上，带来一丝清凉。

叶培建盯着月亮，感受月光静静地流淌，时光仿佛回到了小时候，那时外婆总抱着自己，给自己讲月亮的故事。叶培建眼里闪着光，忽然转过身对母亲说："妈，我以后考大学，就考航空航天专业。我一定要想办法到月亮上去看看，来帮助外婆和您圆这个梦想！"

母亲被儿子突如其来的认真吓了一跳。眼前的这个小子，上小学的时候还是个跑不快也跳不高的“小朋友”，就连平时和其他小孩一起做游戏，他也总是垫底的那个。现在突然这么认真，还真让人有些不习惯。

不过，叶培建很快就用行动向家人证明，自己说的话可不是在开玩笑。

回到学校后，叶培建拼命学习，别人课间休息玩耍的时候，他还在看书写作业。他不仅被选为班级里的学习委员，还只用了两年时间就读完了初中的全部课程，以出色的成绩被保送到浙江省湖州中学。

叶培建用自己的实际行动践行了自己的诺言。高考放榜时，叶培建的成绩超过了重点大学分数线。想到父亲说过“我们国家需要强大的空军”，他毫不犹豫地填报了北京航空航天大学和南京航空航天大学。令人意外的是，叶培建最终却被第五志愿浙江大学无线电系录取了，跟他预想的结果完全不一样。

本以为命运开的这个玩笑会让叶培建的航天梦想就此打住，但令所有人都没有想到的是，1968 年，命运再次向他伸出了橄榄枝。

当时的大学生毕业后，国家都会分配工作。1968 年，大学毕业的叶培建竟然被分配到当时的航天部卫星总装厂任技术员。

这不是美梦成真吗？自己本来就一心一意只想学航空航天，拼了命地学习却遗憾错过航天学校，毕业后却被分配进了航天部卫星总装厂 7 里工作，这一定是特别的缘分！叶培建喜出望外，他赶紧给母亲打电话，把这个好消息分享给家人："我又能搞航空航天了！我一定把你们的梦想带上天！"

身肩重任　赴瑞士留学

1978年，恢复高考后，叶培建内心又出现了想要继续深造的念头。毕竟，当初考大学错过航天院校是他一直以来的遗憾，他实在是太渴望能够在校园里系统地学习航天相关专业知识了。就在这一年，叶培建顺利考上了中国计量科学研究院和502所两个专业的研究生，后来又通过了出国资格外语考试，赴瑞士纳沙泰尔大学微技术研究所攻读博士学位研究生。

在当时，国外并不承认中国的大学文凭，即使叶培建已经获取了大学毕业证书，可在国外的人看来，那只不过是一张没有意义的废纸而已。

瑞士国土面积不大，教育却很先进，且制

度严格。为了能够被瑞士纳沙泰尔大学承认学历，叶培建必须通过国外认证的同等资格考试。

学习对于叶培建来说从来都不是一件困难的事情，他克服语言障碍、自学理论基础，用很短的时间就通过了同等资格考试，获得了博士生资格。

瑞士的风景很美，可沉迷于学习的叶培建却无心观赏。白天，他一头扎进课本里，等天黑了才“钻出来”。每当夜晚降临，叶培建总是会看看天空中的月亮。国外的月亮并不像其他人说的那样“更亮更圆”，相反，叶培建觉得，同样的月亮，瑞士的月色却没有家乡的美。

远在异国他乡，叶培建始终忘不了家乡温柔的圆月和家人的陪伴。

当时，研究所每半天有 15 分钟的休息时间，外国人都喜欢在这个休息时间喝咖啡，因此大家也将这个时段称为“咖啡时间”。在咖啡时间内，外国同学才有机会跟这个从中国来的留学生交谈，毕竟平时，这个奇怪的留学生就跟书呆子一样，只知道学习。外国学生都没去过中国，他们想让叶培建讲一讲中国的故事。

一位外国学生说：“我听说你们中国的男人都要留长辫子，女人都要裹小脚！”

叶培建皱着眉头，摇了摇头。他发现，外国人对于中国的印象还停留在很早的时期，而现在的新中国，早已是全新的面貌。叶培建觉得自己有义务担任起“中国形象宣传大使”的角色。

于是，叶培建每天都抓紧这短暂的咖啡时间向每一位同学讲述中国的故事。他教他们讲中文，说“你好，谢谢”；给他们讲源远流长的中国历史、五彩斑斓的中国文化；还讲自己家乡的风土人情、特色美食。

“我最怀念的美食就是家乡的摊烧饼、黄桥烧饼、芋头酸粥、糗子粥。”叶培建回忆起家乡的美食，眼里泛着星光，“我最爱吃的就是母亲做的干豇豆烧肉！”

外国学生从来没吃过中国美食，他们听着叶培建绘声绘色地描述，口水都要流下来了。

“叶同学，谢谢你的介绍，有机会我们一定要去中国玩儿！”外国同学纷纷说道。

“没问题，中国欢迎你们！”叶培建礼貌地笑着，可心里却因思念祖国和家人，变得越发焦急。骨子里的故土情结成为叶培建完成学业的重要动力。

1985 年，叶培建以一篇名为《手写中文的计算机实时自动识别》的论文，获得了纳沙泰尔大学的科学博士学位。

“嫦娥”系列与叶培建

获得博士学位后，叶培建立刻准备启程返回中国。当时，瑞士的老师和同学们都劝叶培建留下来继续搞研究，这里风景秀丽，气候宜人，非常适合居住，况且在瑞士工作，收入可不低，这辈子都吃喝不愁了。

叶培建谢绝了大家的好意，他不是来瑞士享福的，他知道自己还有重要的任务没有完成。

在当时，叶培建留学的生活费是每月 600 法郎，这在当时的瑞士是一个很小的数字，连瑞士难民的救济金都已达到每月 800 法郎。

“可我算了一下，600 法郎在当时也相当于国内 40 名工人‘不吃不喝’才能供我，我就知道自己肩上担子有多重。”叶培建想到祖国母亲的殷切期盼，他毅然决然地踏上回国之路：“中国那么多人，派我出来学习，国家已经为我付出了很多。我知道肩上的担子有多重，我应该努力，为国家做些事情。”

回国后，许多人也不理解地问叶培建：“你怎么回来了？国外条件那么好，何必回来受罪呢？”

叶培建没有解释。在他心里，祖国是自己永远的家，回到自己家里，又怎么会是“受罪”呢？由于从小受到军人父亲的影响，叶培建一直以来也都以军人的标准严格要求自己，作为中华人民共和国的公民，他从来没有想过定居国外，报效国家也是理所应当的事。

“我这人民族自尊心很强，在国内干，是为自己国家干的，在人家那儿干，钱挣到了，但是替别人干的，就这么一个简单的想法。”叶培建做事正派，干脆利落，说话也不拐弯抹角，“我想这和我的父母都是军人有关，他们对自己的要求、他们的军人做派都影响了我。对我来说，就是要把航天工作做好，说真话，说实话。”

2004 年，我国月球探测计划的第一步——绕月探测工程正式启动。该工程分为“绕、落、回”三个阶段。叶培建担任“嫦娥一号”卫星总设计师兼总指挥。这是继美国、俄罗斯、日本、欧洲之后第五个月球探测计划。面对一个从未探索过的领域，“嫦娥”任务之艰巨、责任之重大可想而知。

没有成熟的经验可借鉴，没有充分的数据可供参考，也没有试验星，要实现“精确变轨，绕月飞行，首飞成功，一年寿命”的探测工程目标无疑是一项巨大的挑战。

那时，叶培建带领的研制团队平均年龄还不到 30 岁。他们用 3 年时间，稳扎稳打，先后攻克了月食问题、轨道设计等一系列技术难题，最终完成了“嫦娥一号”卫星的研制。

“嫦娥一号”是中国探月计划中的第一颗绕月人造卫星。2007 年 10 月 24 日，“嫦娥一号”在西昌卫星发射中心发射升空；2009 年 3 月 1 日，“嫦娥一号”完成使命，成功撞击月球表面预定地点。

叶培建和众多航天人辛苦努力的日日夜夜没有白费，“嫦娥一号”卫星首次绕月探测的成功，树立了中国航天的第三个里程碑，使中国成为世界上为数不多具有深空探测能力的国家。

在探月工程中，被命名为单数号码的卫星是主星，命名为双数号码的卫星是备份星。在主星“嫦娥一号”的任务成功完成的情况下，有人从节约成本的角度考虑，不主张继续发射“嫦娥二号”：“‘嫦娥一号’这么完美圆满，为什么还要浪费成本去发射‘嫦娥二号’呢？”

面对这种声音，叶培建在研讨会上据理力争，他坚定地说：“中国探月要走下去，还有很多事情要做。（产品）已经做好了，再花点钱获得更多的科学成果、更多的工程经验，有什么不好？”

主持会议的负责同志听后立马点头赞同，当即决定：“今天不讨论‘嫦娥二号’打不打的问题，只讨论怎么打好的问题。”

在叶培建的坚持下，“嫦娥二号”的任务也圆满完成，这为后续实施探月二期工程的“落”和“回”以及下一步开展火星等深空探测奠定了坚实的技术基础。中国在由航天大国迈向航天强国的进程中又跨出了重要的一步。而后，在“嫦娥三号”和“嫦娥四号”的发射工程中，叶培建再次用他敏锐的判断力和睿智的决策，带领中国航天工程更进一步。

2013年12月15日，“嫦娥三号”任务圆满成功，首次实现了中国地外天体软着陆和巡视探测，这是中国航天领域技术最复杂、实施难度最大的空间活动之一。

“嫦娥四号”是“嫦娥三号”的备份星，在“嫦娥四号”发射前夕，叶培建提出了一个新的想法，他建议，“嫦娥四号”的着陆点应该落在月球背面，迈出人类尚未迈出的那一步。

有些专家觉得，“嫦娥四号”没有必要冒险，还是稳妥一点好，应该和“嫦娥三号”一样，着陆在月球正面保险系数更高一些。

“长久以来，月球背面是个神秘地带，备受瞩目。这里永远背对地球，难以直接观测，而且通信信号也被阻隔。因为通信信号无法穿透月球，需要中继卫星的帮助来实现数据传输。

说得形象一点，中继卫星就是‘卫星的卫星’。它所在的位置，既能‘看到’月球背面，也能‘看到’地球。有了这一座‘桥’，我们就能实现地球与月球背面的通信。在‘嫦娥四号’软着陆及月面工作期间，可以通过这座‘桥’提供地面支持，这在世界范围内是第一次。今后，如果外国想去月球背面探测，也可以通过我们的中继卫星获得帮助，这是中国对世界的重大贡献。”叶培建当场就提出了反对意见，“‘嫦娥三号’已经落在月球正面了，为什么‘嫦娥四号’还要落在正面？我们搞科学探测，不应该怕失败，每一步都要有创新。”

直到写决议那天，叶培建仍据理力争，坚持自己的意见，他说：“如果你们落在正面，我不签字。”最终，经研究决议，“嫦娥四号”落在月球背面。

2019年1月3日10时26分，中国“嫦娥四号”探测器代表人类航天器首次实现月球背面软着陆，并通过“鹊桥”中继星传回了世界上第一张近距离拍摄的月背影像图。

“嫦娥四号”是世界首颗在月球背面软着陆和巡视探测的航天器。在此之前，全世界在月球背面都还没有一次软着陆。“嫦娥四号”实现了人类首次月球背面软着陆和巡视勘测，意义重大，影响深远。

2020年12月17日凌晨，“嫦娥五号”返回器携带月球样品着陆地球。“嫦娥五号”任务是中国探月工程的第六次任务，也是中国航天最复杂、难度最大的任务之一（截至2020年12月），实现了中国首次月球无人采样返回，助力月球成因和演化历史等科学研究。

那个小时候对月亮充满好奇的小男孩，如

今终于可以回答年幼的自己“月亮上到底有什么”这个问题。

“嫦娥五号”是中国探月工程的收官之战，紧接着，对火星的探测也将拉开帷幕。

“火星探测是我国真正意义上的第一次行星探测，我们的第一次火星任务将会把三件事情一次做成：首先将探测器发射到火星，对火星进行全球观测；其次降落在火星；同时火星车要开出来，在火星上巡视勘测。这将是全世界首次在单次火星探测任务中完成上述三个目标，在工程实现上是很大的创新，中国现在就是要做别人没有做的事情。”叶培建说。

“一个伟大的中国，一个强大的社会主义国家，必然方方面面都要强，要用‘航天梦’来托举‘中国梦’。”叶培建坚信，我们建设航天强国、科技强国的目标一定会实现。

吴文俊
——大巧若拙的“另类”数学家

1957年1月24日，中国科学院首次颁发中国科学院科学奖金（现已改称“国家自然科学奖”）。这是新中国成立后，第一次颁发面向全国的科学奖金。

获得首届国家自然科学奖一等奖的科学家分别是钱学森、华罗庚、吴文俊。前两位科学家在当时就已赫赫有名，而和他们一起领奖的第三位科学家吴文俊，却是一个名不见经传的青年人。

“这个年轻人是谁？才 37 岁就得到这么高的荣誉！”一时间，大家都对这个陌生的名字感到好奇。

不过，此后吴文俊便消失在了大众的视野里，媒体记者们想采访报道他，都一一被拒。直到 40 多年后，当颁发首届国家最高科技奖时，人们惊讶地发现，他竟然和著名的“杂交水稻之父”袁隆平一起登上了领奖台。大家对这个“神秘”的科学家越发好奇了。这个叫吴文俊的科学家，到底有哪些成就，能够获得这么多的荣誉呢？

吴文俊的研究工作涉及数学的诸多领域，其主要成就表现在拓扑学和数学机械化两个领域。他为拓扑学做了奠基性的工作；他的示性类和示嵌类研究被国际数学界称为“吴公式”“吴示性类”“吴示嵌类”。而此后在人工智能、并联数控技术、模式识别等很多领域取得的重大科研成果，背后都有着数学机械化的广泛应用。

误打误撞，做数学的“笨学生”

“数学”一直是很多同学在学习中最大的敌人。那些让人头疼的数字和公式，总是像一座弯弯绕绕、错综复杂的迷宫一样，把人迷得晕头转向，找不到出路。可这看起来十分难懂的数学，吴文俊却觉得，只有“笨人”才会去学。

你没有听错，是这位聪明的数学家亲口说：“数学是笨人学的。”不仅如此，吴文俊还说：“我是很笨的，脑筋‘不灵’。”但就是这样一个“脑袋笨”的人，却走在了数学研究的最前沿。

其实，吴文俊所说的“笨”，并不是我们认

为的“愚蠢”“不聪明”的意思。从吴文俊生平来看，他所说的“笨”，反而是一种勤奋、钻研的表现。

想象一下，如果你每天和数字打交道，大脑时刻“在线”，这样的大脑就像是一台高速运转的计算机，具备缜密的运算逻辑和严谨的推理能力，将那些抽象复杂的问题抽丝剥茧，拨开表面的迷雾，去探究寻找数字背后的真理。这么庞大的工作量，需要花费大量的时间和耐心，潜心钻研，能够做到这样的人，又怎么会是“笨人”呢？

吴文俊曾说：“做研究不要自以为聪明，总是想些怪招，要实事求是，踏踏实实。功夫不到，哪里会有什么灵感？”在他看来，数学研究是不能耍小聪明和钻牛角尖的，更没有“走捷径”的说法，必须跟它死磕到底，用最原始也是最笨的方法来解决问题。

就是这样一位“笨数学家”，起初从没想过要研究数学，相反，他更喜欢的是历史和物理，从事数学研究工作，纯属“误打误撞”。

当时，吴文俊一心想学物理，却因数学能力出色引起了所在高中的注意。校长承诺，如果吴文俊报考数学系就向他提供奖学金。这对当时家庭条件一般的吴文俊来说，是巨大的吸引力。

吴文俊想：“反正都是钻研，学物理和学数学没什么区别，而且按照我的个性，以我对学习的钻研精神，我肯定也能像钻研物理那样，把数学搞出个名堂来！”

于是，吴文俊接受了校长的提议，报考并被上海交通大学数学系录取。而真正让吴文俊对数学产生浓厚兴趣，则是在大一的数学课上。

吴文俊就读的数学系，加上物理系、化学

系的三个班的学生一共只有三十几个人，所以大家大学一、二年级是合在一起上课的。

上课的老师对学生要求很严格，只要有问题，就决不容许草率解决。受老师的教导，吴文俊大学一年级的基础打得非常扎实，学习态度也很端正，对数学产生了兴趣。

吴文俊说：“交大师生在那艰苦的岁月里，还是照样读书、照样考试。从教师到学生，大家都在认认真真地念书、学习和工作，这种朴实严谨的良好校风使我受益良多。”

乱中求学，做勇毅的钻研家

1940 年，当时正值抗日战争时期，人民生活非常困难，吴文俊家里也已经揭不开锅了。想到家里的状况，吴文俊也一度犹豫要不要放弃学业，早早出去打工，为家里补贴家用。

吴文俊的父亲看出了儿子的顾虑，他毅然决然地让吴文俊打消了这个念头。父亲说：“你去看你的书，做你喜欢做的事，经济方面的事、家里的事情你什么都不要管。”为了不让吴文俊分心，父亲白天做一份工作，晚上再兼职做另一份工作。为了支持儿子的研究，父亲每天都非常辛苦。

父亲的辛苦付出刺痛着吴文俊每一根神经，他只能越发努力地读书，来回报父亲对自己的支持。那段时间，吴文俊几乎住在图书馆里，他每天查阅大量数学相关书籍，筛选出经典著作反复研读，然后自己证定理、做习题。

很多人都不理解吴文俊为什么这么执着，在那个吃了上顿没下顿的年代，吃饱穿暖都是问题，研究数学又有什么用呢？吴文俊不去理会这些闲言碎语，他要用实际成绩让质疑他的人闭嘴。

一次，一位资深数学家当面质问他："外国人搞机器证明都是用数理逻辑，你怎么不用数理逻辑？"吴文俊激动地回答："外国人搞的我就不搞，外国人不搞的我就搞！这是我的基本原则：不能跟在外国人屁股后面走。"

吴文俊始终认为："不要跟在别人后面跑，应该有自己的创新。"

为学日益，做学科的传承人

面对在数学上获得的荣誉，吴文俊总是淡然处之。他说："我不想当社会活动家，我是数学家、科学家。"

早年他在数学核心领域拓扑学方面颇有建

树，引发“拓扑地震”的他在快60岁时却毅然改变研究方向。有人问：“你都到退休的年纪啦，怎么还活跃在数学研究上？”

吴文俊却不以为然地说：“60岁是最成熟的时候，应该越来越厉害，怎么能退出历史舞台呢？不应该这个样子。60岁应该是工作开始的时候，经验比较丰富，学识比较丰富，应该是大有可为的时候。”

吴文俊从来不觉得自己年龄大就是老年人。相反，即使已年过古稀，他仍保持着对数学的热爱和钻研，在生活中，还像个十几岁的孩子一样，“顽皮”得很。

有一次，他一个人去游乐场坐过山车。整节列车里，只有他一位白发苍苍的老爷爷，周围的年轻人都对他刮目相看，有的人还担心地看着他，好心提醒他：“爷爷，你年龄这么大啦，就不要玩这种危险项目啦！”

吴文俊自信地笑了笑，心想：“我只是看起来老，我的心可不老呢！”

除此之外，吴文俊也曾在去泰国开会时跑去骑大象，他还爬到大象鼻子上拍照，身手矫健，一点儿都看不出来“小老头”的模样。

有人觉得吴文俊每天都乐呵呵的，好像从来都没有烦恼。吴文俊听到了，仍旧是乐呵呵地说：“我当然有烦恼。当烦恼真的来的时候，做你能做的事，把心放宽一点，顺其自然，烦心的事很快就会过去。”

被问到保持年轻的秘诀是什么，他总是说，我信奉丘吉尔的一句话，能坐着就不站着，能躺着就不坐着，要让生活尽量轻松平淡，不要被无谓的烦恼干扰。

在枯燥漫长的研究生涯中，正是这种积极

乐观的心态，让吴文俊对生活充满热爱，对未来充满期待。

就像他对年轻一代的数学家说的那样：“不管一个人做什么工作，都是在整个社会、国家的支持下完成的。有很多人帮助我，我数都数不过来。我们是踩在老师、朋友、整个社会的肩膀上才上升了一段。我应当怎么样回报老师、朋友和整个社会呢？我想，只有让人踩在我的肩膀上再上去一截。我希望我们的数学研究事业能够一棒一棒地传下去。”

南仁东
——圆梦“天眼”，魂归宇宙

浩瀚无际的宇宙笼罩着未知的面纱，它的神秘与绚丽吸引着一代又一代人去探索。从天文望远镜到人造卫星，从载人飞船到宇宙空间站……人类已经制造出了许多探索宇宙的工具，却还是只能触及微乎其微的宇宙奥秘。

1993 年，国际无线电科学联盟大会在日本召开，参会的科学家一致认为，在全球电波环境继续恶化之前，需要建造出新一代的射电望远镜，以此来接收更多来自外太空的信息。当时，一位来自中国的天文学家下定了决心：我们中国也要建一个！

这短短的一句话，想要实现却十分困难。20世纪90年代初，我们国家的天文水平远远不及国外，那时的美国已经有了直径305米的阿雷西博望远镜，可我国最大的射电望远镜的直径还不到30米，这么大的差距对于研发者来说想要追上，甚至赶超，简直就像登天一样困难。

可这位来自中国的天文学家不顾困难险阻，凭借自己的满腔热血和聪明才智，用了22年的时间，成功建造出了中国的“超级天眼”。随着拥有我国自主知识产权、世界最大单口径、最灵敏的射电望远镜“中国天眼”（FAST）的诞生，我国天文学研究在国际上一举取得了领先的位置，在世界天文史上镌刻下了属于中国的新高度。

这名伟大的天文学家就是南仁东，他把毕生的精力毫无保留地奉献给了“大国重器”。让我们一起走进南仁东的故事，去感受他对宇宙星空书写的告白吧！

结缘无线电科学

一个人的梦想能有多大？能直抵苍穹尽头吗？

一个人的梦想能持续多久？能久到穿越一生吗？

对于南仁东来说，探索浩瀚无边的宇宙是他宏大的梦想，同时也是他坚守一生的事业。

1951 年，6 岁的南仁东刚上小学，每天放学后他最喜欢的事情就是和几个小伙伴一起爬学校后面的龙首山。不过，南仁东爬山并不是为了享受攀登的乐趣，而是要去山顶看星星。

龙首山地势高，每天晚上的云雾也不多，那儿简直就是观看星空的最佳地点。闪烁的星星是那么神秘，既像一只只明亮的眼睛，又像一盏盏亮晶晶的灯笼，带给人无限的遐想。

童年的南仁东还处在懵懵懂懂的年纪，但这个小小少年眼中早已装进了星辰大海。那个时候的他，虽有仰望之心，但还不知道该怎样去探索宇宙星河的奥秘。

当时，欧美国家已经研发出了用于天文观测的雷达技术，而中国还处在战后的百废待兴；英国已经建成了当时世界上最大的洛弗尔射电望远镜，而中国还没有人力物力去发展这一领域。

对宇宙充满好奇的南仁东天真地问父亲：“南半球的人看到的星星和我们看到的一样美丽

吗？”父亲建议他到书本里寻找答案，也会经常带一些课外书给他看。南仁东渐渐喜欢上了阅读，也正是从那时起，他的心中埋下了探索宇宙的种子。

学生时代的南仁东热爱文学，痴迷美术，他时不时就在课堂上画画和偷看小人书。虽说南仁东上课不算用心，但是他记忆力超群，思维也非常活跃。别人做数学题都规规矩矩地依照老师的方法按部就班地计算，只有他总是能找到独特的解题办法。因此，他虽然成绩不高，但也并非差等生。

南仁东的老师注意到了这个特别的少年，邀请他去了自己家中，同他聊思想，谈志向。那次谈话以后，南仁东意识到了自己之前的不足之处，开始认真听讲，奋发图强，成绩渐渐名列前茅。

在同学们眼里，他们的这位同学上知天文，下知地理，不仅记忆力超群，学习成绩好，还非常会画画，简直就是一个小神童。南仁东并没有沉浸在同学们的夸赞声中，而是一直虚心踏实地学习。1963年，18岁的南仁东以平均分98.6分（百分制试卷）的好成绩成了吉林省的理科状元，顺利被清华大学建筑系录取。

可令他没有想到的是，由于当时国家缺乏无线电人才，高过了录取分数线50分的南仁东被清华大学调剂到了无线电专业。南仁东生气极了，对自己的父母抱怨道："为什么我被调剂了？我就是想上建筑系，我不去上学了！"

闹脾气的他以为父母会为自己打抱不平，可爸爸听了南仁东的抱怨，表情突然严肃起来："国家少了一个建筑师，但是多了一个无线电科学家，这难道不好吗？”

那是南仁东第一次在心中有了祖国的概念，他思考再三，还是服从调剂，踏上了去北京求学的道路。那时的南仁东的心情到底是什么样的，只有他自己心里最清楚，但不可否认的是，他的心中装着国家，才会为了祖国而选择去学习无线电技术。

在南仁东眼里，既然选择了这条路，那就一定要不遗余力地为之奋斗。就这样，他从此与无线电结下了不解之缘。

将不可能变为可能

大学四年转瞬即逝，毕业之后，南仁东到了吉林通化的无线电厂，做了一名车间工人。这个地方是南仁东走向科研之路的起点。不过在他刚入厂的时候，却遭到了大家的孤立。这是为什么呢?

原来，明明才23岁的南仁东长得一点也不年轻，嘴唇上留着细细的小胡须，略显沧桑。不仅如此，他在穿着打扮上也十分与众不同。当时的知识青年们都喜欢穿军装，但南仁东去报到的那天，竟然穿着一件非常时尚的立领皮夹克，下面是一条十分鲜艳的黄色紧身裤，脚上还踏着一双锃亮的尖头皮鞋。

放到现在，大家可能会觉得这是“时尚”，可在那个年代，厂里的工人们都认为南仁东是个“另类”，都用异样的眼光看着他，平时也不和他说话。不过，南仁东并不在乎周遭同事们的目光，他更关心的是自己的工作。

除了干好本职工作，南仁东还经常到其他的车间去学习。由于学习认真，无论是锻造、电镀还是钳工，他都干得很不错。渐渐地，大家对南仁东的印象有了改观，觉得他是一个踏实好学的年轻人。

绘画一直都是南仁东的兴趣爱好，虽然没有用在他最初想去的建筑专业里，却很好地运用到了无线电科学中。南仁东优秀的绘画技术一传十，十传百，就连电厂上级的领导都有所耳闻。后来，南仁东被上级安排去了一个科研小组，专门研发便携式小收音机。

这对于他来说可是一个不小的挑战。南仁东之前从未接触过收音机的研发，但作为科研小组中唯一一个既会制图又是无线电专业毕业的高才生，南仁东便成了四人科研小组中最重要的成员。

接到任务后的他立刻开始设计起了收音机的实体形象，从外形设计到电路板等工艺，南仁东都亲力亲为。由于他之前在厂里对焊接、电镀等技术都学得很精，所以研发小型无线电收音机时，无论出现了什么问题，他都能够找到办法顺利解决。

负责模具的同事不禁赞叹道：“他设计的模具样板到机器上丝毫不差。要是插件接头接触不良，他就改进插头镀金，亲手干电镀的活儿，并且干得非常漂亮。”到了后期，南仁东设计制作的模具甚至可以直接免测，上机生产，几乎从未出现过差错。

南仁东不负众望，24 岁的他与厂里的伙伴们一起研发出了中国第一台便携式小型收音机，并将其命名为“向阳”牌收音机。在试生产和批量生产之后，这款收音机面向全国出售，当时几乎成了家家户户的必有物品，受到了广大群众的喜爱。

1970年，南仁东所在的无线电组装车间从无线电厂分离了出来，成了一个独立的企业，后改名为吉林省通化无线电厂。这一改变，也给南仁东带来了更大的挑战——厂里接到了“研制10千瓦电视发射机”的任务。

看着十分兴奋的南仁东，同事拍了拍他的肩膀，对他说：“兄弟，这并不是我们说想干就能干的事情，电视发射机我们从来没有做过，不可能做成功。”

“怎么不可能，之前的收音机我们不是也照样做出来了！”南仁东反驳道。他能够理解同事的担忧，但在他眼里，就没有“不可能”的事！

大千世界，从火种煤油到照明点灯的出现，从车马步行到高铁飞机的发明，从1G到5G高速时代的变化，那些科技的跨越从来都是从无到有。“不可能”的质疑声一直都会存在，而南仁东想做的就是将大家所说的“不可能”变为“可能”。

南仁东说服了质疑的同事，也吸引了很多志同道合的同志一起加入。在向工厂请缨接受任务的当年，南仁东带领的小组便成功地研制出了10千瓦电视发射机，不仅顺利通过了省级的验收，电视发射机的外形还被吉林省工业厅评为了第一名。

将“不可能”变为“可能”，这便是南仁东回应质疑最好的方式。可以说无线电厂是他成长的摇篮，而他的下一站，便是探索那看不见的神秘宇宙。

超级“天眼”，举世无双

由于一直对浩瀚的宇宙心存眷恋，所以在

恢复考试之后，南仁东便报考了中科院的研究生，从此在天文领域“一发不可收拾”。

“别人都有自己的大设备，我们没有，我挺想试一试。”就是因为这样一个简单直白的理由，南仁东开始了他与“中国天眼”（FAST）相伴20多年的人生。

“中国天眼”的研发可比之前的几次困难多了，世界上从未有过制造出如此巨大的射电望远镜的先例。光是选址，南仁东就花费了十多年的时间。射电望远镜在使用上与普通的天文望远镜原理不同，它需要有非常良好纯净的环境，不能受到无线电波的干扰。因此南仁东仔细研究，把目光投射到了人迹罕至的深山老林，决定利用喀斯特洼地建设这个巨型球面望远镜。

为了选出适合“中国天眼”的台址，南仁东

毅然决然地登上了北京到贵州的绿皮火车，走遍了大山里的上百个窝凼。乱石密布的喀斯特石山里，不少地方连路都没有。南仁东常常像个农民一样，穿着一条短裤，短裤上挂着一把柴刀，披荆斩棘向前开路，从石头缝间的灌木丛中，深一脚浅一脚地慢慢挪过去。

有一次，正在考察的南仁东突然遇到了极端的天气。伴随着狂风暴雨，山洪裹挟着泥沙咆哮而下，南仁东见状，立刻连滚带爬地冲回了垭口，这才保住了性命。那时的南仁东已经年过半百，这让他意识到：明天和意外指不定哪一个先到，他要尽自己的所能，拼尽全力去做对国家有利的事情。

就这样，南仁东一找就是十几年。他和团队先后对比了上千个洼地，将其中的300多个写进了数据库里，在细致的踏勘和缜密的计算下，最终把台址选在了贵州省黔南州平塘县克度镇大窝凼的喀斯特洼地。

选好台址只是万里长征的第一步。此后，南仁东眉头似乎皱得更紧了，他总是窝在工作椅上，盯着电脑屏幕，长时间地沉思。这个巨型射电望远镜的建造涉及了天文、测量、控制、电子学、机械和结构等众多学科的知识，无论是从设计到制造还是到安装，国内都没有任何可以借鉴的相关经验。

沉甸甸的担子压在南仁东的身上，他盯着环节中的每一处细节，对每一个问题刨根问底，提供帮助和建议，生怕哪里出了错。虽然身为总工程师，但在施工现场，南仁东经常亲力亲为，能上钢架去拧螺丝，能拿扁铲去削平钢材。南仁东每天想方设法地寻找出路，一个星期又一个星期地泡在车间。失败了，重来，又失败了，再重来。他就像一名顽强的斗士，不断地攻克层出不穷的难题。

南仁东这位理想主义者从壮年走向了暮年，而他率领的团队也把理想变成了现实。不幸的是，2015 年 3 月，南仁东被诊断为肺癌，而这时“中国天眼”即将落成使用。2016 年 9 月 25 日，南仁东带病站在大窝凼上亲眼见证了“中国天眼”的落成，他凭着坚定的信念，追逐梦想，心无旁骛，让中国睁开了“天眼”，自己却在一年之后的 2017 年 9 月 15 日永远闭上了双眼。

2017 年，在脉冲星被人类发现的第 50 个年头，“中国天眼”开始以人类前所未有的灵敏度探索宇宙。如今，强大的超级“天眼”已经实现了各种观测的模式验证，调试进展也达到了国际同类设备的领先水平。

南仁东为“中国天眼”的建成奉献了自己

的一生，他留给世人的不仅仅是那宏伟的射电望远镜，更是他宽广的人生格局与坚定的人生信念。这样的精神激励着一代又一代中国人在探索宇宙的征途上，继往开来，砥砺前行！

顾方舟
——护佑中国儿童远离小儿麻痹症

不知道你有没有这样的回忆，小时候在医院或者卫生站打完疫苗之后，医生会拿出一颗白色的糖丸给你吃。这颗甜甜的糖果入口即化，许多小朋友会把它当作医生对自己勇敢打疫苗的奖励，其实，这颗糖丸并不是一颗简简单单的糖果，它是一种特殊的“疫苗”，是能帮你抵御小儿麻痹症的“宝物”。

小儿麻痹症是一种对儿童危害性极强的疾

病，一旦发病致残率极高，不仅会造成儿童身体畸形，对他们的心理健康也会带来很大的影响。这个棘手的疾病困扰了我国的病毒学专家很多年。为了帮助中国千百万儿童免受小儿麻痹症的危害，有这样一位医学科学家，他潜心研究，研发出了预防小儿麻痹症的“口服”疫苗，为几代中国儿童带来了健康的保障，解决了这个大难题。

他就像一个舍己为人的大英雄，做着影响世界的大事，却一直身居幕后无私奉献。他叫顾方舟。也许这个名字你不是很熟悉，但他的故事值得我们每一个人去了解！

一个难以忘却的眼神

伴随着一声响亮的啼哭，顾方舟于 1926 年

6月在上海出生。当时的上海与现在的上海大不相同，那里没有高楼大厦、车水马龙，一切都被战火笼罩，人们颠沛流离，饥寒交迫，苦不堪言。

屋漏偏逢连夜雨，船迟又遇打头风。顾方舟的父亲在他4岁的时候就不幸去世，这对原本就很艰难的顾家来说，简直是雪上加霜。顾妈妈为了能养活自己的孩子，特地去了离上海不远的杭州学习助产，学成后，便带着几个孩子移居天津，成了一名挂牌营业的助产士。

顾妈妈工作的医馆人手不足，所以她经常一连好几天都因为工作繁忙无法回家照看孩子。小小的顾方舟十分不开心，等到妈妈回来后，他的眼泪夺眶而出，难过地问："妈妈，你可不可以求求那些病人不要再来了，我不想你这么辛苦。"

顾妈妈听了顾方舟的话，有些心疼，但她还是摆直了身子严肃地对他说道：“从医一直是我所坚持的事情，作为一名医生，都是别人来求你治病的，怎么会有你去求人家这一说。”说完，顾妈妈便一把将顾方舟揽进了怀里。贴在妈妈胸前的顾方舟号啕大哭，他对妈妈说的话似懂非懂，他其实只是不希望妈妈那么辛苦而已。

顾方舟在那个战火纷飞的年代长大，目睹了身边太多人因为医疗条件不好被病痛折磨致死，他从那时起就下定决心：“今后，我一定要做一些能够帮助他们、帮助国家的事情。”这是一个热血男子汉的担当，也是他在民族危亡的年代对着自己许下的誓言。

有了追求的顾方舟更加努力地勤奋苦学起来。在母亲的支持下，他凭借十分优异的成绩被北京大学医学院录取。虽然大部分医学院的学生毕业之后都会从事医生这个职业，但顾方舟在学习过程中却对病毒学十分感兴趣，于是毕业之后的他毅然决然地放弃了分配的医生工作，选择去苏联继续留学深造，最终获得了苏联医学科学院病毒学研究所的副博士学位。

医生确实能救人，但医学家拯救的却是成百上千万的人。顾方舟知道，由于那时的社会处在科学落后、医疗局限的时代，人类饱受瘟疫肆虐，有些瘟疫因无法得到遏制，经常会造成十室九死，甚至亡国灭种的危害。学得越多，顾方舟为自己国家思考得就越深，在他眼里，只有从事公共卫生事业才能够解救帮助更多的人。所以在1955年江苏的那场“怪病”暴发之时，顾方舟立刻从苏联飞回了祖国。

江苏南通的这场“怪病”来得突然又恐怖，

病毒传染十分迅速，在很短的时间内就导致南通市近1600人瘫痪，死亡人数更是高达466人。由于当时的医疗条件不好，医院的医生都不知道这种“怪病”到底是什么，只能眼睁睁地看着疫情蔓延到了上海、山东青岛、广西南宁……当时的中国一时间人心惶惶。

患上“怪病”的大多是小孩，最初的症状也和普通感冒一样，可一旦发病，孩子们便会手腿僵硬一动不动，如果不及时治疗便会有生命危险。

“救救我的孩子吧！”在南通各个医院的门口几乎都有满脸焦急的大人背着奄奄一息的孩子的心酸场景。他们背着孩子穿梭于各个医院之间，就为了争取到一个“生”的机会，但无论去哪一家医院，等来的却只有三个字“救不了”。

有些来自农村的父母，没有进城的交通工

具，背上孩子一走就是好几天，没钱没粮食了，就在街边乞讨。在他们眼中，自己的自尊和健康都可以丢弃，无论这条路上多难多辛苦，只要孩子能活着，他们的一切付出都是值得的。可事与愿违，在他们的背后，那些奄奄一息的生命等来的结局大多是瘫痪或者死亡。

“背包族”这三个字因此在那个年代诞生，并成了我国最惨痛的国家记忆之一。对于这场“怪病”，医学家们给了它一个大名——脊髓灰质炎。

说到脊髓灰质炎，1789 年在国外就有过临床描述。它的流行史最早可以追溯到 19 世纪末。当时在斯堪的纳维亚半岛和美国曾有过小规模流行，并且主要的患者也是儿童，大多数患者都有双腿麻痹症状，所以这一疾病又被叫作“小儿麻痹症”。

脊髓灰质炎是一种由病毒引发的疾病。这种可怕的病毒可在消化道内大量快速繁殖，人体的免疫系统还来不及有效地消灭病毒，病毒就已入侵脊髓中的神经元，导致脊髓中的神经元大量死亡，从而引起人体肌肉萎缩、瘫痪乃至死亡。这个疾病的恐怖之处还在于，它的传染性极强，且传染渠道极多。绝大多数的病毒携带者都不知道自己感染了疾病，但他们的唾液、鼻涕会在不经意间持续传播病毒。所以，这个病毒曾被医学界认为是制造瘫痪与死亡的魔鬼，在相当长一段时间里都没有治疗它的好办法。

孩子是祖国的花朵，是民族的希望。如果对脊髓灰质炎放任不管，那我们国家还谈什么希望，民族还能有什么未来？顾方舟每念及此，就感到格外痛心。他意识到此时此刻的中国需要自己，于是在归国后主动请缨，开始在中国医学科学院进行脊髓灰质炎的病毒研究，担负起了攻克此项难题的重任。

对于一种陌生的疾病，研究它可不是一件容易的事情。顾方舟在一开始就遇到了困难，那就是无法获得关于这个疾病的相关资料。在那个年代，美国是对脊髓灰质炎研究最深入的国家。这是因为早在1916年，美国就成了脊髓灰质炎的重灾区之一，当时的美国纽约患病人数突破了9000，死亡2343例。你可能无法想象，就连美国在位时间最长的罗斯福总统也深受其害，他在海水中游完泳后便感染了脊髓灰质炎病毒，双腿突然麻痹，在46岁终身瘫痪，下半辈子只能在轮椅上度过。

30多年后，脊髓灰质炎再次席卷美国，这一次的感染人数更是呈指数级增长，整个社会都恐慌了起来。1952 年，美国的一位病毒学研究员有了重大发现，他尝试用福尔马林杀死脊髓灰质炎病毒并取得了成功！但顾方舟没有渠道和方式去获取相关有用信息。

那时，大家经常会看到一个身影，孤零零地待在实验室里潜心研究，那个人就是顾方舟。顾方舟希望自己能细致再细致一点，这样就能发现这个病毒的破绽并攻克它了。外人以为他是镇定自若，可他给自己的压力却如同泰山。时间就是生命，为了不浪费一分一秒，他抓紧一切时间做实验，查资料，经常在实验室一待就是一整晚。

功夫不负有心人，1957 年，顾方舟终于率领团队获得了第一阶段的成功。顾方舟的团队收集了多例确诊和疑似脊髓灰质炎病人的粪便标本后，通过培养猴肾组织分离出了病毒，确定了我国流行的脊灰病毒类型是“Ⅰ型脊灰病毒”。这一研究结果为预防脊髓灰质炎的传播奠定了夯实的基础。

还没来得及高兴，顾方舟便被一位母亲的眼神深深打动，那位母亲焦急的眼神好像在对他说：“一时一刻都不能耽误了，疫苗必须尽快做出来！”

那是一位坚忍的母亲，就算已经被众多医院拒绝她仍不放弃，在打听到顾方舟正在做这个方面的研究时，便背着孩子找上了门。尽管天气严寒，但是这位母亲在研究所门口一等就是一整天。傍晚时刻她终于等到了顾方舟，便立刻迎上前去哀求道：“顾医生，您能救救我的孩子吗？求求您救救我的孩子吧！”

尽管这句话顾方舟已经听到过无数遍了，可再一次听到时，他的内心依然被狠狠刺痛了。

顾方舟抬头一看，那是一位两鬓微白的沧桑母亲，她身后的孩子十分虚弱地探出了头。孩子的身体已经瘫痪，可是眼神依旧纯真、清澈与明亮，在夕阳的照射下闪闪发光。

这位母亲绝望中带着一丝希望地请求着顾方舟："我的孩子今后还要为国家作出贡献的，他还要走路，求求您把他治好！"

那时的顾方舟多么想接过孩子并对这位母亲说："放心吧，交给我吧！"可事实不允许他这么做，攻克病毒的方法还没有找到，他没有能力向这位母亲做这样的承诺。顾方舟不敢继续看那位母亲的眼神，只能微微地低下头，说了声"抱歉"。

这声抱歉就像是一个死亡通告，泯灭了那位母亲心中的最后一丝希望和眼神中的最后一丝光芒，她只能绝望地抱着孩子瘫坐在走廊上哭泣，直到深夜，才背着孩子一步步艰难地离开。

孩子纯真的眼神和母亲绝望的神情一直刺激着顾方舟，他一想到从小就立志为国奋斗的自己如今只能看着同胞饱受痛苦和折磨，便在心中发誓：一刻也不能等了！早一秒钟研发出疫苗，国家就会多一分希望！

于是，这场脊髓灰质炎疫苗大战正式打响，顾方舟和他的团队拿出了百分之一百二十的努力去迎接这新一轮的挑战。

用生命验证疫苗

顾方舟在新一轮攻坚战里遇到的第一个问题就是：选取“活”疫苗还是“死”疫苗，这是疫苗研究的关键。就好比这是通往终点的两条路，选择方向与路线对疫苗研制来说至关重要。

你知道什么是“活”疫苗，什么是“死”疫苗吗？“活”疫苗指的是减毒活疫苗。病原体经过处理后毒性减弱但还是具有一定的抗原性，将这一类的疫苗接种进人体之后，这些减活的抗原就会促使人体的免疫机制产生抗体，这些抗体停留在体内，便能获得长期或终生的保护作用。它的好处在于免疫力强，并且作用时间长，但存在潜在的致病危险。倘若减活病毒产生了变异，那么健康的人也会存在被感染的危险。而“死”疫苗则是指灭活疫苗。通过物理或化学的方法使病原体失去活性之后，再将其注射进人体内，促进人体产生特异性抗体。这一类疫苗的好处在于安全性高，但免疫效果不够持久，之后需要多次补充疫苗进行巩固。

这两种疫苗听起来好像只有两个字的差异，实际上“活”疫苗的成本只有“死”疫苗的千万分之一。不仅如此，当时“死”疫苗我国几乎无力生产，因此顾方舟在综合考量之下，选择了“活”疫苗路线。对于这种疫苗最大的挑战就是，我国没有任何可供参考的资料文件，只能用自主研制的疫苗进行活体实验。

活体实验可不是一件容易的事情。为了加快实验的进程，顾方舟率领团队远赴千里之外的云南。你可能会疑惑，关键时候他们去云南是为了旅游和放松心情吗？

不，因为活体实验最初的实验对象其实是与人类构造十分相似的猿猴，而在云南的荒山中设立有一个猿猴实验室，为了离实验对象更近，顾方舟便带着团队“举家搬迁”进了这个实验基地。

大家脑海中的实验基地应该是各种高科技仪器遍布的情景，但顾方舟他们的实验基地准确来说其实就像一个养猴子的野山洞，条件苦不堪言。

20 世纪 60 年代初，我国的粮食产量锐减，吃不饱睡不暖已经成了顾方舟团队的日常。实验基地离城市很远，每次大家带的物资根本不够吃，有些饲养员饿得实在是受不了了，只能偷偷地拿一点猴子的食物去果腹。顾方舟发现后十分心疼，却只能眼含泪水地阻止道：“猴子的食物不能吃，我们需要它们去做实验，它们不能饿，只有实验成功才能拯救那千千万万条生命。”

此后，猴子的粮食便再也没有少过。整个团队吃野果，啃树皮，咬着牙坚持了下来。不知道经历了多少个这样的日日夜夜，他们终于自主研发出了“脊髓灰质炎减活疫苗”！

疫苗做出来了，在猴子身上测试了也没有问题，但猴子毕竟不是人，就算是只有1%的差距，都有可能给人体带来严重的后果，更有甚者可能会直接导致死亡。所以，这就意味着还要做人体实验。可第二次世界大战之后，人体医学实验便被明令禁止，因为这有悖于人道主义。倘若我们采用了人体实验，可能会遭到全世界声讨；但如果我们的疫苗不进行人体实验就直接使用，没有任何人能保证这个疫苗安全无忧，更何况绝大多数疫苗还是用在孩子身上。

压力再次压在了顾方舟的肩上，他思考片刻后，做出了一个惊人的举动——自己来当实验对象。“要是我把这个疫苗喝下去都没事，那不就意味着我们成功了？”顾方舟兴奋地说。

“既然我们的指挥官都这样做了！我们有什么理由不喝？”

“我相信我们的实验结果！我喝！”

“我也喝！”……

顾方舟及整个团队的人都义无反顾地将疫苗喝了下去。要知道，他们可是冒着感染脊髓灰质炎病毒的风险去做的这一壮举。喝了疫苗的他们，除了活着就只有瘫痪或是死亡这两个选项。令人庆幸的是，10天之后，喝下疫苗的所有人都安然无恙。疫苗这样就算研制成功了吗？

顾方舟依旧紧锁眉头，“我们都是成年人，抵抗力比孩子们强。现在还不清楚在小朋友身上，疫苗是否安全。”

这个问题一经提出，团队里的人们再次陷入了沉默。顾方舟对于这个问题，再一次作出了惊人的决定：“我愿意让我的孩子吃下这个疫苗！”那时顾方舟的儿子才刚出生，咿咿呀呀连话都不会说，一旦疫苗出现问题，迎接他儿子的要么是死亡，要么是瘫痪。

究竟是多么坚忍的父亲才能作出这样的决定，顾方舟选择放弃了小我，成就了大我，他为国家奉献出了自己，奉献出了自己的家庭。他的这一举动感动了团队里的所有人，但凡有孩子的工作人员都自愿加入，他们已经努力了这么久，一旦能在孩子们身上实验成功，那就说明他们是真正取得了成功！

孩子们喝下疫苗的那 10 天对所有人来说都是最漫长煎熬的 10 天，但好消息是，所有孩子都是正常的，并且他们的体内都检测出了抗体。

疫苗研制成功了！这一刻，所有人抱在一起号啕大哭，他们是用自己的生命和孩子的生命打赢了这场战争，战胜了可怕的脊髓灰质炎病毒。

顾方舟的儿子喜欢吃糖果，受到了启发的顾方舟为了让孩子们更容易接受这个口服疫苗，便将其做成了糖丸的样子。所以现在的你才会有小时候打完针后吃糖丸的回忆。

今天，中国已经有效阻断脊髓灰质炎病毒的传播，成为了无脊灰国家!

顾方舟用一辈子的勤恳付出写就了“奇迹”二字，拯救了千千万万个孩子以及整个民族的未来。我们现在的岁月静好，离不开他的负重前行。正是这颗小小的糖丸，造福了无数的中国人，成了这个世界上最甜蜜的糖。

程开甲
——中国“核司令”

1964年10月，在我国新疆维吾尔自治区东南部的罗布泊地区发生了一件震惊全世界的大事——第一颗由我国自主研发的原子弹爆炸成功！戈壁滩上原子弹爆炸发出的轰隆巨响，就像是中华民族崛起的呐喊；那腾空而起的巨大蘑菇云，则是我们对全世界的证明。

爆炸成功后，工作人员欣喜万分，互相拥抱庆祝，每个人都沉浸在试验成功的喜悦里，唯独一位老人在操作台前目不转睛地盯着前方，表情严肃地在等待着什么。

原来，虽然原子弹已经爆炸成功了，但这并不意味着整个核试验圆满完成。对于任何一个试验来说，数据都至关重要。那留下的数据就像纪录片一样，记载着整个试验的过程，也成了后续研究的基础。

曾经就有发达国家做完了核试验后因为数据记录不全，导致后续研究无法进行的先例。要知道，一次核试验的投入是十分巨大的，对于当时人力物力都极度匮乏的我国来说，倘若数据没有收集齐全，那对我国核试验研究事业的打击将十分沉重。

这个穿着旧背心，十分不起眼儿的老人是此次核试验的总负责人。设立在核爆点周边的1700多台仪器中只要有一台没有收集到数据，都将会影响到后续研究的顺利进行。终于，等了一个多小时后，所有仪器全部收集到了数据，这位老人才长舒一口气，露出了满意的微笑。

你可能不知道，除了参与中国第一颗原子弹的研究，我国的氢弹研究、竖井试验等 30 多次核试验都是由他设计指导，他也因此被誉为中国的“核司令”。他就是我国核武器事业的开拓者，“两弹一星”功勋奖章的获得者——程开甲。下面，就让我们一起走进程开甲的故事，去看看他究竟如何以身许国，铸就这保卫中华坚不可摧的核防御盾牌！

“年年老板”的进阶之路

1918 年夏天，程开甲在江苏吴江的一户商贾之家呱呱坠地。那个年代，从商的家庭一般都很富裕，他的祖父有着较深的文化底蕴，便为他取名“开甲”。“开”字代表开转，而“甲”字代表第一，这个名字暗含着祖父对他深深的期望，希望他日后能金榜题名，光宗耀祖。

可谁知，现实却似乎事与愿违。在程开甲8岁那年，家里突遭变故，他的父亲不幸去世，母亲也在不久之后无奈离家。在那之后，失去父母管教的程开甲开始变得孤僻、叛逆。到了读书的年纪，他被家里人送到绸业小学，但他不仅不爱学习，还时常翘课逃学，屡教不改。

小学时期的程开甲被送了个外号叫作“年年老板”。称他为“老板”可不是因为他花钱大手大脚，这个“板”指的是“板凳”。由于他经常逃学被学校留级，而当时学校里上课坐的是板凳，程开甲连续好几年都坐在同一间教室，同一个位置，同一条板凳上，于是才叫他“年年老板”。

不过，程开甲散漫放肆的日子也并没有持续很久。在一次离家出走事件之后，程开甲的家人终于意识到了长期以来对他的忽视。程开甲的五姐决心肩负起管教弟弟的责任，作为一名小学教师的她将程开甲转入了自己任教的观音弄小学。每天早晨，姐姐都会叫醒程开甲，督促他洗漱、吃饭，与他一起去学校，放学后再带他一起回家。

在姐姐的监督下，程开甲一改往日的调皮放纵，开始奋发图强，全心全意地投入学习中去。程开甲的改变，周围的同学和老师看在眼里，并都对他给予了帮助。小学毕业那年，程开甲不负众望，以优异的成绩考上了浙江有口皆碑的嘉兴秀州中学。

上了初中的程开甲就好像开了挂一样，各

种潜力都被激发了出来。无论是诗词还是课文，程开甲都能倒背如流，就连圆周率，他都可以背到小数点后60位。英语也是他的强项，无论是写作还是口语，他都得心应手，甚至在浙江省四所教会中学高中英语演说竞赛中，还获得了第一名的好成绩，为所在的秀州中学增光添彩。

这么多荣誉和成绩当然与程开甲自身的努力分不开。他十分喜欢钻研学业，但凡遇到了不懂的问题，都会及时虚心请教，举一反三。得益于专注的学习态度与认真的学习方法，他不仅提高了学习成绩，性格也有了很大的转变。

程开甲可不是一个只顾读书的“书呆子”。闲暇之余，他会和班上的几个同学一起讨论科学问题，放飞想象。十几岁的年纪，程开甲便开始思考如何做出一艘不用烧煤炭，仅靠水力作用就能前行的大船。对于这艘大船的构想，不仅点燃了他对科学的兴趣，还让他自己有了更大的目标——上更好的大学，学更多的知识。

有了这个信念的程开甲在高中阶段更加刻苦用功，毕业之时，成绩优异的他凭借德智体美劳全面发展得到了多所高校的青睐。他思考再三，最终选择了当时被誉为“东方剑桥”的浙江大学。

程开甲本以为大学阶段他可以在校园里潜心研究，体会科学的魅力；在活动上精彩表现，释放青春的活力；在池塘边谈诗论赋，尽情感受中华传统文化。可令他没想到的是，等待他的却是战火纷飞，颠沛流离。

程开甲的大学时光正值抗日战争时期，炮火连天，硝烟四起，浙江大学也因为战乱前前后后辗转了 7 个地方。一路上，随处可见日军的恶行，平民百姓无家可归，妻离子散，更别提能找到一张供学生安心读书的课桌。程开甲每每看到此情此景，心中难掩愤懑之情："我们国家怎么能这样任人宰割，国家需要发展科技，中国人民需要武器来防御！"

程开甲之所以会有这样的感触，是因为他读过了牛顿、居里夫人、爱因斯坦等科学家的传记，深刻理解了科技救国的重要性：只有科技强大了，国家才会强大！怀着这样的信念，程开甲从浙江大学物理系毕业后便远赴英国爱丁堡大学继续深造。在那里，他成了著名物理学家、量子力学的奠基人之一的玻恩的学生。

程开甲十分感恩也很珍惜这来之不易的留学生活，他跟着导师夜以继日地做实验，研究超导体，写出的学术论文更是得到了导师与业界的肯定。取得了博士学位后的他被英国皇家化学工业研究所高薪留下，尽管那里的学术氛围十分浓厚，但程开甲还是感受到了弱肉强食的现实。

当时的中国，国际地位并不高，尽管程开甲已经在学术界有了很高的造诣，但就因为他是中国人，便会经常被人瞧不起，遭到外国人的冷嘲热讽。

其中有一件事令程开甲印象非常深刻。由于程开甲是科技高才生，英国皇家化学工业研究所对他十分欢迎，便给他开了非常高的薪水。拿到第一个月工资的程开甲十分开心，第一念想就是给远在家乡的夫人买上一套在国内不舍得买的皮大衣。

可当他满心欢喜地走进商店时，迎来的却不是热情的招待，而是老板的歧视和轻慢：“喂，说你呢，你进来干吗？”

程开甲听了这句话，瞬间收起了笑容："当然是买衣服啊。"

老板轻蔑一笑："我这里的皮衣都是很贵的，你买得起吗？"

程开甲十分生气，当即挑了商店里的一件衣服，说："就这件，结账。"

说完，程开甲便把银行支票放在了收银桌子上。

"我还真不信你能买得起，你等着吧。"老板拿着银行支票左看看右看看，然后打通了银行的电话，仔细询问，反复核查身份后，这才不情愿地将皮大衣递给了他。

虽然这只是一件小事，却反映出了一个大问题，那就是中国在外国人眼里低人一等，中国人得不到外国人的尊重。这种寄人篱下的滋味实在是不好受，不过之后发生的一件事让远在异乡的程开甲终于“扬眉吐气”了一把。

1949年，新中国成立前夕，英国军舰“紫石英号”私自擅闯我国水域，在我国的内海和长江上肆意游弋，想要威慑即将渡江的人民解放军。中国军队立刻鸣炮示警，但英国军舰“紫石英号”不仅置之不理，还将舰炮指向了我国炮兵阵地，数炮齐鸣。这样嚣张的气焰是对我国军队和人民的威胁和挑衅，人民解放军当然不能熟视无睹，他们果断向“紫石英号”开炮还击，将其击损。失去控制的“紫石英号”被迫搁浅，陷入瘫痪状态。

程开甲在报纸上看到了这条新闻之后喜出望外，走到街上都是挺胸抬头，扬眉吐气。在他眼里，中国抬起头了，越来越有希望了！在那以后，程开甲增加了与中国的亲友书信交流的次数，他迫切地想要知道中国当时的情况，也开始计划着返回中国，为国效力。

终于，在中华人民共和国成立不久的1950年，程开甲婉拒了导师玻恩的挽留，背上了归国的行囊。行囊中除了纯英文的物理学书籍和资料，还有那件为夫人准备的意义非凡的皮大衣。它不再只是一份爱的礼物，更寄予着程开甲对中华民族崛起的希望与憧憬。

隐姓埋名，献身戈壁

归国的程开甲最初并没有确定在一个方向上钻研，他就像一块砖头，哪里需要就往哪里搬，十年间更换了多个专业领域。看到国外核力量崛起之后，我国的核事业发展也逐渐提上了日程，人们意识到中国也需要核武器来抵御国外的军事威胁。

这种级别的军事研究属于国家机密，一旦加入，就必须隐姓埋名，做到绝对保密。随着一纸命令，程开甲加入了中国核武器研究的队伍，前往十分艰苦的罗布泊地区。

之所以将研究基地定在罗布泊，一是因为核试验危险系数极高，那里离城市很远，保障了人民群众的安全；二是因为核试验的机密性极强，对于土地面积的需求也很大，所以这片荒无人烟的戈壁滩刚好合适。但罗布泊适合做试验，并不代表它也适合人类生存，那可是一大片没有田地、没有水源的无人区，早晚温差也很大。

程开甲和做核试验的工作人员们没有一句怨言，就算是喝雨水、啃野菜、住帐篷，他们也咬牙坚持着。在这种艰苦的环境下，程开甲专心钻研，废寝忘食。有一次，他因为想突破一个重要的探测技术，连续几天都工作到凌晨两三点。

“记得吃饭啊”，这句话成了工作人员对程开甲说得最多的话。他们把放在他桌上的饭菜来来回回热了好几次，可程开甲都不记得吃，后勤人员怕程开甲的身体坚持不住，便洗了两个苹果在凌晨时刻拿到了他的帐篷里。

“吃个苹果补充补充能量，可不能一点儿都不吃啊。”后勤人员对程开甲关心道。

程开甲用左手接过了苹果，却还是目不转睛地盯着桌上的数据，右手拿着笔在纸上涂涂画画不停地计算着。第二天清晨，人们看到程开甲和衣而睡，嘴里竟然还叼着那个只啃了几口的苹果。由于当地风沙很大，苹果上都落了一层黄沙。

除了脚踏实地一心只为工作的奉献精神，

程开甲还具有不畏艰险勇往直前的奋斗精神。每次遇到了困难、危险、艰苦的工作，他总是第一个主动请缨，就连最危险的核爆中心，他都去过好几次！

说到核爆中心，就不得不提到它的“三高一险”。刚爆炸完时，中心的压力和温度都非常高，并且与普通火药爆炸不同的是，核试验的物理作用还会产生很多放射性物质，这种物质对人类健康影响非常大。“三高一险”中的那一险是指爆心周围随时有坍塌的危险，只要遇到塌方，程开甲便再也回不来了。可他没有一丝胆怯，总是抱着“不入虎穴焉得虎子”的信念穿上简单的防护服就去收集数据。

在这样艰苦的环境中，程开甲在荒漠中一待就是 20 多年。这 20 多年的青春岁月，他全部奉献给了戈壁滩，奉献给了核事业，奉献给了国家，他也因此成了名副其实的“核司令”。值得欣慰的是，在中国第一颗原子弹爆炸成功之后，程开甲带领团队继续进行的氢弹和人造卫星等领域的研究也大获成功。

“有一种最可靠的安全，那就是让敌人知难而退。”程开甲斩钉截铁地说。在他看来，这就是中国要造核武器的原因，也是他自己愿意隐姓埋名，奋斗终生的原因。

离开戈壁滩之时，程开甲依依不舍，这片土地承载了他的青春，也承载了他为国为民的赤子之心。有人问他：“你放弃了高薪的工作，放弃了专业性的物理研究，从国外回来，来到这不毛之地，做着最危险的事，会后悔吗？”程开甲只是笑了笑，然后摇了摇头说：“当然不会后悔，我这辈子最大的幸福，就是自己所做的一切都和祖国紧紧联系在了一起。”

朴实无华是程开甲的自画像，淡泊名利是程开甲的代言词，他总是用最简单的语言去诠释自己波澜壮阔的一生，他是最美的“逆行者”。程开甲用自己的所作所为为中国赢得了世界的尊重，国家当然也不会忘却把一生都奉献给祖国的他。从 1985 年开始，程开甲多次受到表彰，前后获得了“两弹一星功勋奖章”“八一勋章”“人民科学家”国家荣誉称号等多项荣誉。

晚年的程开甲依旧不忘对我国的武器事业作出贡献，他与自己的女儿一起合作著书，完成了《超导机理：双带理论还是成对理论》一书，这本书对我国后来的武器装备发展起到了关键性的作用。

2018 年，程开甲逝世，享年 100 岁。虽然他已经离我们而去，可人民永远不会忘记他。他只是换了一种方式陪伴我们——化作一颗闪亮的星星，挂在天空中，为我们照亮之后的道路。

于漪——为孩子们点亮心中明灯

老师是我们身边最亲切和最熟悉的人，但你知道吗？老师也是闪闪发光的明星！

有这样一个人，她的名字和教育紧紧地联系在一起；她的一生都在三尺讲台上度过；她上了近2000节语文公开课，还在工作之余写下了400多万字的论文专著。在20世纪的中国教育史上，她是教师们的榜样，她就是于漪。

每个人的一生都在努力用行动书写属于自

己的美丽篇章，于漪老师所写的这篇题目叫作《教师》。她踏踏实实地将精力和热情全部奉献给了三尺讲台，把自己的生命融入了一个又一个孩子的生命之中，用行动践行了自己的座右铭：一辈子做老师，一辈子学做老师。

于漪获得的荣誉数不胜数：上海市杨浦高级中学的名誉校长、特级语文教师，“最美奋斗者”、“改革先锋”和“全国三八红旗手”。为什么她能获得这么多的殊荣？她究竟是一位什么样的老师？就让我们一起走近这位一线课堂里生长的“人民教育家”吧！

爱国之心铸就师魂

1929 年 2 月 7 日，于漪出生在江苏镇江一个并不富裕的家庭。1937 年，日本侵略者的铁蹄长驱直入，使得整个镇江被战火笼罩，危在旦夕。

那时的于漪还在上小学，她永远无法忘记自己在学校的最后一个下午。那天，日本飞机投掷的燃烧弹点燃了学校旁边的一座车站。正在给于漪所在的班级上音乐课的老师被校长叫出了门。简单地和校长交谈了几句后，音乐老师眼泛泪光，眉头紧锁地走进了教室。

“同学们，这可能是我们的最后一堂课了。”音乐老师失落地说。

班里瞬间乱作一团：

“为什么？”

“老师，我还想继续上课！”

“不要啊老师，我们舍不得离开学校。”

有些同学茫然无措，有些同学伤心地哭了起来。

“校长说，咱们江苏镇江薛家巷小学就要解散了，我也很舍不得大家。”音乐老师用手擦了擦眼中的泪水，又重新振作了起来，“这最后一节课，我决定教大家唱《苏武牧羊》！”

孩子们点了点头，一句一句地跟着老师学了起来。

“苏武留胡节不辱，雪地又冰天，苦忍十九年，渴饮血，饥吞毡，牧羊北海边……”这首歌的曲调温柔敦厚，节奏缓慢，但音乐老师打着节拍，一边唱，一边逐句解释着歌词的含义，他的眼中氤氲着泪水，声音中夹杂着哭腔。七八岁的孩子们都被此情此景深深感染，泪眼蒙眬。

这是于漪第一次对“祖国”有了特殊的情感，当“气节”“亡国奴”这些字眼进入于漪心中时，她好像一瞬间成长了许多。这首歌从此成了于漪生命的一部分，年轻老师眼含泪水教唱的情形不时在于漪的脑海中环绕，她的爱国思想就此萌生。

炮火连天、硝烟弥漫的战争岁月一直持续了很多年，于漪在这期间不畏艰险，辗转求学，考入了镇江中学继续学习。学生们在这里吃不饱，穿不暖，就连每天上课的教室也会因为要躲避战火常常更换，无论是物质条件还是求学环境都极其艰苦。

在这样的环境下，于漪和同学们却没有一个人退缩。越是如此，他们越能体会到老师的良苦用心。他们求知若渴，珍惜老师每一次的悉心教导，逐渐在心中燃起了一个明确而又坚定的目标——解救饱受苦难的民族于水深火热之中。

“你们求学是为了什么？为的是努力进取，

把物质生活的贫乏、艰难踩在脚下，追求精神生活的充实与欢乐！”老师激昂的话语震撼着同学们，他们将此话深深地铭刻在了心中。

“一切为民族！”这是镇江中学的校训，掷地铿锵，铸就了于漪的精神底色。1947 年，18 岁的于漪考入了上海的复旦大学教育系，她决心将自己的前途命运与祖国的前途命运紧密结合在一起。

大学给予于漪坚实的学识基础，这和教授们严谨治学的品格是分不开的。回想起自己的小学、中学和大学，于漪觉得自己幸运极了，因为有太多的孩子在战争的影响下被迫辍学。于漪很感谢那些教过她的老师，每一位都尽心尽力，无私奉献。她成了教师以后，也一直怀揣着感恩的心投入工作。

经历了那样艰难困苦、颠沛流离的生活后，

于漪对于自己从事的教师行业更加珍视，她也更清楚地认识到：百废待兴的中国人民，尤其是青年学生，需要能带领他们走出困境，实现梦想的好教师。于漪将自己的全部才情与汗水都奉献给了钟爱的教育事业，奉献给了自己热爱的学生和国家。

“热爱祖国，首先要积极投入祖国建设，热爱自己的专业，刻苦钻研，以身相许。”68 年来，于漪是这么说的，也是这么做的。

寻找语文教学的大门

1959 年，已经当了 7 年历史老师的于漪突然被推上了语文教学的岗位。她内心十分忐忑，她从复旦大学教育系毕业后就一直在教历史，积累的都是与历史教学相关的心得，编写的两本小册子也都是历史课的。这个突然的改变让她措手不及。

在一次语文课的试讲结束后，于漪得到了传统国学底蕴深厚的徐振民老师的指点。徐老师指出了几个她上课的优点后，严肃地点评道："于漪，其实你还不知道语文教学的大门在哪里呢。"这句评价令于漪万分惭愧。回到家后，她仔细研读着语文课本，突然回想起了自己的学生时代，那节令她印象深刻的语文课。

"今天我们要学习的是《陈情表》，大家先打开课本自己朗读几遍。"老师的话音刚落，于漪和同学们便齐声地朗读了起来。

"臣密言：臣以险衅，夙遭闵凶。生孩六月，慈父见背；行年四岁，舅夺母志……"文言文对于漪来说一直都是一个难点，虽说读起来朗朗上口，可是想要参透其中的含义还是有难度的。

“对于‘茕茕孑立’大家是怎么理解呢？”老师问道。

“茕”这个生僻字在别的课文里从来没有出现过，同学们摇了摇头，摸不着头脑。

“大家看，‘茕’字的最下面是一竖。这一竖是什么意思？其实它象征着人直立的姿态，所以这里的‘茕茕孑立’也就意味着生活孤单无依无靠，但贫贱不能移。这是一竖而不是一撇，正直秉正，同时也是做人最基本的准则。”老师向大家细致地讲解道。

上完了这堂课，于漪深深体会到了文章中的情感，既对作者李密的不幸遭遇感到同情，也被他侍奉祖母的大义所感动。于漪第一次体会到，原来文言文中还隐藏着这么多她从未发觉的精彩之处，原来语文课是这么生动有趣。

回过神来的于漪豁然开朗，她的脑海中有了新的授课思路，那就是从中国传统文化以及中国优秀的传统品德入手去教。那时起，于漪便树立了一个目标：让学生们深刻地体会到文学的美好和语言的力量。

每一堂语文课前，于漪都会花非常多的时间去备课。她会将自己需要教授的内容一句一句地写出来，然后用规范的书面语言去替换，再背下来，以此来改善自己不够规范的口头语言。每节课结束之后，她也会写上一篇教学笔记，总结自己在课堂中出现的问题，归纳出改正的方法。

语文教学的要诀究竟在哪里，于漪一生都在寻找。从宿舍到教室的那段路，她走了一年又一年，眼前的忙碌人潮和喧嚣场景早已是熟悉的风景，可走在路上的她，脑海中却像放电影般上演着课堂上的一幕又一幕。

在后来的教学生涯里，“怎么讲这篇课文？如何开头，又如何结尾？”是于漪在每堂课前都要思考的问题，她想把每一篇课文都讲得生动有趣，让同学们在轻松的状态下认真学习。“我入门了没有？所有内容我有没有弄清楚？怎样做才能对得起学生？”于漪常常反躬自省，她时时刻刻都用最高的标准去要求自己，因为她不仅是一名语文老师，更是一名灵魂工程师，需要教导学生们“如何做人”。这个信念成了于漪教育历程中的内驱动力，同时也成了她夙兴夜寐苦苦寻觅的明灯。

1978 年，中华大地百废待兴，改革开放拉开帷幕。于漪的教学实录磁带横空出世后，如同久旱甘霖一般引起了中国教育界的关注。

教学实录磁带是于漪根据自己多年的语文

教学经验总结而成，里面可谓干货满满。不仅如此，她还用口述的方式完成了《中学语文教学探索》《中学语文备课手册》等多部著作。这些书籍和录像带是于漪20多年来不停思索和探究的语文教学实录，也是教育界沉甸甸的宝贵财富。

截至20世纪80年代，中国教育界尚未有人系统地研究过教师学，于漪便将这个课题放在了心中，她沉下心来，不断地系统总结，归纳整理，完成了《现代教师自我发展丛书》和《现代教师学概论》两部基于中国国情的教师学著作。《现代教师学概论》是中国第一部研究现代教师学的理论著作，教育部十分重视，将它作为全国教师教育培训的教材。

随着于漪的教师学书籍在中国的广泛传播，大家对这位在上海教书的语文老师非常崇敬，上海电视台还特地邀请于漪做一次语文公开课的直播，由此可见教育部对她的重视程度。

虽然于漪在学校常为全市的语文教师上公开课，展示自己的教学方式，但在电视台直播还是第一次。不仅她感到压力重重，就连被选中要参与公开课的学生们也十分紧张，他们从未想过自己有一天能够登上电视屏幕。

开课前一天，同学们既开心又兴奋，女孩们找出了自己最漂亮的衣服，男孩们特地向自己的哥哥、爸爸借来了衬衫和小西服，他们都想把自己最美好的一面展现在镜头前。

随着导演的一声开始，同学们纷纷正襟危坐，紧张到连大气都不敢喘。于漪走上了讲台，对着大家微微一笑。那一笑就像春日里的阳光般温暖，驱散了同学们内心的紧张。

于漪在这节语文公开课上选择的课文是高尔基的《海燕》。这篇著名的散文诗写于 1905 年俄国革命前夕，文中诗化的语言、鲜明的形象深深感染着课堂上的学生，也在他们心里烙下了难以磨灭的印痕。

课堂上，于漪将课文从字、词到句子进行细致分析，让同学们沉浸在了文字的优美中。不知不觉，大家越来越放松，踊跃地与于漪老师交流起来。海燕冲出暴风雨，精神上获得解放的狂喜之情感染着电视机前观看直播的每一位观众。师生们那充满激情的声音，像闪电一般，沿着电波，穿越大街小巷，激活了城市。

这场直播引起了广泛的关注，人们坐在电视机前，亲眼看看这位传说中的优秀语文教师的风采。公开课结束后，与教育有关的业内人士全都在谈论于漪和她的《海燕》。

于漪用一堂近乎完美的语文课成了教育界的“明星”，她自己也没有想到，一些学生毕业后竟然能把十几年甚至几十年前她在课上说的话都背下来。这对于漪来说就是学生对老师最好的肯定。

从课的含金量到人的精神引领，于漪努力保证每节课都有耐人寻味的亮点，经得起听，让不同层面的学生都能有满足感和收获。一位青年教师从1976年起就开始听于漪老师的课，她发现，于老师在3000多节语文课中从没讲过任何重复的内容，哪怕是同样的一篇课文讲第二遍、第三遍，也不会相同。

在于漪心中，老师的课不仅仅体现在课堂上，更应走到学生内心深处。“教育”一词对于漪来说，就是“培养学生，从一个自然人培养成为一个社会合格公民”。她认为教育是有鲜明的时代特征的，要充分符合当代学生的成长需要。

于漪经常勉励青年教师，孩子是国家的未

来，教师重任在肩，要用正能量教育他们，让他们成为有“中国心”的现代文明人，绝对不是“思想的矮子、解题的机器、分数的奴隶”。

“用中国文化的基本精神滴灌孩子的生命之魂，让他们有一个健康的人生，长成后为国服务，为民造福，这就是我们教师的人生意义和价值。”于漪如是说。

点燃自己，照亮别人

很多人说老师就像蜡烛，总是燃烧自己，照亮别人，于漪就是这样一位无私奉献的老师。在她眼里，基础教育是没有选择性的，因为教育是爱的事业，只要是生长在中国这片土地上的孩子，作为老师的她都有责任尽心尽力把他们教好，因为“教师要善待每一个孩子”。

家访的时候，于漪看到有的孩子家庭困难，便将自己的积蓄用在了学生身上，尽力承担生活用品、学习用品的费用，甚至帮助解决学生家里的困难。在于漪心中，每一个孩子都是国家的宝贝、家庭的宝贝，她要对这些“宝贝”负责。

“学生身上的事，都是教师心上的事，学生都是我的儿女。所以，师爱超越亲子之爱。不管校长也好，年轻教师也好，顶顶重要的就是要有高尚的情怀。”于漪说。

2002 年，于漪退休了。虽然离开了一线讲台，但她仍然心系教育事业，把自己的晚年时光奉献给了一批又一批青年教师。如今 93 岁高龄的于漪，仍在为培养优秀的青年教师而奔忙着……

于漪把语文教学看作她一生的事业，把教育看作她生命中最重要的事。她一个肩膀挑着学生的现在，一个肩膀挑着民族的未来。已经融入她血肉的教育，早就已经是她生命里再也割舍不下的部分。

回溯往昔，于漪有诸多感慨，从受业于师到授业于人，她始终心存感激："老师使我从无知到有知，从知之甚少到知之渐多，所以我就想，做一个老师是一件了不起的事。它可以使很多学生，从不懂得做人的道理到懂得做人的道理，从无知到有知，所以我这一辈子最崇高的目标，就是做一名合格的、优秀的教师。"

有多少人许诺过用一辈子的时间去热爱一件事，又有多少人真的愿意为了自己的信念竭尽一生，做到极致。于漪的伟大刻在了每一位教师的心中，她点燃了自己，照亮了所有人。这就是"人民教育家"的独特魅力！

卫兴华
——桃李芬芳，逐梦与光

1925 年，在山西省五台县的一个农民家中，卫兴华出生了。此时的他，还不叫“卫兴华”，家人为他取的乳名叫“玉童”。等他上小学时，老师给他取了一个非常“富贵”的名字：卫显贵！

“显贵显贵，达官显贵，显得自己很富贵。”这个名字好！卫兴华想，现在日子这么贫苦，老师是希望自己将来能够拥有荣华富贵。

可就在他读中学时，抗日战争爆发了。日本侵略军在中国的领土上肆虐，小小年纪的卫兴华亲眼看到了日军惨无人道的暴行，留下了痛苦的童年阴影。于是，他决定把自己的名字改成“卫兴华”：立志抗击日寇、振兴中华。

对于卫兴华来说，国家的复兴远远大于个人的富贵，跟“显贵”相比，“兴华”才是自己一生的志向！

1946年，卫兴华参加了党的地下工作，并于1947年正式入党。在革命工作中，他不幸被捕入狱。

在狱中，敌人对他进行逼问，但革命思想在卫兴华心中根深蒂固，中国共产党的革命精神在卫兴华血液里沸腾，他的内心坚决不动摇，始终严守党的秘密，没有暴露身份。卫兴华坚信，自己的命运是与党和国家的命运联系在一起的。曾经有人问他，你是怎么在敌人的严刑拷打下，还能坚持下来，死守党的秘密的？

卫兴华平静地说：“我相信共产党，相信马克思主义，我对国家的未来充满信心。”

献身于党，做发展的中坚力量

1949 年 10 月 1 日，毛主席宣布：“中华人民共和国中央人民政府今天成立了！”

此时，卫兴华流下了激动的泪水。天安门广场上是一片红旗的海洋，人们兴奋地呐喊欢呼：终于等来了这一天！可卫兴华心里却感慨万千：自己最珍视的那群人永远都看不到这盛世场面了，他的师长、同学、战友……他们中有很多人都在革命过程中英勇牺牲了。卫兴华发誓，要将自己奉献给党和国家的事业，替逝去的人好好活着，带着他们的遗愿，在建设国家的道路上大步向前。

“对马克思主义的信仰是我最大的人生动力。”卫兴华说，“所以我不能从个人角度考虑问题，而要从国家和人民利益得失的角度考虑。共产党本是追求真理、为人民谋福利的，即使一时犯了错误，也一定能够改正。我相信这一点。”

1950年，中国人民大学成立政治经济学教研室，苏联专家要培养研究生，卫兴华被挑中，成为人民大学的首届研究生。在读研究生之前，卫兴华连“政治经济学”这个词都没有听说过，但他没有选择放弃，依然坚定地迎难而上。

“虽然苦读书、读书苦，但当自己弄懂把握了博大精深的马列主义的基本理论和方法并获得成绩时，又会有苦中有甜、苦中有乐的收获感。”事实证明，卫兴华用自己的行动，实现了个人理想抱负。

2019年9月17日，国家主席习近平签署主席令，授予卫兴华“人民教育家”国家荣誉称号。

这位在中国人民大学任教的荣誉一级教授，长期从事《资本论》研究，为马克思主义政治经济学中国化作出重要贡献。2013年6月，他获得与诺贝尔经济学奖相对应的世界马克思经济学奖，以奖励其为经济学发展和人类进步作出的卓越贡献。

在众多荣誉称号中，“教师”的身份则是卫兴华最为珍视的。

作为一名人民教师，卫兴华教授长期坚持在教学科研第一线，荣获国家级教学成果一等奖，国家教委优秀教材一等奖，教育部第一、二、三届人文社会科学优秀成果二、三等奖，北京市哲学社会科学优秀成果一、二等奖等。

教书育人，做人民的经济学家

在卫兴华看来，“教书育人”这项工作，最重要的是“育人”。

“做学问，是一种实打实的事，需要付出辛勤的劳动，一步一个脚印地前进，来不得半点虚假，没有取巧的捷径。”卫兴华不仅传授学生基础知识，更希望学生能养成独立思考的能力，培养严谨的学风和治学态度。

他的学生，同样是经济学家的洪银兴还记得：“不唯上、不唯书，不唯风、不唯众，只唯实，敢于和善于独立思考、探索真理。他叮嘱我们，不能做‘风派理论家’。”

卫兴华常说：“要善于独立思考，肯于独立

思考，敢于独立思考，要服从真理。”

卫兴华还鼓励学生发表自己的观点，即使和别人的想法不一样，也要勇敢表达。因为只有在争辩交锋中才能进行思想碰撞。“争论是有必要的。经济学的发展、理论的发展是不怕交锋的。有时候真理就是在交锋中迸发出火花的。”卫兴华说。

尽管研究的是经济学，卫兴华却对个人收入很不在意。他回忆起这样一件事：“比如外面请我们出去讲学、作报告，我从来不讲价钱。他们问需要多少报酬，我说我不讲这个。一次他们通过经济学院的行政人员请我，问卫老师报酬该给多少。我对学院行政人员说千万别跟人家讲价钱，可以对他们说‘卫老师从来不讲这个，给不给都可以’。”

2015 年，卫兴华获得“吴玉章终身成就奖”，被奖励100万元的奖金。卫兴华毫不犹豫地将奖金全部无偿捐赠出来，用于支持马克思主义政治经济学的教学研究、人才培养及优秀成果奖励。

有学生在赠予卫兴华的一副词匾里这样写道：“倾一腔热血，携两袖清风，默默以育人为乐；招八方弟子，探九州方圆，时时凭真诚敬业。”

谈到自己对青年学生的希冀，卫兴华这样说：“人总要朴素一点，学风也要朴素一点，不能夸夸其谈……学生应该有正确的人生观、价值观，应该在行动上更多地考虑弱势群体的利益，更多地考虑国家的利益、人民的利益，为他们做一些工作，为他们服务。我们在行动时，应该时时有这样一个信念：怎么把我们国家的经济工作搞得更好，怎么使我们的民族更加强盛……”

卫兴华一直都有个愿望：“‘为学当如金字塔，要能博大要能高’。我希望我的学生能够成为人民的经济学家，成为人民拥护的经济学家，替老百姓、替劳动人民说话的经济学家。中国还没有世界级的经济学大师、泰斗，希望中国出这样的大家。”

高铭暄
——愿为法理定春秋

有了法律，才能更好地维护社会的秩序，使社会向更好的方向发展。明辨是非，维护正义，这正是法律的目标与意义。

在我国，刑法是唯一规定了犯罪和对犯罪惩罚措施的部门法，是最严厉的法律。

有这样一位教授，他已然90岁有余，头发都全白了。可谈起自己站在三尺讲台上的光辉岁月，回忆起新中国成立以来的刑法发展，他却俨然像一位精神抖擞的青年人，眼睛里闪烁着热情的光芒。

他就是高铭暄教授。作为新中国刑法学的主要奠基者和开拓者，高铭暄是唯一一个全程参与新中国第一部刑法制定的成员，也是中国刑法学专业第一位博士研究生导师，为中国刑法学的科学研究与人才培养作出了重大贡献。

学法律的梦想

1928 年 5 月 24 日，浙江省玉环县的一个小渔村里，一声清澈的婴儿啼哭声打破了村庄的宁静——高铭暄来到了这个世界。

高铭暄的父亲在上海的特区法院担任书记官，叔叔也在法院工作，高铭暄可以说是出生在“法律世家”。家庭成员从事法律相关工作，对高铭暄影响很大，年幼的他在心里埋下一颗小小的梦想种子。

1947年高中毕业后，浙江大学、武汉大学、复旦大学这三所院校同时向成绩优异的高铭暄递来了橄榄枝。在那个年代，大学生都是通过了严格选拔的优秀人才，上大学是一件非常了不起的事情。高铭暄不仅顺利通过了考试，还同时被三所顶尖大学录取，一家人都为他骄傲。

在专业的选择上，高铭暄毫不犹豫地选择了法学，他也想要成为父亲那样用法律为人民带来公平正义的人。最终，高铭暄选择了浙江大学，就读于浙江大学法学院。

当时的浙江大学因为聘请不到刑法学教授，时任校长竺可桢函请武汉大学周鲠生校长的许可，亲自登门邀请武汉大学法律系的系主任李浩培教授来给自己学校的学生上课。

李浩培教授是中国当代著名的国际法学家，撰述了多部法律著作，是当时业内德高望重的法学专家。在浙江大学校长的邀请下，李浩培只身前往浙江，担任新组建的浙江大学法学院院长。

一听有大学者来讲课，高铭暄求知若渴。他一头扎进李教授的课堂，不仅课上认真听讲做笔记，下课了还要追着李教授刨根问底。

高铭暄对李浩培教授讲授的刑法学产生极大的学习兴趣，他深感刑法学里面的学问之深厚，自己在课堂上学到的知识只不过是沧海一粟，还应该在课余时间更努力、更下功夫，去更广阔的知识海洋中汲取更多营养。

可是，事情往往不遂人愿。1949 年 9 月，浙江大学法学院被迫停办并撤销，这也是全校唯一一个被撤销的学院。一时间，法学院的学生们都难受极了，难道学业就要这么半途而废了吗？当时的高铭暄即将进入大学三年级，法学院如果被撤销了，他就只能面临转系或者退学。他身边的同学有的转入了别的系，有的放弃了学业，直接参加了工作。

“父亲一直希望我能子承父业，自小就教导我多读一些法律书籍，我的一生从此打下了法律烙印。”高铭暄想到父亲要求自己无论如何都要念完大学，决定留在学校里。可是自己从小就下定决心要学法律，留下来又能转到什么系呢？

当时，有很多同学都转去了最热门的外语系。高铭暄想来想去，还是觉得外语系不适合自己，毕竟，自己一直以来的梦想是读法律。

看到自己心爱的学生陷入纠结痛苦中，李浩培教授十分难受，他找到高铭暄，提议他们一起去向上级反映情况，毕竟作为法学院的院长，他也不愿意看到自己的辛苦付出就这样付诸东流。

“咱们能不能去反映一下？法律总是要的，新中国成立以后也不能没有法律呀！旧的法律不学了，新的法律、新的政策我们也是可以学的。我们不学旧的，但要学新的，因此法学院也还是需要的。”李浩培鼓励高铭暄不要放弃对法律的热爱，即使眼前有很大困难和阻碍，但只要坚强地挺过去，未来一定会是一片光明。

在李浩培的带领下，高铭暄和学生代表们来到了上级领导面前，说出了自己的心声和期望。可惜的是，上级的命令已经下达，撤销法学院的指令必须执行。同学们都像泄了气的气球一样，怏怏不乐。

“放弃吧。”人群中有人说道。

没有人接话，可在大家心中，都有了各自

的答案。

那之后，身边的同学都考虑好了自己的归宿，只有高铭暄仍执着地想要继续学法律。李浩培被高铭暄的坚持打动了，见他学习法律的愿望如此强烈，便给他出主意——帮他转学到北京大学。听到这话，高铭暄激动得眼泪都要掉下来了。对于高铭暄来说，李浩培不仅仅是一位恩师，更是他求学道路上的一盏启明灯，为高铭暄带来了人生转折的机会。

当时的北京已是全国的政治中心。北京大学法律系的系主任费青教授是著名的国际法专家，也是社会学家费孝通的哥哥，还是李浩培教授的大学同学。在李浩培的介绍下，费青同意接收转学过来的高铭暄。含着感激与不舍的热泪告别恩师和家人，1949 年 9 月 16 日，高铭暄启程去往北京，继续他的法律求学之路。

一生难忘的经历

高铭暄才到北京不足半个月，就作为北京大学的学生代表，参加了1949年10月1日的开国大典。

北京大学是全国顶尖的学府，北大学生参加各种庆典的时候，都是站在天安门广场比较重要的位置。作为刚转学过来的北京大学法律系的学生就被安排参加开国庆典，高铭暄感到无比自豪和骄傲。

10月1日天还没亮，高铭暄就和学校代表团一起，早早来到了天安门广场。此时，天安门广场人声鼎沸，红旗飘扬，时不时传来阵阵呐喊声。各个阶级的代表都举着红旗，从四面八方赶来，只为了见证这一历史性的时刻。

下午三点整，会场上爆发出一阵排山倒海的掌声，毛泽东主席登上主席台。一时间，人群安静下来，目光一齐投向主席台。毛泽东主席庄严宣布："中华人民共和国中央人民政府今天成立了！"

高铭暄虽然站得离天安门城楼很远，看不清城楼上的人，但毛主席洪亮的声音通过广场上的大喇叭传来，字字句句都听得清楚。这庄严的宣告，这雄伟的声音，使全国人民都欢呼雀跃起来。高铭暄激动无比，这表明中国人民从此站起来了，而自己已经是新中国的公民了！

人群中响起雷鸣般的掌声，大家都热烈鼓掌欢呼，高铭暄也激动地拍红了手掌。

"参加开国大典是我一生的荣幸，新中国成立了，我们作为群众的一分子接受中央领导人的检阅，感到无比光荣，无比自豪，更留下了深刻的印象。我是多么幸福啊！”高铭暄在心里暗自下定决心，“中华人民共和国成立了，从今天起我就是中华人民共和国的公民了，我将来一定要为国家出力！”

为国家出力的机会很快就来了。

参与制定新中国第一部刑法

1954 年 9 月，第一届全国人民代表大会第一次会议通过了第一部《中华人民共和国宪法》和 5 个组织法。

“新中国成立后，刑法扮演重要角色，但那时的刑法还不系统，仅有《惩治贪污条例》《妨害国家货币治罪暂行条例》等几个单行刑法，规定的犯罪面也非常有限，办理刑事案件仍然主要依靠‘惩办与宽大相结合’的刑事政策。”高铭暄说。

那时候，党和政府已经注意到起草制定一部刑法典的重要性和必要性了。1954 年 10 月，全国人大决定启动刑法起草工作。

从北大毕业后，高铭暄又被保送到了中国人民大学读研，并留校任教。此时，刚在中国人民大学法律系留校任教不久的高铭暄接到通知，他被抽调到刑法起草小组，和其他 20 多人一起开始我国第一部刑法的起草工作。虽然工作小组有 20 多人，但只有高铭暄是学刑法学出身的专业科班生。工作组运转期间，起草小组的负责人发现，组内大部分人甚至包括几位负责人在内都缺乏刑法的基础理论知识，这使得立法工作开展得并不顺利。

为了给大家快速“充电”，弥补刑法方面的

知识不足，负责人让科班出身的高铭暄给大家上课，讲一讲刑法学的基础理论。一开始，高铭暄还不好意思接受这个重任，毕竟在自己面前的都是资历深的老前辈，自己只是个刚毕业不久的毛小子，怎么敢在前辈面前班门弄斧呢？可想到当下最重要的任务就是刑法立法。在大局面前，高铭暄只能接受任务，认真准备给大家上基础课。虽然在课程方面，高铭暄是大家的“小老师”，可在平日工作中，高铭暄可一点儿都不敢马虎。他想着自己“学历上有优势，但年龄小、资历浅，在那些走南闯北的老干部面前，要尽自己所能地埋头苦干”。

“一方面要借鉴，一方面还要自己总结经验，作为刑法起草的参考。”高铭暄和小组成员一起，大量收集国内外刑法相关资料，光是新中国成立以来的刑事审判材料就有 1 万多份。那些来自外国的刑法典中的法规条例本就晦涩难懂，在被翻译成中文后，更是难以理解。可就是在这样的学术环境下，高铭暄夜以继日地努力工作，一边学习前人留下的知识宝库，一边总结出符合新中国国情的法文条例。

从 1954 年到 1979 年，历时 25 年，起草小组共拟出 38 稿刑法草案，而高铭暄是唯一自始至终参与的学者。1979 年 7 月 1 日，《中华人民共和国刑法》在人民大会堂表决通过。会场掌声雷动，高铭暄激动地说："我们的辛苦没有白费，中国终于拥有了自己的刑法典，刑事诉讼终于有法可依了！"

回想过去的 25 年，高铭暄说："在立法过程中，我已记不清提出过多少立法意见和建议，搜集和整理过多少参考资料，对每一个刑法条文做过多少次的草拟、修订和完善。"

作为见证和参与新中国第一部刑法起草工作全过程的唯一学者，高铭暄将那25年的笔记加以整理，撰写了《中华人民共和国刑法的孕育诞生和发展完善》一书，翔实记述了新中国第一部刑法典从起草到颁行的艰辛历程。书里的每字每句，甚至每个标点符号，都饱含着高铭暄的心血付出和追求法治的梦想。

“我只是有股傻劲儿，认准了刑法学，就执着地追求，专业思想自始至终从未动摇。”高铭暄在追求梦想的道路上从未停下脚步。此后数十年间，他仍坚持在一线工作岗位上：参与修订《中华人民共和国刑法》，并在中国法学会、中国刑法学研究会、国际刑法学协会等机构担任重要职务，从事大量与法律相关的社会工作，但最令他珍视和热爱的工作，还是作为一名普通的人民教师。

中国刑法学专业第一位博士研究生导师

高铭暄常说："我就是一名普通教师，既然选择了教书育人，就矢志不渝。"

1951 年，高铭暄被保送到中国人民大学读研究生。研究生毕业后，他选择留校任教。直到今天，他已经从教 60 余年，培养博士生 60 余名，为我国法学界培育了一大批优秀人才。作为我国刑法学专业的第一位博士研究生导师，高铭暄结束了新中国不能自己培养刑法学博士的历史。

"无论社会活动如何繁忙，我都坚持在教学第一线。我认为，教学是老师的神圣职责。"自 1953 年在中国人民大学法律系（现为法学院）任教以来，研究立法、教书育人即是高铭暄生活的全部。

对自己的学生，高铭暄十分严格，他提出“三严”“四能”“五结合”的博士生培养模式：“三严”是指对学生严格要求、严格管理、严格训练，“四能”是指培养学生的读书能力、翻译能力、研究能力、写作能力，“五结合”即要求学生做到学习与科研相结合、理论与实践相结合、全面掌握与重点深入相结合、研究中国与借鉴外国相结合、个人钻研与集体讨论相结合。

“从 1953 年到现在，我都在课堂上教书。我喜欢上课，我要把我的所学所思毫无保留地教给一批又一批的孩子们，希望他们了解刑法、热爱刑法学，并通过他们影响更多的人。”正是因为高铭暄对学术的严谨态度、对学生的严厉要求，他教出来的许多学生也已成为当今刑法学界的重量级学者。

2019 年 9 月，在北京人民大会堂，91 岁的高铭暄被授予“人民教育家”国家荣誉称号。面对这至高荣誉，这位著名法学家和法学教育家说：“这是党和国家给我的恩典，我感到幸福和光荣。这要归功于我们伟大的祖国、伟大的党和一直帮助支持我的中国人民大学及师生。是党和国家培养了我、教育了我、支持了我、帮助了我，使我由一名不谙世事的青年学生逐步进入法学殿堂，成为一名法学教师。党和国家肯定了我的业绩，授予我最高荣誉称号。党和国家对我的恩情比山高、比海深，我永远铭记在心。”

“我要把自己的余生持续地奉献在为人民服务的岗位上，绝不辜负党和国家对我的恩情和期望。”即使已是耄耋之年，高铭暄仍积极热情地投身于国家事业中，将自己的一生奉献给人民和国家。

王蒙
——始终跃动“少年布尔什维克”初心

有这样一位作家，他既是中国当代主流文学思潮的引领人物，同时也是中国当代文坛的一面明镜。他不仅见证了中国当代文学的发展之路，更是与新中国一同成长。这位作家创作出了近百部能够呼应时代、横跨中国文学史各个时期的精彩文学作品。他的作品不仅被翻译成了二十多种语言在各国发行，还获奖无数。

这名作家叫作王蒙。你可能不知道，除了

作家身份，他同时还是中共第十二届、十三届中央委员，第八、九、十届全国政协常委以及原文化部部长。无论是从政还是从文，他都能游刃有余地驾驭，使自己的事业发展与新中国行进的脚步紧紧相连。

王蒙在 2019 年成了新中国成立以来唯一一位由党和国家领导人授予“人民艺术家”荣誉称号的作家。下面，就让我们一起走进他的故事，去看看他是如何推动了中国文学事业的繁荣和中国特色社会主义文化事业的发展。

踏上创作的旅程

1934 年 10 月，中央红军踏上了漫长又艰苦的长征之路，也正是在那个月的 15 日，王蒙出生了。他出生于北平，也就是现在的北京市。

法国小说《茶花女》中的主人公名叫阿芒，所以热爱读书的王蒙父亲便选择了“蒙”这个谐音作为他的名字。王蒙家可以说是书香门第，爸爸毕业于北京大学，妈妈也在北京的一所小学里当过老师，王蒙从小就受到了父母的熏陶，十分喜欢读书与写作。

但王蒙的创作旅程并不是从小时候就开始了。你在13岁时可能还坐在教室里认真学习，与朋友们谈笑风生；可王蒙在13岁时，便一边唱着冼星海的歌一边加入了地下党组织，为中国共产党奉献自己。从那时起，他便以一名“少年布尔什维克”的身份开始参加革命活动。

作出参加地下党工作的决定可不是一件容易的事情。这份工作危机重重，稍有差池便会危及生命，用自己的生命去冒险并不是一个普通青少年能够作出的选择。但王蒙在后来回忆时说，他从小到大都有一种特殊的感觉，那就是这一辈子都是在小事上犹豫、掂量、爱推敲甚至是自相矛盾，但大的事情上他总是能够凭借直觉，敢于作出决定。

正是王蒙的果断与坚定使得他能够在还差5天才满14岁时，就被党组织破例接收，成了一名中共党员。从那时起，王蒙的一生便与党、国家和人民的命运紧紧联系在了一起。加入了中国共产党后，王蒙一刻也没有停歇。他在新中国成立之后，便成了一名共青团干部，为自己身边的同学起到了带头作用。

王蒙也曾经设想过自己将来会从事什么职业，但兜兜转转，他最终选择了成为一名作家，他说："新中国成立对我的意义非常大。那时，完全进入了一个新的时代和世界，我亲眼看见旧中国和旧社会是怎样分崩离析的，到处是危机，百姓没办法活下去。”

王蒙迫切地想要把自己所见的、所想的、所经历的全部记录下来，在他心中，那些对历史和生活新鲜的感受需要用文字才能够将它们永久保存。于是，王蒙在 19 岁那年创作出了他的第一部长篇小说《青春万岁》。

《青春万岁》这部小说将 20 世纪 50 年代初期北京女七中高三女生热情洋溢的青春生活用一种高昂的革命乐观主义精神向读者展现了出来，刻画了一批成长于新旧交替时代的青年人特有的精神风貌。王蒙笔下的那些女生，对待生活的态度积极乐观，有理想、有热情，用青春的金线和幸福的璎珞编织出了属于她们的璀璨人生。王蒙在小说中采用了色彩鲜明的对比衬托的手法，表现了不同社会制度下人物的命运，同时也歌颂了青春的力量。

这部长篇小说不仅在1983年被上海电影制片厂拍成了电影，搬上了大银幕，更是在2020年4月被列入了《教育部基础教育课程教材发展中心 中小学生阅读指导目录（2020年版）》，可见它的影响力之大。

1956年，王蒙在《人民文学》上发表了自己新创作的短篇小说《组织部来了个年轻人》。这部小说站在组织部新来的年轻人林震的角度，以处理麻袋厂党支部的问题为中心展开了故事讲述。在小说中，塑造了林震、刘世吾等建设时期的知识分子形象，是较早反映社会主义制度下的人民内部矛盾、揭露官僚主义的文学作品。

由于视角独特，选材犀利，小说发表之后引起了极大的关注。年仅22岁的王蒙没想到，自己的一部小说竟引起了如此大的社会浪潮。其实，这正是因为他在思想上体现出的理想和追求、热情与真诚，在艺术境界上所表现出来的单纯和明净、透亮和晶莹打动了无数读者的心。

可好景不长，有人指控王蒙的这部小说对官僚主义的描写歪曲了现实，1958年，王蒙被划为了“右派”，1963年又被派往新疆伊犁工作。

对于自己遭受到的一些不公正待遇，王蒙仍然充满信心，他相信事情早晚会水落石出。“当然我本人也乐观，我为什么要悲观呢？我觉得人生中碰到什么事情都有可能。”王蒙说。

王蒙在新疆一待就是16年。这16年里，他学会了维吾尔语，当过生产大队的副大队长，还与当地人同吃同睡，同劳动共歌舞。在新疆，王蒙并没有因为被打成“右派”而失落，他将生活与人民当作自己的创作源泉，一直源源不断地坚持创作。

王蒙在新疆与维吾尔族人民结下了深厚的友谊。他说，自己在新疆时期最为得意的一件事是很快就学会了维吾尔语。对于不同的民族、不同的语言、不同的文化、不同的习惯、不同的生活方式，王蒙非常有兴趣，他觉得“和你各个方面习惯一样的可以成为朋友，但是跟你不一样的，你可以对他非常感兴趣。”

基于此，王蒙创作了《这边风景》这部 70 万字的小说。他在 1974 年开始动笔，1978 年完成初稿，却在 2013 年才修订出版。值得一提的是，这本书在 2015 年荣获了茅盾文学奖。

这本小说以新疆农村为背景，从公社粮食盗窃案入笔，用层层剥开的悬念和西域独特的风土人情，为读者饱满生动地展现了辽阔大地上多民族共同生活的日常图景，同时也反映了汉族和维吾尔族在特殊历史背景下的真实生活，以及两族人民的相互理解与关爱。

《这边风景》出版以后，王蒙说：“离开新疆多年了，但我对新疆的写作和回忆从没停止过。各民族之间需要爱、理解和沟通相维系，换句话说，需要一种精神层面的混凝土。我把《这边风景》和《在伊犁》等以新疆为背景的系列作品视为自己对新疆的回报。我希望通过自己的写作，为民族间的了解与团结尽一点微薄之力。”

“这是历史真实的年轮和节疤，但穿越岁月而依然常绿的是生活，是人，是爱与信任，是细节，是倾吐，是世界，是鲜活的生命。”——茅盾文学奖授奖词这样说道。很显然，如果没有在新疆16年的生活经历，王蒙也就无法写出如此独具风格的作品。

新疆有幸拥有王蒙。通过王蒙的妙笔，人们知道了远在边疆的维吾尔族农民的智慧、幽默和令人感动的人情味儿。而在新疆的那些年，也充实了王蒙的人生，丰富了他的写作空间。

1979年，王蒙终于回到了北京，而王蒙的“右派”问题也得到了彻底的纠正。没有限制的王蒙在创作上如同一匹脱缰的野马，开始大量地创作与发表作品，仅仅在1980年就发表了短篇小说《蝴蝶》《海之梦》《风筝飘带》《说客盈门》《春之声》。其中，《春之声》还获得了该年度全国优秀短篇小说奖。

可以说，王蒙在每一部作品里都留下了新中国成长的痕迹，他的经历也打上了厚重的历史烙印。王蒙当过生产队队长，也担任过原文化部部长，每一份工作他都能很好地胜任。

在任文化部部长期间，他做了一件现在看起来十分不起眼的事情——开放歌舞厅。当时正处于改革开放初期，所有的改革都需要打破重重的束缚，王蒙的这一决定不仅往人民的生活中注入了热情，还让人们学会如何去感受生活，享受生活。

在卸任文化部部长后，王蒙便开始专心于写作，创作出《恋爱的季节》《尴尬风流》《我的人生哲学》《青狐》《半生多事》《大块文章》《九命七羊》等优秀文学作品。

进入21世纪之后，王蒙不但写小说，还转向了对传统文化的研究与解读。王蒙出版的相关作品有《老子的帮助》《庄子的快活》《庄子的享受》《与庄共舞：人生的自救之道》《王蒙执论》《闷与狂》《天下归仁》《文化掂量》《奇葩奇葩处处哀》《游刃有余——王蒙谈老庄》《得民心者得天下——王蒙说孟子》《王蒙谈文化自信》《中国天机》《中华玄机》《赠给未来的人生哲学——王蒙池田大作对谈》《争鸣传统——王蒙赵士林对谈录》《王蒙妙语录》等。

王蒙也始终重视中华传统文化的传承与普及。2017 年 10 月，人民出版社出版了《王蒙谈文化自信》一书，引起了社会关注，足以见得新世纪以来，王蒙在研究解读诸子百家方面的持续发力以及传承和发展中国优秀传统文化的自信与自觉。

王蒙总说“有写不尽的东西”“对大事小事都感兴趣”。王蒙为什么有如此旺盛的创作力呢？想必是缘于他对生活的热爱、对国家的热爱以及对所有事物的认真思索。

源于热爱

距离北京二百多公里，有一处舒爽宜人的度假胜地——北戴河。那儿有徐徐的海风和纯净的大海。对于年轻人来说，北戴河是可以放松旅游甚至是拍婚纱照度蜜月的地方；而对于已经年过八十的王蒙来说，北戴河是他每年都要去的创作圣地，而且他已经坚持了十几年了。

年近90的王蒙，精力旺盛，笔耕不辍，他坚持游泳、写作、追剧，还保持着六块腹肌，即使当年在新疆时，他一有空儿也会去郊区游泳。年过八旬的他，仍然坚持着这项爱好。每年夏天，王蒙都要去北戴河游个痛快。他说，我不追星，但是我追海；我不是粉丝，而是海带。在接受记者采访时，他说：“我现在给自己定的运动目标是每天走7000步，每周游两次泳。”

“游泳”一直维系着王蒙对待生活的热情，而对待写作的热情则源于王蒙心中的一个信念：

学习和创作是他一直以来需要不断突破并且用一辈子去实践的事，所以才有了他“我希望能多写一点，一直写下去”的感人话语。

2014年，《王蒙文集》由人民文学出版社出版。文集共45卷本，足足1600万字。在近70年的文学创作历程中，王蒙创作了1800多万字的文学作品，出版了近百部小说、散文、诗歌和学术著作等，作品被译成了20多种语言在国外出版。

为什么要写作？王蒙用一生解答了这个问题。

在王蒙看来，新中国的历史经验、光辉成绩和痛苦探索无与伦比。但这样的时代，应该留下文学代表的杰出作品、经典，应该有更多深刻的作品出现，有成就更大的作家出现，有对这段历史的更多的咀嚼、消化、记忆和加工出现。他一直都相信会有这样更好的作品和作家。这也是他写作的理由：记录历史浪潮中的成长与感受。

2019年，王蒙连续发表题材、写法截然不同的四部中短篇小说：《生死恋》《邮事》《地中海幻想曲》《美丽的帽子》，被文学界惊呼为“中国当代作家持久写作的不二标杆”。而其中，对时代细致入微的观察，浓郁的家国情怀，“王蒙式”的语言风格、叙事魅力和文体探索意识一如既往地贯穿其中。

王蒙在获得“人民艺术家”国家荣誉称号并接受中外媒体联合采访时说：“新中国的成立、发展、建设是我一生的经历，也是创作的主题，我是见证者也是参与者。新中国的命运也是我的命运，她的辉煌成绩我分享了，她的曲折和坎坷我也有经验。”

最后，将王蒙先生《青春万岁》这首诗分享给大家，让我们一起在诗中体会王蒙先生对待生活的饱满热情，感受他在中国当代文学走向现代的过程中所起到的重要推动作用，以及他的文学作品中所拥有的经典、深刻、永恒的价值。

青春万岁

王蒙

所有的日子，所有的日子都来吧，
让我们编织你们，用青春的金线，
和幸福的璎珞，编织你们。

有那小船上的歌笑，
月下校园的欢舞，

细雨蒙蒙里踏青，初雪的早晨行军，
还有热烈的争论，跃动的、温暖的心……

是转眼过去的日子，
也是充满遐想的日子，
纷纷的心愿迷离，像春天的雨，
我们有时间，有力量，有燃烧的信念，
我们渴望生活，渴望在天上飞。

是单纯的日子，也是多变的日子，
浩大的世界，样样叫我们好奇，
从来都兴高采烈，从来不淡漠，
眼泪，欢笑，深思，全是第一次。
所有的日子都去吧，都去吧，
在生活中我快乐地向前，
多沉重的担子，我不会发软，

多严峻的战斗，我不会丢脸，
有一天，擦完了枪，
擦完了机器，擦完了汗，
我想念你们，招呼你们，
并且怀着骄傲，注视你们！

秦怡
——中国银幕不老的“青春之歌”

有这样一位演员，她在银幕上经历着丰富多彩的人生：有时是正气凛然、冲锋陷阵、视死如归的女革命者，有时是自强不息、坚忍刚毅、智慧豁达的新时代女性，有时是体贴入微、含辛茹苦、任劳任怨的慈爱母亲，有时又是温文尔雅、端庄秀美、勤劳朴实的孝顺女儿。对待演员这个职业，她有一种属于自己的执着与认真；对待生活与逆境，她也从不轻言放弃，总是用一颗坚强豁达的心去迎接苦难、克服苦难。她是一位值得尊重的“人民艺术家”。她就是——秦怡。

秦怡的美，不仅来自她秀美大气的外表，更出于她不屈不挠、坚忍不拔的心灵。作为一名演员，无论是什么角色，她都会反复思考琢磨，把最接近于角色本身的状态呈现在大银幕上；而作为一名女性，无论生活中遇到怎样的困难，她都永远保持乐观，做正向又积极的自己。下面就让我们一起走进秦怡的故事，去了解这位跨越了两个世纪的“中国最优秀的演员”。

与“演员”结缘

1922 年 1 月 31 日，秦怡出生在一个封建的大家庭里，排行老六。家中的长辈深受封建思想的影响，时时刻刻都想束缚女儿们的行为举止。但秦怡的几个姐姐怀着强烈的爱国之心，从始至终都想冲破家庭的束缚，投身新时代。所以，当秦怡到了上学的年龄时，她的大姐不顾家里的反对，硬是将她送进了洋学堂读书。

在那里，秦怡第一次感受到了新时代的洗礼，无论是课内还是课外，有太多她从未接触过的新鲜事物。课堂上，不仅能学到书本里的知识，还能接触到芭蕾、话剧、外语等丰富多彩的课程；读书时，不仅能放声高歌，还能尽情舞蹈，完全不用在意他人的眼光。

对于之前在深深庭院里大门不出的大家闺秀秦怡来说，这里开阔了她的眼界，解放了她的天性。秦怡从小天生丽质，聪颖可爱，喜欢唱歌跳舞，上学后的她也渐渐喜欢上了表演，在读书期间就参与了话剧《放下你的鞭子》的演出，收获了许多人的赞许。

当时很多在学校教书的老师，都是参加过革命的前辈。年仅 12 岁的秦怡从老师们那里受到了进步思想的影响，在与老师日积月累的相处中，她的心里扎下了一颗爱国爱民的种子。

“九一八”事变后，抗日战争爆发，中国人全民激奋，爱国之情风起云涌，达到了高潮。14 岁的秦怡瞒着家里的长辈，义无反顾地加入了学校的红十字会。在这里，她一刻也没有停息，为不畏生死的前线战士缝纫背包、棉鞋等抗战物资，坚毅勇敢地奔赴前线担任战地护士。看到战士们生活很苦，吃穿都没有保证，心情低落，她就为战士们高歌一曲《大刀向鬼子们的头上砍去》，战士们听后，士气瞬间得到了鼓舞。

秦怡在抗日战争期间多次参与了抗战广播剧的演出，她的斗志和勇敢行为得到了周围人的一致肯定。她不仅带动了身边的许多女同学加入，还成了男同学们的榜样。可也正是因为影响深远，秦怡的英勇之举渐渐传入了她父母的耳中。他们得知秦怡做了如此危险的事情，立刻将秦怡软禁在家中，不允许她踏出家门一步。

每天看着家里石库门式的楼房，还有永远看不到边际的高墙，完全不知道外面究竟是何种情形了。秦怡坐不住了，她下定决心，决定逃出这个家，奔赴抗日前线！

就这样，16 岁的秦怡找机会从家中逃出，到武汉参加了抗日救亡的宣传活动。“我是逃出来的，一声不响，没有跟家里人讲。天亮 4 点钟的时候，我拎着一个小包就出来了。我就是一直想到前线去，等我们抗战胜利的时候，我就会回来的。”秦怡和自己当时的朋友说。

满腔热血的秦怡不知道等待她的并不是炙

热的枪林弹雨，而是残酷的饥饿、困顿和迷失。秦怡在年龄较大的同志的带领下连夜走水路辗转到重庆。原本她还想从重庆去到延安，为抗日贡献自己的一份力量，可因为年龄太小，举目无亲，出来时带的钱也不多，所以尝试了几次都未能如愿。

那时的秦怡深刻地意识到，自己已经不再是那个义无反顾的莽撞少女了，她只有先扛起自己的生活，才能在之后有资格肩负民族的命运。眼看带的钱所剩无几了，秦怡只好在重庆先找了份刻蜡纸的工作，勉强度日。虽说这份工作工资不高，只能勉强维持生计，但秦怡还是会省吃俭用，存点钱偶尔去影院看上一场电影或话剧。也正因如此，秦怡机缘巧合地接触到了她曾经可望而不可即的殿堂。

那天，秦怡和往常一样来到影院看话剧，

恰巧遇见了应云卫和史东山两位导演。他们一看到气质出众、落落大方、漂亮清纯的秦怡，就觉得她是一个当演员的好料子，于是立马上前，与刚看完电影准备离去的秦怡攀谈。

“嘿！你来做演员好不好？”导演问。

那时的秦怡还不知道演戏的那个职业就是演员，只好天真地问导演：“演员是什么？是做什么工作的？”

“你刚才看戏，那些在台上演戏的就是演员。”导演向秦怡解释道。

一开始秦怡婉拒了两位导演的邀约，但在朋友的热情劝说下，她同意加入中国电影制片厂，成为一名实习演员。就这样，秦怡正式开始了陪伴了她一生的艺术道路。

天才是 1% 的天赋加上 99% 的汗水，这句话在秦怡身上体现得淋漓尽致。秦怡在出演的第一部话剧《中国万岁》中，虽然只有一句台词，但是她十分珍惜这次演出机会，把这仅有的一句台词练习了成百上千次。功夫不负有心人，秦怡的努力没有白费，就因为这简单的一句台词，她惊艳了在场的所有观众。

从那以后，秦怡得到的演出机会越来越多。她先是参与了《好丈夫》的电影拍摄，后又在重庆、成都等地演出了《大地回春》《茶花女》等20余部话剧。

由于秦怡的外貌与演技都十分出众，没过多久，她便以青春靓丽的形象、精彩绝伦的表演赢得了广大观众的喜爱。不仅如此，她还和白杨、舒绣文、张瑞芳一起被称作重庆话剧舞台上的“四大名旦”，成了家喻户晓的演员。

抗日战争胜利后，秦怡重返上海，继续在自己的演员道路上发光发亮。她不仅在《遥远的爱》《母亲》等电影中扮演了重要角色。更是在1949年新中国成立以后加入上海电影制片厂。在“文艺为工农兵服务”的精神激励下，秦怡潜心创作，塑造了一大批生动的银幕人物形象：《女篮五号》中的林洁、《青春之歌》中的林红、《铁道游击队》中的芳林嫂，等等。每一个人物角色都因为她的演绎而鲜活、生动，充满了魅力。

秦怡曾经这样形容过自己的演艺事业：“电影是我一生的追求，活得越老，追求越多。我始终觉得，无论是痛苦还是欢乐，我们总要以满腔激情去拥抱事业。表演就是我的事业，就像是我的一支永远唱不尽的歌。”

在那个年代，秦怡用自己精湛的演技征服了无数观众，成为最受欢迎的女演员之一，并当选为“新中国二十二大影星”、全国政协委员，荣获了“中国电影世纪奖最佳女演员奖”等一系列的殊荣，更是被周恩来总理称为“中国最美丽女性”。

很多人不知道的是，在新中国成立以前，秦怡还是编外的地下党员，秘密完成了一项鲜为人知的政治任务。她促使徐骏英将一架满载着物资，原本要从上海飞往台湾的运输机降落在了解放区济南。徐骏英的事迹广为流传，却没有人知道徐骏英是秦怡的影迷，没有她的建议与支持，徐骏英就不会作这样的勇敢决定。

纵使生活不易，依旧勇往直前

秦怡在银幕上饰演了多个温柔贤淑的中国女性，82 年的银幕生涯里，她饰演的角色大都有一个幸福美满的结局。生活中的她同样美丽而善良，可是她的一生，却不如她的演艺事业顺心顺利，到处充斥着荆棘与困难。1947 年，25 岁的秦怡与“电影皇帝”金焰在香港举行了隆重的婚礼。第二年，他们乖巧可爱的孩子便呱呱坠地，取名金捷。这段婚姻一度成为十分轰动的影坛佳话。

秦怡和金焰因为演戏排练十分繁忙，没有许多时间陪伴金捷，渐渐地，金捷变得越来越内向，常常一个人闷闷不乐地想心事。到初三时，金捷的行为越来越反常，经过医生检查，他被诊断为患有精神分裂症。得知孩子的病情后，秦怡难过地大哭起来，从那时起，身为母亲的她便踏上了照料、护理金捷的漫漫之路。除了按时给他服药，还要给他洗澡、换衣，照顾日常起居。

患有精神分裂症的金捷常常喜怒不定，想干什么就干什么，更严重的是他还有暴力倾向，有时会攻击秦怡。但秦怡总会忍下来，她觉得自己既然身为金捷的母亲，就应该尽母亲的责任去好好照顾他。

1978年，在秦怡到海南拍摄电影《海外赤子》的时候，因为不放心把金捷交给别人，就把他一起带去了海南。可谁知在海南期间，金捷的病情突然加重，在秦怡拍完戏后突然对她拳打脚踢。秦怡怕打坏脸影响拍戏，连忙抱着头弯下腰，对儿子说："你打哪儿都可以，别打脸就行，妈妈明天还要拍戏。"

每每金捷清醒后知道了自己的所作所为，心情郁闷，病情就会加重，所以秦怡始终劝他："不要紧的，打妈妈不要紧的。"身为母亲的秦怡十分伟大，那样的暴力袭击她不知遭受了多少次，但她从来都是默默地忍受。后来随着年龄的增长，金捷还患上了糖尿病，秦怡身上的负担更重了。除了日常演戏外，她每天还要给儿子注射胰岛素，帮他调节饮食，带着他锻炼身体，但秦怡从无怨言。

在秦怡无微不至的照料下，金捷的病情有了明显的好转。他不仅可以与正常人交流，还喜欢上了画画。

“他是我的儿子，作为母亲我必须给他加倍的爱。”秦怡曾不止一次这样说道。她博大的母爱感动了很多人，就连著名影星施瓦辛格都说：“秦怡是我崇拜的中国影星，她的演技精湛，同时更是一位伟大的母亲，为了生病的儿子，做了一位母亲能做的一切。”施瓦辛格曾经以2.5万美元的价格买下过金捷的作品，这不仅是对金捷的肯定，更是对秦怡这位伟大母亲的肯定。

空暇时，秦怡总会带着儿子采风踏青，欣

赏风景，儿子在河边画画，她就静静地看着儿子。就这样秦怡一直照顾了儿子 43 年，直到金捷 59 岁时，因病去世。

从某种意义上来说，秦怡的后半生似乎都是为了自己的儿子活着。她生过 4 次大病，患过脂肪瘤、甲状腺瘤，摘除了胆囊，前前后后上过 7 次手术台，每一次她都与死神擦肩而过，奇迹般地挺了过来，因为她身边还有那个需要照顾的儿子。儿子的离去令她痛苦万分，她整天茶饭不思，一想起朝夕相处了几十年的儿子就两眼蒙眬。

为了排忧解思，秦怡只好靠着电视分散注意力。一天她在电视中看到了山东潍坊的一个孤儿院里的 22 岁男孩，因患骨髓瘤生命垂危，他在弥留之际决定把自己的眼角膜捐给需要的人，将筹集来的善款全都留给孤儿院其他的孩子，让他们过年买新衣服。看完了这段新闻，秦怡陷入了沉思。她意识到，现在社会上还有很多像金捷这样的孩子生活得非常困难，需要帮助，她应该尽快地走出丧子之痛，力所能及地为社会上需要帮助的孩子们做些事情，帮助他们健康成长。

于是，秦怡很快便振作了起来。她积极参与了世界特奥会执行委员会和上海市残联等单位举办的关爱残障儿童的公益宣传活动；还在汶川大地震发生后，捐出了 20 万元为灾区孩子重建学校。这 20 万元对于年迈的她来说绝非小数目，几乎算得上她全部的积蓄，但她如此无私的奉献，令很多人敬佩不已。

在新中国成立 70 周年之际，秦怡被授予了“人民艺术家”国家荣誉称号。当时秦怡由于身体原因无法到达现场，但白发苍苍的她依旧手握着五星红旗看着电视。现场照片中的她虽然看起来消瘦了很多，但美丽端庄的样貌似乎能让人忘记她的年龄。

2022年5月9日，秦怡逝世，走完了整整100年的光影人生路。作为中国电影史的见证者和耕耘者，她用作品温暖了无数观众的内心。她的一生虽然曲折，却让我们看到了一朵铿锵玫瑰。秦怡对待生活淡然又宽容，宁可独自承受无尽的苦楚；对待演艺事业，认真执着，塑造出了一个又一个生动鲜活的银幕人物。有人说秦怡很美，美在她的外表，还有人说美在她的内心。她用一生的时光诠释了中国女演员最美的修养，也诠释了中国女性最了不起的责任与担当！

郭兰英
——永远为人民歌唱

“一条大河波浪宽，风吹稻花香两岸，我家就在岸上住……”《我的祖国》这首歌一响起，很多人都能跟着哼唱起来。它脍炙人口、温婉动听的旋律成了几代人共同的回忆。

曾经还有人做过这样一个调查：哪一首歌你听了会热泪盈眶？排名第一的就是它。歌曲中传达出的真挚情感打动着每一个中国人，那种对祖国、对家乡、对人民的热爱之情拨动着人们的心弦。

2020 年春节联欢晚会的舞台上，有一位 90 岁高龄的慈祥老人，她将白发染成了红色，并且梳得十分认真，虽然步伐缓慢，却精神抖擞。这位老人与其他几位歌唱家联袂演唱了这首《我的祖国》，引得海内外众多观众拍手叫好，连连喝彩。这首歌曲也将整个春节联欢晚会的气氛推到了最高潮。

而这首歌曲的原唱就是这位眼神坚毅的老人，她叫郭兰英，是我国著名的女高音歌唱家、晋剧表演艺术家、歌剧表演艺术家和民族声乐教育家。她的歌声就像大江大河上掀起的阵阵波浪，一次次激荡着人们的内心；歌声中所传递的真挚情感又像温暖的阳光一般，洒在人们的思绪上。

年轻的时候，郭兰英曾塑造了《白毛女》中

的喜儿、《小二黑结婚》中的小芹等一个又一个光彩夺目的舞台艺术形象；她所演唱的《南泥湾》《八月十五月儿明》等歌曲，历经了半个多世纪依旧在传唱。

郭兰英用一生为中国民族歌剧表演和演唱艺术的发展作出了开拓性的贡献。在 2019 年 9 月 17 日的人民大会堂里，她被光荣地授予了“人民艺术家”国家荣誉称号。

如此骄人的成绩当然需要付出比普通人更多的努力。下面，就让我们一起走进郭兰英的故事，去体验她不一样的人生。

为了生活踏入戏班

没有人能一帆风顺，郭兰英也是如此。在她的人生中充满了波折，从她刚出生起，困难就一直伴随着她。

1929年那个寒冷的冬天，郭兰英出生在了山西平遥香乐乡的一户郭姓人家中。夫妻俩前5个孩子都是儿子，所以他们对这个来之不易的宝贝女儿非常喜爱，给她取名为“心爱”。可是由于孩子太多，家中又只有两亩地来维持生计，全家人经常吃了上顿就没下顿，从不知道吃饱饭是什么感觉。本以为心爱的出生会给这个家庭带来快乐和希望，可没想到的是，她的出生对这个贫穷的家庭来说却是雪上加霜，每个人脸上都蒙上了一层忧愁的阴影。

大家都知道，母亲生完孩子之后需要坐月子休息。这个阶段，补充营养对她们来说十分重要，一不注意就容易让她们患上“月子病”。可对于心爱的母亲来说，她哪里还能在乎这些！孩子都快没有饭吃了，她又能拿什么来补充营养呢。

坐月子期间，心爱的母亲每天只能拿一小把小米熬出米汤来，一日三餐就以这个为食。由于营养跟不上，母亲也没有奶水给心爱喝，不会说话的心爱饿得哇哇大哭。孩子哭，当母亲的自然心疼不已。听着女儿的哭声越来越虚弱，心爱的母亲只能跟着她一起流泪，却丝毫没有办法。

“要不你把她扔了吧，丢在外面总比死在怀里强啊。”有人建议道。

虽然心爱的父母十分不舍得，可是少一个人至少可以让活着的人多一分活下去的希望，于是她的父母便作出了这个甚至可以说是残酷的决定：将这个尚在襁褓中的婴儿丢掉，以此来减轻家中的负担。就这样，刚出生不久的心爱被父亲遗弃在了村外的野地里。

“什么？丢了？你再说一遍，他们把心爱丢了？”

心爱的姑姑刚刚经历了自家小孩夭折的打击，一听到这件事瞬间急了，“那么健康的一个孩子，他们把她丢哪儿了？村外？好，我这就去。”尽管当时已是冬天的夜里，可姑姑还是冒着严寒，连忙摸着黑跑到了村外，将奄奄一息的心爱捡了回来。

“你们不养，我养！”心疼孩子的姑姑将心爱收养在了自己家中，这一养就是 3 年。在看到郭家条件稍微有些改善之后，姑姑决定将心爱还给他们。

可是，郭家家庭条件的改善并没有维持很长时间，几乎才过了一年，家里的饭就又不够吃了。为了活着，母亲只好带着心爱出去要饭。幸福的童年到底是什么滋味，心爱一天都没有体验过。

每次母亲带着心爱出去要饭的时候，她的视线总是会被那些有钱人家的小孩所吸引。看到他们抱着《三字经》摇头晃脑地在街道上背诵，聪明伶俐的她听了几遍便也能跟着摇头晃脑地背诵出来。

街道上来来回回路过的行人很多，有的人贩子看这小姑娘十分聪颖，于是便去游说她的母亲："与其这样吃不起饭，不如把这个小孩卖掉。卖给一个好人家至少不会饿死，也比陪着你要饭强。"

心爱的母亲看着别家的小孩手里拿着糖果零食，想到心爱连小孩子喜欢的糖果究竟是什么味道都不知道，泪水便在她的眼眶中打转。

"我出 8 个小钱，把你的孩子买了，我再为她寻个好人家，你就放心吧。"人贩子再次劝说道。

母亲看了看孩子，心中有些动摇，可令她没想到的是，心爱竟抱着母亲的大腿大声地哭喊道："你已经扔过我一次了！别再把我扔了，妈妈，我就算饿死，也只想死在家里面。"

你完全无法想象，这声撕心裂肺的呐喊是一个不到6岁的小女孩吼出的。心疼又愧疚的母亲也被深深打动了，她将心爱一把搂进了怀里，紧紧抱住，边哭边说："不卖了，说什么我也不卖了，咱们回家！"

如果能够活下去，没有人会愿意一次又一次地把自己血浓于水的亲骨肉抛弃。人心都是肉做的，母亲对心爱十分愧疚，可还是无法改变家里养不起孩子的事实。

"听说太原有个戏班子，把孩子送到那儿去学唱戏吧，不仅有吃有喝，还有钱赚。"同乡看她们可怜便给心爱的母亲出主意。

母亲想到心爱要是真的学到了一身本事，对她今后也有帮助，至少有了本领去哪儿都能挣口饭吃，便听从了同乡的建议，把心爱送到了戏班子里去学唱戏。

那个年代的戏班子可与我们现在的戏剧学院不一样。那里没有学校，也没有制度，师父和师娘就是天，说什么就是什么，不仅有绝对的管理权还有绝对的控制权。他们会在接孩子的时候给父母 5 个铜子，意思就是先买下孩子 5 年的时间。这 5 年间孩子发生的所有事情将与他们无关，就算是被打死或是出了意外，父母也只能认命。

许多父母明知道这就是个霸王条款，可他们还是愿意去赌一赌，因为倘若孩子在这 5 年的时间里学有所成，就能出去自立门户赚钱生活。

心爱知道，这是她的救命稻草，她一定要抓牢，于是她接受了这个唯一能让她继续活下来的机会，加入了太原的戏班子。师父为她取名“郭兰英”，这个名字她一用就是一辈子。

希望很美好，但现实很残酷，戏班里的训练十分痛苦。为了练就扎实的童子功，早上5点，天还没亮，郭兰英和其他学徒就会被叫起来到空地上开嗓，喊到7点再回去练功。一年四季，一天不差。就算是无比寒冷的冬天，也不能偷懒。那刺骨的寒风夹杂着沙粒就像刀子一般刮在脸上，几乎和体罚差不多。

练习空翻的时候，只要动作做得不够标准，就会被师父用小鞭子抽打。那鞭子抽到手上，常常会皮开肉绽。跪搓衣板对他们来说已经算是最轻的责罚了。郭兰英和其他学徒个个都是提心吊胆的，生怕哪一点惹得师父不开心。因为不管他们是对是错，做得是好是坏，只要师父心情不好，那少不了一顿毒打。

在戏班里虽然是包吃包住，但也只能说是勉强饿不死。他们没有吃过一顿饱饭，每顿饭都是三个黑乎乎的窝窝头。郭兰英总是咬着牙对自己说："要想人前显贵，就要人后遭罪。"她知道只要自己熬出来，出了名，就可以离开戏班子。

吃得苦中苦，方为人上人。郭兰英坚持了下来，并且在严格的训练之下练就了一身好本事：踢腿、唱腔、拿顶、翻跟头，个个精通；青衣、花旦、刀马旦，样样在行。师父看到郭兰英基本功练得扎实，便决定让她跟着戏班子开始演出。

终于，郭兰英迎来了她人生中的曙光。

“开挂”的艺术生涯

1944 年夏天，师父接到了张家口的活儿，他觉得那场戏郭兰英适合出演，便带着她一同前往。到了那边以后，由于郭兰英是主角，师父便找人为她定制了一身全新的行头。扮上后的郭兰英十分漂亮，还没上场就受到了同行的夸奖。

郭兰英也没有辜负大家的期望，她咬字清晰，嗓音清亮，样貌端庄，表现得十分出色，引得台下的叫好声此起彼伏。一传十，十传百，大家都争相来看她的戏。

这一次演出大获成功，也成了郭兰英演出事业的转折点。她以自己出色的表现逐渐被人熟知，没过多久便成了方圆百里的“名角”。郭兰英做到了，她终于有机会摆脱戏班子出去自立门户了。不过，重获自由的郭兰英这一次选择了为国效力，她义无反顾地加入了解放军文工团。

郭兰英16岁时看过一场歌剧《白毛女》。《白毛女》站在一个备受旧社会压迫的女孩的角度讲述故事，它告诉观众，只有共产党的领导才能砸碎封建的枷锁。看完这场歌剧的郭兰英深受感触，下定决心以后要以自己的方式为共产党尽一份力，这也是郭兰英会选择加入解放军文工团的原因。

来到文工团的郭兰英一刻也没有闲下来，她一直在努力地学习、奋斗。以前她不识字，为了不让大家瞧不起，也为了能够跟得上身边的同事们，她便为自己量身定制了一套学习计划：每天要认写10个字。这个目标看似简单，坚持下来可不容易。通过不断地背诵默写，郭兰英慢慢将自己的文化水平提了上去。

1947年，郭兰英终于等到了一个竞争出演歌剧《白毛女》女主角“喜儿”的机会。不过这个角色可没有那么容易得到，与她一起竞争的还有当时的名角王昆和孟于，郭兰英当时只能算是第三人选。

为了这个角色，郭兰英开始夜以继日地排练。由于时间很紧，郭兰英便缩短了自己吃饭和睡觉的时间，一遍又一遍地在排练室踢腿、唱词。她将所有的曲调对白背得滚瓜烂熟，将每一个动作和表演牢记于心。

机会永远是留给有准备的人的。郭兰英的第一次上台表演就惊艳了在场的所有人。人们纷纷讶异，这个从未在台上见过的新面孔竟然比老演员演得还出彩流畅。郭兰英所出演的喜儿独特又动人，她用一种真挚的情感让观众入戏颇深。人们觉得她就是喜儿，是那个悲惨与不幸的喜儿。

郭兰英如愿以偿地演到了自己梦寐以求的角色。从那次以后，她的歌剧生涯就像开了挂一样一路向前。《窦娥冤》《刘胡兰》《春雷》《小二黑结婚》这一个又一个耳熟能详的歌剧里几乎都有郭兰英的身影。她所塑造的角色形象典型又生动，每一个都充满了个性与魅力，给观众留下了非常深刻的印象。

1956 年，郭兰英人生的另一个转折点到来了。沙蒙导演拍摄了一部叫《上甘岭》的电影，电影主要讲述了我国志愿军在抗美援朝的战场上奋勇杀敌的故事。导演为了这部电影特地找来了当时非常有名的作曲家刘炽与作词家乔羽为它创作主题曲。

歌曲《我的祖国》便这样诞生了。不过歌曲有了，歌手却一直没有合适的。当时请来的歌唱家中没有一个人的声音适合演绎这首歌曲，正当大家急得焦头烂额之时，乔羽建议道：“要不我们试试郭兰英？”

“她能唱这首歌吗？”有同事怀疑。

“放心吧，她绝对能唱。”原来，乔羽和郭兰英是朋友，他非常了解郭兰英的实力。

事实就是，郭兰英真的能唱。第二天来到剧组的郭兰英一亮嗓子，就惊呆了在场的所有人。这首歌就像是量身定制一般，与郭兰英互相成就，变成了传世经典。

这一次，郭兰英成了家喻户晓的歌唱家，她用自己激情澎湃的演唱歌颂了我们伟大的祖国与那些英勇奋战的志愿军。

可以说，郭兰英的一生就像一部电影。上

半部，由于贫困带来的苦难，以及在戏班里日日夜夜的痛苦训练，她经历了无数的艰辛；而下半部，上天眷顾这样一位历经磨难而心志不改的歌唱家，让她为国家和人民留下了许多无比珍贵的作品。

90多岁的郭兰英站在舞台上依旧光芒不减，即便嗓音已经沧桑，她那颗永远为人民歌唱的心却依旧如初，她是值得我们尊重的“人民艺术家”！

闪亮的名字

我们的榜样

葛 竞 著
徐福骞 绘

人民东方出版传媒
People's Oriental Publishing & Media
東方出版社
The Oriental Press

图书在版编目（CIP）数据

闪亮的名字．我们的榜样 / 葛竞 著；徐福骞 绘．—北京：东方出版社，2023.6
ISBN 978-7-5207-2818-8

Ⅰ．①闪… Ⅱ．①葛… ②徐… Ⅲ．①先进工作者—先进事迹—中国—现代—青少年读物 Ⅳ．① K820.7-49

中国版本图书馆 CIP 数据核字（2022）第 106929 号

闪亮的名字：我们的榜样
（SHANLIANG DE MINGZI: WOMEN DE BANGYANG）

作　　者：葛　竞
绘　　者：徐福骞
策 划 人：黄　娟
责任编辑：黄　娟　潘朵朵
特约编辑：余　莹　高　扬　宋伟杰　周艺婷　张冰洁　盛天南
责任审校：刘越难　赵鹏丽　金学勇
出　　版：东方出版社
发　　行：人民东方出版传媒有限公司
地　　址：北京市东城区朝阳门内大街 166 号
邮　　编：100010
印　　刷：北京联兴盛业印刷股份有限公司
版　　次：2023 年 6 月第 1 版
印　　次：2023 年 6 月第 1 次印刷
开　　本：787 毫米 ×1092 毫米　1/32
印　　张：23.75
字　　数：260 千字
书　　号：ISBN 978-7-5207-2818-8
定　　价：100.00 元（全 4 册）
发行电话：（010）85924663　85924644　85924641

编写说明

党的十八大以来，以习近平同志为核心的党中央高度重视功勋荣誉表彰工作。2015年12月，全国人大常委会颁布《中华人民共和国国家勋章和国家荣誉称号法》，其中规定：

国家勋章和国家荣誉称号为国家最高荣誉。

国家设立“共和国勋章”，授予在中国特色社会主义建设、保卫国家和国防建设中建立卓越功勋的杰出人士。

国家设立国家荣誉称号，授予在经济、社会、国防、外交、教育、科技、文化、卫生、体育等各领域作出重大贡献，享有崇高声誉的杰出人士。

2019年是中华人民共和国成立70周年，党中央决定，首次开展国家勋章和国家荣誉称号集中评选颁授，隆重表彰一批为新中国建设和发展作出杰出贡献的功勋模范人物，并号召全社会学习他们忠诚、执着、朴实的鲜明品格。

2019年9月29日上午10时，在人民大会堂举行的中华人民共和国国家勋章和国家荣誉称号颁授仪式上，中共中央总书记、国家主席、中央军委主席习近平向于敏等8位“共和国勋章”获得者，叶培建等28位国家荣誉称号获得者颁授勋章奖章。

2020年9月8日上午10时，全国抗击新冠肺炎疫情表彰大会在人民大会堂举行。会上宣读了由习近平签署的主席令，授予钟南山“共和国勋章”，授予张伯礼、张定宇、陈薇“人民英雄”国家荣誉称号，以表彰他们在抗击新

冠肺炎疫情斗争中作出的杰出贡献，弘扬他们忠诚、担当、奉献的崇高品质。

本套书根据9位“共和国勋章”获得者和31位国家荣誉称号获得者的生平经历和先进事迹撰写而成，旨在向广大青少年读者群体讲述这些闪亮的名字背后的动人故事，展现榜样人物真实的生活面貌和赤忱的家国情怀。

本套书共分为4册，依次为：《共和国的建设者》《人民的领航员》《我们的榜样》以及《我们的英雄》。

《共和国的建设者》以于敏、申纪兰、孙家栋、李延年、张富清、袁隆平、黄旭华、屠呦呦、钟南山等9位“共和国勋章”获得者为叙写对象，展现他们为建设祖国、卫护人民所作出的巨大贡献。

《人民的领航员》聚焦于“人民科学家”叶

培建、吴文俊、南仁东、顾方舟、程开甲，“人民教育家”于漪、卫兴华、高铭暄，以及“人民艺术家”王蒙、秦怡、郭兰英等11位国家荣誉称号获得者，描绘了他们在科学、教育、艺术领域发挥的模范引领作用和作出的突出贡献。

《我们的榜样》描述了“人民楷模”王文教、王有德、王启民、王继才、布茹玛汗·毛勒朵、朱彦夫、李保国、都贵玛、高德荣，“民族团结杰出贡献者”热地，“‘一国两制’杰出贡献者”董建华，“外交工作杰出贡献者”李道豫，以及“文物保护杰出贡献者”樊锦诗等13位国家荣誉称号获得者的先进事迹，彰显出他们恪守岗位职责的榜样力量和真诚服务人民的奉献精神。

《我们的英雄》讲述了7位“人民英雄”国家荣誉称号获得者的故事，他们分别是艾

热提·马木提、申亮亮、麦贤得、张超、张伯礼、张定宇、陈薇，展示了他们用热血谱写忠诚、以生命守护人民的英雄气概。

“崇尚英雄才会产生英雄”。我们此次面向青少年读者群体讲述闪亮的名字背后的平凡故事，即是希望青少年读者能在阅读过程中，同走榜样人物的成长生活之路，探寻他们身上优秀道德品质的建立历程，在心中激荡起爱国主义情怀，自然萌发对英雄人物的景仰与向往之情。

“争做英雄才能英雄辈出”。本套书在叙写人物时，选取的生平事迹真实可信，灌注其间的精神情感诚挚动人，所用文字表述贴近日常生活。我们希望青少年读者能够感到亲切真实，潜移默化地受到榜样力量的感染，见贤思齐，争做英雄，树立为中华民族伟大复兴贡献力量的崇高理想。

目录

王文教

——新中国羽毛球事业的“拓荒者”

傍晚，太阳快要落山了，余晖透过窗户照进房间。光线中，尘埃欢快地舞动着。在窗户旁的藤椅上，坐着一位正在休息的老人，微光也爬到了他的脸上。房间里很安静，只有均匀的呼吸声。你一定很好奇他是谁。

他就是我们要讲的主角——王文教。不一会儿，新华社的记者轻轻地推开了房门，叫醒了王老，开始了对他的采访。

“感谢祖国还惦记着我，这是我没有想到的，因为我年纪都大了，已经退休了，获得国家的认可我非常激动。前几天回到福建老家，乡亲们都说家里出了只‘金凤凰’。”王文教兴奋地向采访的记者述说着，弯成了月牙儿的眉眼，掩饰不住笑意。岁月悄悄溜走，却并没有带走他当年的神气，如今的他依然意气风发。

王文教原是我国国家羽毛球队总教练，曾经荣获国际羽联“终身成就奖”。在他任总教练期间，中国羽毛球队先后获得了 4 次汤姆斯杯团体赛冠军。汤姆斯杯是世界上最高水平的男子羽毛球团体比赛，由原国际羽联创办于 1948 年，每两年举办一次。

“这是属于中国羽毛球的荣耀，也是属于体育界的荣耀。作为一名国家羽毛球队的运动员，我为王指导所获得的荣誉深感骄傲与自豪。”中国羽坛"小天王"谌龙这样说。

毫不夸张地说，王文教就是中国羽毛球事业走向辉煌的奠基人，而"人民楷模"的国家荣誉称号正是对其几十年来心怀祖国、辛勤付出的最好褒奖。

如今的王文教虽然离开国家队一线多年，但他的爱国情怀、为国争光的精神，仍激励着中国羽毛球队年青一代向着中国体育新的辉煌前进！

让我们回溯时光，一起回到王文教年轻的时候，一睹他的羽毛球生涯的风采吧！

不平凡的中国之行

1933 年，随着一声啼哭，王文教出生在印度尼西亚。和其他小男孩一样，王文教小时候就很喜欢运动，他爱上了打羽毛球，且天赋极佳。因为运动器材简单易找，运动也只要一小块空地就能进行，所以每天放学，王文教都把打羽毛球作为自己的娱乐项目。

上学时，他一直都是体育场上的常胜将军，羽毛球是最能让他开心的运动！在比赛时，他从不服输，总是努力取胜。就这样打着打着，在1950年前后，他已经成了印度尼西亚羽毛球界的明星选手！为此，王文教还收到了一份特殊的邀请——在1953年的时候，年仅20岁的他作为印度尼西亚华侨青年体育观摩团的一员，来到中国参观并巡演。

随着飞机缓缓降落在新中国广阔的大地上，王文教的内心也越来越激动。他一路上哼着小曲儿，步履轻盈，掩饰不住内心的欢喜。他跟随着体育观摩团参加了在天津举办的全国四项球类运动会。

当时，王文教与全国冠军进行了一场友谊赛，结果却令人吃惊。两场比赛下来，比分分别是15 ：0、15 ：6，王文教大获全胜。而他心里除了高兴，更多的是对祖国羽毛球事业的担忧：祖国的羽毛球发展水平还需要提高啊！中国羽毛球竞技水平落后的状况让王文教深受触动，而对祖国的深厚情感也在冲击着这位海外游子的心。

运动会结束后，王文教又随团赴沈阳、上海等多地参观，看到全国上下热火朝天的建设景象，回归祖国的想法也悄悄地在他的心里生根、发芽。

勇敢的选择

回到印度尼西亚后，王文教心事重重，“离

开印度尼西亚”的想法一直在他的脑海之中徘徊。

到底回不回国呢？王文教在心里反复问自己。人生总是会遇见很多的岔路口，有时选择了一条路，就选择了自己一生的发展方向。

对当时只有20岁的王文教来说，作出这个选择又谈何容易！回国，不仅要放弃优渥的生活条件和已经取得的荣誉地位，还要与生活在印度尼西亚的亲人们分别。

“不行，我不允许你回去，你回去只会受苦。”王文教的妈妈说道，“你现在是印度尼西亚的体育明星，你要是回去了就不要认我这个母亲！”

“新中国跟旧中国已经不一样了，妈妈，我这一次随着观摩团一行到中国，我看到了一切都在往好的方向发展，我也想出一份力。我要走的是正道，不是歪门邪道，我要为国争光。”

王文教向母亲解释道，“妈，这次回去，我一定要开辟出一番新的天地。”

“你执意要回去，你就走吧！我就当没你这个儿子！有一天我死了，你不许哭，不许戴孝，不许回来看我。你走吧！”王文教的母亲含着泪说道。王文教蹲在母亲身旁，双手抓着母亲的手，无声地抽泣着。他的眼神望向母亲，又望向桌前供奉的妈祖，若有所思。

1954年，他瞒着印度尼西亚羽毛球队到移民厅办理了离境签证，与陈福寿等华侨青年一起准备回国。印度尼西亚方百般阻拦并放出狠话：“如果你们今天飞出了印度尼西亚，他日便无法再回印度尼西亚。”王文教毅然签下了“永不回印度尼西亚”的保证书，内心坚定地与搭档陈福寿等华侨青年一起踏上了归国的旅程。这个决定，不仅改变了王文教的命运，也让中国羽毛球迎来了加速发展的春天。

做好发展国羽事业的持久战

当时的中国百废待兴，一切事物都需要走上正轨，急切需要年轻的血液注入其中，让她焕发生机。而王文教和陈福寿等人回国，无疑是给我国体育事业、羽毛球赛事的发展注入一针“强心剂”，发挥了举足轻重的作用。

国家体委在中央体育学院（今北京体育大学）成立了羽毛球班，让王文教担任队长兼教练。

刚回国的那段时间，条件异常艰苦。与印度尼西亚相比，我国当时的训练条件真是捉襟见肘。物质匮乏让王文教有些不适应，但他并不畏惧。当时北京并没有适合羽毛球班训练的大块场地，王文教就带着训练队员们到天津基督教青年会的礼堂里训练。

当时，国内的物资仍然是按需分配，换取粮食需要粮票。随着训练强度逐渐增大，国内队伍提供的营养跟不上，王文教的腿部出现了浮肿。

当时，王文教刚回国，一共有6个月的试用期，这期间每月工资只有17块钱人民币，上交9块钱的伙食费后就只剩下8块钱。20多岁的运动员正是需要大量营养的时候，这些钱实在是不够。后面因为太困难，王文教把心爱的自行车也卖掉了。

但这些对王文教来说都不算什么，他时常对一起训练的队员们说：“年轻人有的是青春活力，这点困难算什么，运动员最重要的就是要有坚忍的意志和‘打不死’的精神！”远在印度尼西亚的妈妈知道了王文教在国内的情况之后，寄了许多食物和营养补剂给他。这些食物带着妈妈远方的思念，像一缕温柔的阳光，不断温暖着王文教的心田。王文教心想：“国羽事业的发展，一定会越来越好！”即便前路困难重重，也无法阻挡他振兴中国羽毛球事业的热情和决心。

1956 年 11 月，福建省率先成立了我国第一支省级羽毛球队。随后，各个省市犹如雨后春笋般相继建队，其中包括上海、广东、天津、湖南、湖北等。经过了两年的发展，1958 年中国羽毛球协会在武汉正式成立，此时全国已有 20 多个省、市成立羽毛球队。

当时，国内高举着“破除迷信，解放思想”的思想旗帜，王文教通过总结国内外羽毛球运动的经验教训和技术资料，再结合自己的运动实践，不断改进训练方法，逐步确立了中国羽毛球的技术风格。

既要训练队员、培训老师，又要自己上场参赛，王文教开始有点力不从心了，但他依然坚持了很长一段时间，直到伤病缠身，王文教才逐渐淡出比赛，专心当起了羽毛球教练。

其实，当教练难度更大，不仅自身要有过硬的技术支撑，还要有协调团队的领导力。王文教身体力行，培训队员的同时，还在培养各地新的羽毛球教练。除此之外，他仍坚持前往各个省队交流实践。正如他所说的：“运动员就要有坚韧不拔的精神，不要怕吃苦！”当时，福建羽毛球队率先在技术手法上进行了改变，而广东队则主要在步法上进行突破，这些都离不开王文教的交流指导。

1956 年，王文教与陈福寿等同舟共济的伙伴一起，提出了“快、狠、准、活”“以我为主、以快为主、以攻为主”“攻守结合，全面发展”的积极打法。

这可是打羽毛球的绝招儿！因为在羽毛球比赛中，如何正确地运用战术非常重要，战术运用得当，能牢牢地掌握场上的主动权，相反，错误的战术则会使自己处处被动，成为“待宰的羔羊”。当然，在双方技术水平悬殊的境况下，再合理的战术也无济于事，因此只有不断夯实基础才能建得了高楼大厦！

为了更好地总结经验，把最好的战术传授给更多的中国运动员，王文教决定写一本关于羽毛球战术的书。

经过了交流磨合，王文教和陈福寿合写了一本有关羽毛球训练的书，名字就叫作《羽毛球》。这本《羽毛球》成了各个省队训练的指导用书。

有了正确的指引，省队的实力不断提高。在此期间，全国性比赛也开始密集举行。由于王文教等人带回的先进打法和理念，运动员技战术水平有了明显提高。羽毛球运动犹如“星星之火”，得到了迅速推广和普及。

一切从零开始的中国羽毛球事业，同时也需要提高普通人对羽毛球的了解。王文教想了一个法子，一到周末，他就下工厂表演，从胯下、背后传球等动作由于新奇特别，像杂技团的表演一样，很快便激起了人们的兴趣。

人们都说：“这还挺有趣！我也要玩。”慢慢地，公园里打球的人越来越多，国内开始积淀起良好的羽毛球群众基础，大家纷纷参与这项运动锻炼身体。虽然下工厂表演需要占用王文教周末休息的时间，但王文教还是乐此不疲地宣传和推广羽毛球，为祖国的羽毛球事业添砖加瓦。在这样的不懈努力之下，中国逐步向羽毛球大国迈进。

中国新星崭露头角

1963年，首届亚洲新兴力量运动会在印度尼西亚举行，王文教带领中国羽毛球队参加比赛。再一次回到了熟悉的地方，他禁不住百感交集。

在激烈的角逐中，中国羽毛球队展现出了自己独特的技术风格：不打高远球，只打平高球。

什么是平高球呢？平高球是具有一定攻击性的球类打法，在击球的一刹那，小臂加速带动手腕向前上方挥动，向前用力。这样一来，球速特别快，会让对手措手不及！

这种带有进攻性的打法，让中国羽毛球队过关斩将，在多个项目中都顺利地进入了这次运动会的决赛。

比赛结束时，中国队取得了优异的成绩。这一次为国出征，收获的不仅仅是运动会奖牌，还有中国人重拾起来的信心。

1972 年初，王文教将国家队总教练的重担义无反顾地扛在了肩上。1982 年，他带领国家队征战第 12 届汤姆斯杯羽毛球赛。

他下定决心，这一次，一定要让全世界看到我们中国羽毛球的实力!

这是 1981 年中国加入国际羽联后首次参加该项赛事。汤姆斯杯比赛在当时采用的是 9 场 5 胜制，就是 5 场单人比赛加上 4 场双打比赛，分两天进行。中国队由王文教和侯加昌两位教练带领，队员有栾劲、韩健、陈昌杰、姚喜明、林江利、陈天龙、孙志安和陈跃。

走入赛场的中国队队员胸中燃烧着求胜的熊熊火焰，先后淘汰了一系列强敌，顺利地进入了决赛！只有赢下了这一场，中国羽毛球才算是真正地在世界上站起来了——他们要与卫冕冠军印度尼西亚羽毛球队对决！

这可是王文教最“熟悉”的对手印度尼西亚，也是一个最为强大的对手。中国队员既紧张又不安，王文教一边为大家鼓劲儿，一边督促队员训练。

印度尼西亚队的教练对中国队也特别重视，为了保住冠军，他们用尽了浑身解数，调兵遣将，把国内所有王牌都聚集在自己的队伍当中，包括当时的羽毛球“天王”林水镜和 32 岁的八届全英赛男单冠军梁海量。

比赛持续两天，一共 9 场比赛。第一个比赛日有4场比赛，中国男子羽毛球队以1∶3的比分落后于印度尼西亚男子羽毛球队。许多外国记者开始断言：印度尼西亚队胜利在握了！

印度尼西亚队也自信满满，教练和队员纷纷提前在汤姆斯杯奖杯前拍照合影。王文教和队员们站在远处，看着对手们的举动，不由得握紧了拳头。赛场周围的喧闹声在王文教耳边消失了，他心中反复想着：“不能妥协，不能害怕，不能输！这是我们最后的机会！”

第二天的比赛，在伦敦时间下午6点如期举行。赛场上人头攒动，座无虚席，观众们高喊着口号，为自己的球队加油鼓劲。

这场比赛至关重要，王文教压抑住自己紧张的心情，做了几个深呼吸，细心地把昨天和侯加昌一起制定的战术和策略跟队员们讲述了一遍。

赛前，中国队的教练和队员绕成一个圈，互相之间搭着手，大喊“中国队加油！”，这声音给每个人心中都注入了一股能量，那就是爱国热情带给每个人的精神力量。比赛如火如荼地进行，在王文教和侯加昌精心的战术指导之下，中国男子羽毛球队开始了自己的绝地反击。

首先是栾劲力克全英羽毛球赛冠军梁海量，来了一个开门红！紧接着，韩健乘胜追击，击败了印度尼西亚羽毛球队的“天皇巨星”林水镜！随后上场的陈昌杰乘胜追击打败了对方的庞戈。而在双打比赛中，孙志安和姚喜明迎战 1981 年全英男双冠军卡托诺和哈里扬托。经过了 3 局奋战，以 2 ∶ 1 获得了胜利。

真的成功了！中国男子羽毛球队绝地反击，获得了汤姆斯杯的冠军，首次在代表世界男子团体羽毛球最高荣誉的汤姆斯杯上刻上了中国队的名字。王文教和伙伴们相拥在一起，观众们拿着香槟酒与他们一同庆祝这值得铭记的时刻。这是汤姆斯杯多年以来水平最高、最扣人心弦的比赛之一，能在首日 1 ∶ 3 落后的情况下连扳 4 分，中国队创造了奇迹。

这就是背水一战，这就是永不放弃！这场胜利不是来自幸运女神的眷顾，而是来自中国人特有的坚强与韧性！

“当时的决赛，我们第一天 1 ∶ 3 落后印度尼西亚，第二天打他们 4 ∶ 1，总比分 5 ∶ 4 反败为胜。当时很自豪，感觉到我们能够为祖国争光，很不容易，而且当时是英国女王给我们颁奖，就觉得中国人非常了不起。”如今，回想当年场景的王文教这样说。

王文教回到国内后，仍然投身于羽毛球教学中。他执教 20 余载，培养出了一大批羽毛球优秀人才：杨阳、赵剑华、李永波、田秉毅……在其执教期内，中国羽毛球队一共获得56个单打世界冠军和9个团体世界冠军。

王文教的英勇表现和无私奉献让人敬佩，他的名字和功绩也将永远铭刻在共和国的丰碑上！

王有德
——生命不息，治沙不止

如果你看到一张祖国的卫星地图就会发现：西北内陆的毛乌素沙漠已经被绿色占据了主导，而黄色沙漠的部分仅仅零星散落其间！

若是不说，你们一定猜不到，40 年前，这里还是一眼望去看不见边际的荒芜沙漠。千年风沙将这片土地侵蚀成裸露的红色砂岩，别说是小树，就连低矮的小草都无法生存，动物们也被漫天的黄沙吓得不敢靠近。这里是一片令人恐惧的死寂。

沙漠边缘的小山村里，人人都被黄沙所困扰。这里本来就干旱少雨，每当黄沙肆虐时，稀缺的水源就会被污染。刮起的风会将沙子吹入房子的缝隙，村民们一觉醒来就发现连家门都被黄沙挡住了，根本无法出入！与沙共存是村子里的日常，年轻人大都背井离乡逃离这里，他们渴望外面蓝天白云、充满色彩的世界。

但现在，毛乌素沙漠大变样了！这里是拥有绵延植被的“塞上绿洲”，曾经让人们害怕的荒漠变成了保护内陆的绿色屏障。而这一治沙史上的奇迹，便是被授予“人民楷模”国家荣誉称号的治沙人王有德与沙漠抗争的成果！

是什么让王有德成为打败不可能的人呢？让我们一起回到曾经的那个荒漠边的小镇，走进他的童年时光吧！

沙漠“愚公”的成长之路

1954 年 9 月的一天，日近黄昏，沙漠在夕阳的照耀下闪着金色的光芒，漫漫黄沙与天空相连，看不见尽头，只有无限的荒芜寂寥。在毛乌素沙漠边缘的小镇，凶猛的风刮起了黄沙，阻挡着人们前行的步伐。放眼望去，只能看到一个模糊的人影正蹒跚地往前赶，他俯下身子用手护着眼睛，步伐迈动困难，却格外坚定。当他推开家门后，便急忙用身体挡住风沙，“嘭”的一声关上了厚厚的门。

“怎么样？都还好吧？”被风吹得两颊通红的男人一进屋就急忙脱下满是尘土的外套，望着隔间紧张地询问。

“母子平安！你快进屋看看他们。”接生婆

笑着对他说。

这一句话让他原本紧张的身躯都放松下来了，他轻轻拨开隔间的门帘，妻子正躺在床上抱着孩子。他刚凑上前，便见到宝宝睁着圆圆的眼睛看向他。

“你叫有德，王有德，希望未来的你能成为有品德的男子汉！”他对襁褓里的孩子说着。窗外是仍然呼啸着的风沙，屋内却是美好安宁的氛围。

就这样，王有德在这个小而温馨的家庭中逐渐长大了。可在他的儿时记忆中，他却从未见过蓝色的天空，黄沙像是染料一般将一切都上了色。直到看到课本上的插图时，他才明白原来真正的天空是那么美。

“大漠孤烟直，长河落日圆。”黑板上写着唐代大诗人王维的边塞诗句，老师在教室前方讲述这首诗的由来，听着解说的王有德看着书本陷入沉思。诗句中的沙漠是浩瀚壮阔的，而真实的沙漠并非这样，在这里生活的人们过得艰辛，比如他和父母还有其他村民。尚年幼的王有德心中冒出一个想法，他不甘心任由这黄沙夺去本该属于他们的色彩与生活，在同学们的朗读声中，他下定决心，一定要将黄沙赶走，把所有色彩都找回来，让大家过上幸福的生活！

王有德在作文里写到了自己的愿望，没想到，老师在课堂上夸奖了他的文章。那时正值放学之际，夕阳透过窗户洒在教室中，王有德沐浴在金色的光里，看着微笑鼓励他的老师，他永远不会忘记老师诚恳地告诉他，这个愿望是正确的，是充满希望的，尽管外面风沙不止，他坚信总有一天这里会成为绿洲！

1971 年，毛乌素沙漠不断向内陆侵吞，黄沙越来越多，无奈之下，王有德与父母只能举家搬迁到别的地方。

这是王有德第一次看到湛蓝的天空，但黄沙笼罩的故乡仍是他心中最放不下的羁绊。多少个日夜，他总是想着那即将被黄沙掩埋的家园，故土的方向才是他人生的征途所在。

王有德越发努力地读书，他知道，只有掌握了本领，才能真正地回去拯救家乡。可 18 岁的他再没有遇到像那位老师一样为他加油的人，他的决心在很多人眼中都仿佛是戏言：近百年甚至上千年来形成的沙漠，怎么可能那么容易就被治理？

没有人相信他，有的人甚至会让他别做这无聊的梦，多想想怎样早些赚钱为父母分担压力才是正事。这是一条不被看好的道路，在前行的途中必然会备感孤独，尽管如此，王有德却坚定地想要追逐远方的光，想带领故土摆脱黄沙的纠缠，走向光明的未来，那里会有青草的芳香，会有鲜花的艳丽，还会有清新的空气和晴朗的天空。

在不懈的努力下，王有德考学成功，他来到了更美的城市，接触到了全新的世界。毕业时，他面前有两个选择：一个是大城市待遇好的稳定工作；二是回到家乡林业系统工作。孰优孰劣，一目了然。但王有德却毫不犹豫地踏上了归乡之路。

用四十年创造奇迹

“小王，听说你可以留在大城市，怎么又回咱们这儿了？”入职林业系统工作后，这是王有德听过的最多的问题。他总是笑笑不回答，心中却不断回想着曾经许下的愿望。他知道自己离心愿实现还有很远。值得庆幸的是，他已经迈出了第一步。

在林业系统的每一天，王有德都在学习整理前人治沙的经验。一有机会，他便会跟随同事到各个林场进行考察，将不同地区的治沙模式进行整合，对比其中的差异。他发现，几乎所有林场都是被动造林治沙的模式，以单苗种植的形式进行播种，并且不会进行后期补种。分散的树苗没办法将流沙牢牢固定，因此治沙的效果也只是聊胜于无。他尝试了很多方法与林场负责人沟通，可总是不被采纳。

面对这样的困境，王有德意识到：若想真正地进行改变，从根源治沙，就需要他到林场用实际行动带领当地职工去干。于是，王有德开始重新规划自己前行的方向。幸运的是，这个机会很快就来到他的面前了。

1985 年，王有德出任白芨滩防沙林场副场长，相比于他本来任职的工作，这并不是一个好的选择，因为这份工作十分辛苦，薪资却十分微薄。但这都不能阻止王有德勇往直前，奔赴充满希望的前路。他明白可能将要面临困难与挫折、偏见与不解，但是怀揣一颗坚定且充满希望的心，他将一切阻碍都转化成催人前进的鼓声，鞭策着自己不断前行。

初任职时，几乎没有人真正认可且尊重他，对林场职员而言，换一个副场长似乎也并不会改变他们的生活，谁都不觉得会有哪个领导能深刻体会他们的处境。

“新领导昨天来我家了！”休息时间，几个林场职工凑在一起聊着。

“对，对，昨天也来我家了，我都不好意思，家里屋顶还没来得及维修，他来的时候还有沙子往下落。”

“是啊，他还和我们一起吃了饭，来不及买菜，只能用辣椒面拌了糊糊，就那样他还夸我手艺好，早知道应该买一些备着了！”他们七嘴八舌地讨论着，心中却对王有德产生了好奇。

他们对自己的生活其实已经习以为常了，更多的是不好意思让领导看到自家的窘迫，可对王有德来说，这是一个巨大的心理冲击。外面许多人都成了万元户，但林场职工每月工资仍然只有几十块钱，他们连自己的生活都没办法保障，又如何能用心治沙？如一盘散沙般涣散的人心要如何凝聚起来，成为王有德需要思考的第一件事，只有将职工与林场团结起来才能更好地治沙。所以，他在新上任时便雷厉风行地开展了改革，他要让大伙的生活好起来，先治穷再治沙！

首先要解决的是职工们的居住问题。如果他们一直住着危房、漏瓦房，基础生活条件都不完备，就很难对自己和林场产生信赖感。国家对林场的拨款，除了工资以外并没有任何剩余，王有德只能靠自己。他东凑西借、四处碰壁，最后实在没办法，只能将自家的房子抵押，还要央求亲朋好友将房子借给自己贷款。他笑着说："这辈子没有那么卑微求过人，还好都是值得的。"

王有德用这笔钱为职工们建了住宅楼，那是红砖砌起的楼房，有着可以抵御风沙的坚固外墙，是一个能带来安全与温馨的"家"。王有德此举感动了林场的每一个人，也拉近了与他们之间的距离，原本如散沙般的人心，因为他的举动渐渐凝聚在了一起。大家会开始主动找王有德一起探讨，不再像之前一样对他抱有戒心。但王有德并不满足于此，他认为除了居住条件外，其他的问题也需要尽快解决，这样才能真正让大家感受到未来是充满希望的。

第二步，王有德想提高职工们的收入，这最能直接调动大家的积极性。一旦薪酬能有所保证，那么大家对治沙也会更加用心。

“从下个月起，林场取消工资级别。以后不再按照职位进行薪酬分配，而是采取按劳分配，同工同酬，大家可以根据工作量及时长领取每月的工资！”王有德的话就像是往平静的湖水中丢下一颗石子，引起了层层涟漪，房间内讨论声此起彼伏。

“安静一下，我还没说完！除此之外，我们林场要开始发展副业了，只有从根本上解决生活问题，我们才可以打破这一窘境，摆脱以往靠沙吃沙的僵化思路！下个月开始，我们要在北沙窝的流动沙丘地带建设果园，每个职工都能承包属于自己的果树！”王有德发言完毕后，房间里真正地沸腾了。每个人的眼睛里都闪动着光，那是看到希望的激情，那是对未来的向往！他们终于深刻地体会到，王有德是真心想带领大家走向不一样的未来！

王有德带领林场职工打响了治穷治沙的第一场攻坚战。以身作则、行胜于言，这是他在林业系统工作多年得来的经验。为了更好地完成任务，王有德亲力亲为，从早到晚都坚守在一线，每天和职工们一起挖坑种树。遇到困难，他总是打头阵，先冲向前方带头干。他就像是水和泥，与原本散沙般的职工们混合在一起后，一起变成了比岩石还要坚硬的墙，为美好家园的建设添加力量。

跟随着王有德的步伐，林场里的每一个人都褪去了最初的懒散。大家一起努力在沙丘里挖着坑，种下了一棵又一棵树，每个人都干劲十足，即使风沙满天刮着脸迷了眼，也没有一个人提出要休息。在他们日复一日的辛勤种植中，500 亩的果林成功种植完成，大家种植的速度是以往都不敢想象的快。完成了初步目标后，王有德望着在沙丘与天空下连成片的树苗，心中有了新的计划。

眼看措施初见成效，王有德便顺势而为，提出了新的计划。他在林业系统工作的几年里发现：沙漠里遍地可见的沙柳是一种神奇的植物，越是收割，它就会长得越多。以往大家都忽略了它的作用，现在，他要将沙柳的价值发挥到最大。

“大家一起收割沙柳条，用它来编制篮筐，这样可以带来额外的收入。”

起初，职工们都是半信半疑，沙柳怎么可能挣钱呢？不过他们依旧选择信任王有德，按照他的要求，一部分人负责割来大量的沙柳条，另外一部分人负责编筐。有条不紊的工作持续了近一个月，在寒冷的冬天即将来临时，好消息也紧跟而至，他们卖柳条筐的钱平分到手竟然能有好几百元！这个消息让所有人都震惊了，短短一个月他们的工资就翻了几番，每个人都在心底感谢王有德，他的到来让所有人都能度过一个温暖的冬天。

这当然不是唯一的好消息。王有德向领导提出的发展苗木产业、养殖业的请示也被批准了，这意味着他们在来年春天就可以有更多提高收入的方式。为了感谢王有德为大家谋事，每个人都决定抓住为树苗灌溉冬水的机会努力工作。于是，这个冬天，大家都自发地住到水渠旁，饿了就吃馍，累了就随地和衣而眠，只要树苗一到便连夜栽种，以增加存活率，更大面积地进行治沙。短短数月，他们便种下 3 万多株树苗，造田 1000 多亩，这是以往没人敢相信的事，却真实地发生了！

沙漠里没有路，王有德就带领其他人背着几十斤重的水泥板，一点点地铺路；辛苦种下的树苗一夜间就被黄沙淹没，他就擦干泪补种，直至黄沙被牢牢“锁”住；治沙效率低，他就挑灯探讨制订方案，探索出科学治沙的好方法；林场没有专业人才，他就补助职工子女，待到成才时便是林场自己的技术骨干；肥料太昂贵，那就自己造肥，同时增加职工收入……

王有德带领着职工们一起见证了林场翻天

覆地的变化，也看着白芨滩从无边荒凉到绿意盎然，筑起一道绿色屏障。人进则沙退，毛乌素沙漠就这样被包围起来，荒漠面积逐渐减少。

王有德一干便是40年。这些年为了兑现自己曾许下的诺言，不论是身体受伤或者病痛折磨，都无法阻止他绿化造林的步伐，他慢慢成为被人尊敬的“沙漠愚公”。村民们都笑称他有点沙成林的魔法，只有和他一起拼搏过的林场职工才知道，那不是魔法，而是王有德不曾变过的初心——是冬天在严寒中皲裂出血的双手，是为了抢救倒塌的渠板在满是冰碴的水中患上的老寒腿，是被水泥板磨烂、在汗水中疼痛得弯下的脊背，是保护工人抵挡滑落的木板而砸伤的肋骨……这些使他拥有了能让荒漠变绿洲的“金手指”。

“多栽一棵树，就是我的价值；多治理一片

荒山，就是我的价值；让老百姓找到致富之路，就是我的价值！”60岁的王有德正式退休了，但他没有停下治沙的步伐，在银川机场旁承包了1万亩沙地，继续未完的事业。王有德在那里种下了100多万株林木，将荒漠变成了满是绿色的树林。

绿树下坐着眺望远方的王有德，远方的白芨滩出现在他的眼前，绿洲覆盖了曾经的荒漠，彩色的晚霞照耀着大地。这一切都不再是梦中的景象，他看见了从未见过的美景，实现了儿时心中的梦想。

王启民
——一生为祖国“加油”

“宁肯把心血熬干，也要让油田稳产再高产。”

——王启民

1959年9月26日，在我国东北地区的松辽平原之上，人们发现了真正的“宝藏”，这块宝藏不是什么金银珠宝，却是比金银珠宝还要有价值的东西！它就是储藏着“黑色黄金”的大庆油田。

同一天，在北京石油学院（今中国石油大学）的校园内，王启民正和同学们庆祝着自己22岁的生日。在点着蜡烛的生日蛋糕前，王启民双手交叠，许下心愿：大学的生活就快要结束了，他还不知道应该往哪里走，但有一点他很确定，那就是一定要做对人民有意义、对社会有贡献的事情。这个特殊的日子也许在冥冥之中暗示着什么，命运早已安排好了前方的路，给这位满怀激情的年轻人指引了方向。让我们一起走进当年的故事，去探寻这位一生为祖国“加油”的新铁人。

踌躇满志的“石油之子”

“来一个声势浩大的大会战！”1960年2月，

石油工业部党组内部召开会议，会后向中共中央提交了一份报告，报告名为《关于东北松辽地区石油勘探情况和今后工作部署问题的报告》。报告中说道：“已经在黑龙江省肇州县大庆地区，探明了一块二百平方公里储油面积的大油田。初步估算，可采储量在一亿吨以上，大体上相当于新疆克拉玛依油田。”

也许你并不知道克拉玛依油田，它是我国在1955年发现的第一个大油田，而令人振奋的是，在东北发现的大庆油田或许比克拉玛依油田更大！在还没有发现大庆油田之前，“贫油”的帽子压得人喘不过气来。加上石油工业基础十分薄弱，中国的发展面临着巨大的阻碍。

报告提交过后，石油工业部党组很快就收到了中共中央的回复，中央同意集合现有的力量勘探大庆油田。就这样，全国上下相关专业人士纷纷加入了这场石油大会战。

1960 年 4 月，王启民以实习生的身份参加大庆油田大会战。到了大庆，他惊讶地发现大庆油田的“诞生日”竟然跟自己的生日是同一天！王启民心想：“啊，原来我是石油之子啊。”

从那天起，王启民与油田的命运紧紧拴在了一起，开启了一生为祖国“加油”的道路。1961 年的夏天，王启民回到学校参加毕业典礼，匆匆而来不过待了几天，就又快马加鞭地赶回大庆油田。他已经暗暗下定决心，要留在这儿干一番事业了。

发现油田的消息固然令人喜悦，但是那时我国所面临的国际环境并不乐观。那一年，中苏关系破裂，苏联专家纷纷撤离中国，加之新中国刚成立不久，尚未在国际上站稳脚跟，西方国家虎视眈眈，对中国进行技术封锁，我国陷入了孤立无援的境地。

一往无前的“开采专家”

苏联专家撤离的时候，听到我们要自己组织会战拿下大油田，纷纷摇头，表示怀疑，但是我们偏偏要让外国人眼中的不可能成为现实！

某一个炎热的下午，在大庆油田地质指挥所的办公室里，王启民和几位同事提笔，一起写下了一副对联：“莫看毛头小伙子，敢笑天下第一流。”王启民一边欣赏一边还不忘跟同事说：“我很喜欢这个‘闯’字，‘门’字里头是个马，我们要学马的精神，将来我们也要奔腾起来，闯出自己的一片天！”随即在横批上写下了“闯将在此”四个大字。有趣的是，王启民故意把“闯”字中的“马”写得超出了“门”的框架，其中有一位同事笑着说："果然是一匹具有青春活力的马呀！"指挥所里响起清脆的笑声，热闹极了。大家都对攻下这场"战役"信心满满。

根据石油工业部党组的部署安排，他们马上付诸实际行动。第一步是在目前已经勘测清楚的二百平方公里储油面积的四周再继续向外扩展，并且在2000平方公里的构造范围内部部署钻探，以便迅速勘探查明油田的具体面积和具体储量究竟有多大；第二步是在已经探明的储量面积内，选择一两块地区，打出一批生产试验井，进行油田开采试验；第三步则是在大庆构造带以外的附近地区也准备一部分勘探力量，不是盲目地勘探，而是有选择地进行钻探，以期找出新的油田。

这期间，在开采方法的探索上，王启民经历了不少挫折。在当时，国内外普遍采用的开采方式都是“温和注水”模式，而这个方法对开采大庆油田却并不太适用。大庆油田起先也套用了温和注水的开采方式，结果造成油井含水上升快，油田被“水淹”了一半，采收率连 5% 都无法达到。

“水淹”的事情传到了外国人的耳朵里，他们扬言：“中国人是开采不了这么复杂的大型油田的，趁早放弃吧。”当时，国内石油科技人才奇缺，解决“水淹”问题的重担自然落在了王启民和他的同事身上。

当时流传着这样一句话：“上天难，入地更难。”看不见摸不着的地下，就像是一个不可知的世界。为了解决这个“拦路虎”，王启民和同事们全身心地投入到了实践当中。他直接住在了油井旁边阴冷潮湿的帐篷里，和现场工人、技术人员一起搜集资料、分析资料、进行试验。

由于长期处在恶劣的环境之中，王启民患上了类风湿、强直性脊柱炎，走路的时候就像是有一千根针扎在身上，疼得他直不起腰来，但他仍旧咬紧牙关，忍着疼痛在井场继续做试验，全然不顾其他同志的劝阻。

1963 年的冬天，王启民的妻子陈宝玲即将分娩，他把妻子送上了回娘家的火车，自己则回到试验区继续查找“水淹”的原因。当列车行驶到锦州火车站时，陈宝玲生下了女儿。女儿是王启民的福星，和女儿一同来到这个世界的是王启民关于大庆油田开采的新构想！经过了多年的调查研究，王启民发现大庆油田地下油层厚薄不匀，不应该采用“温和注水”的模式，而应该采取“高效注水”的开采方法。这个构想很快在一次次试验中得到证实。

在一次油田技术座谈会上，王启民对油田

开发的“温和注水”理论提出质疑。他胸有成竹地说：“这里每口井都有数十个油层，每一个油层厚薄相差巨大，隔层吸水量都不同，所以每一层都不是平均的，如果要人为实现注入的水都要均衡，是违反客观规律的。”王启民怕在座的同志们不理解，还作了个比喻：原油层就像一位大个子运动员，体力好跑得快；而薄油层、差油层就像一位体力差跑得慢点的小个子运动员。如果它们能齐头并进，一定事半功倍！王启民的科学分析受到了油田领导的赞扬，他们同意王启民带领小组进行大胆试验。

就这样，试验小组在王启民的带领下，选择了一口含水已达60%的油井进行试验，这口井如果按照以前的标准，已经属于一口废井了，但王启民有十足的信心将其化废为宝！果然，在他的带领下，奇迹出现了：这口井日产量由原来的30多吨猛增到60多吨！不仅产量提升了，而且含水还下降了。王启民连忙把他们的经验推广到了其他油井的负责人那里，最终培养出了一批日产百吨以上的高产井。

王启民的“高效注水”法直接打破了国外“温和注水、均衡开采”的传统观念，创造出了中低含水阶段保持油田稳产的方法，鼓舞了中国人的士气。

要使油田持续高产稳产，还必须有一整套油田开发方法和配套的工艺技术做保证才行。王启民马不停蹄，继续带领团队深入研究并探索方法和技术。从1970年开始，王启民率领队伍前往大庆油田的中区西部开展试验，为的就是完成“接替稳产”的任务。让油井产油不难，但是如果要稳定高产则需要费些工夫——要在满足可持续发展、科学发展的前提下合理开采，而不能毫无节制地乱采。为了攻破难关，王启民和他的团队一干就是 10 年。

当时，他们遇到的第一个难题就是“水窜突进”。水窜突进就是水突然窜出地面，却没有正常压出原油，最后导致采收率降低的一种现象。

当时，研究所的同志们都急坏了，大家无论怎么调查都找不出原因所在，研究所笼罩着压抑焦虑的氛围。于是，作为组长的王启民提议要逆向思考，找地质学家来帮忙。地质学家经过几天的勘测，把油田的地质解剖图递给了王启民，水窜突进的原因找到了！第一个难题解决，试验便可以继续进行了。王启民知道，必须让多学科共同合作，只有这样团结一心，多方协助，石油开采才能顺利进行。而王启民一直把自己作为连接各方的枢纽，坚持做着开采一线的任务，不断攻克难关。

鞠躬尽瘁的“油井铁人”

如果说喜欢一件事最开始的动力是因为热爱，那能坚持10年一定少不了那一份沉甸甸的责任！这3000多个日夜，王启民和工人们并肩作战，始终守在油井第一线，从井中取样化验带回实验室分析总结，他始终亲历亲为，工作时经常忘记时间，一干就是一个通宵。

油井附近的帐篷是他们休息的地方，由于条件简陋，毫不夸张地说，在这儿一年四季都很难睡个好觉。每当到了夏天的晚上，就会有很多蚊虫侵扰，被蚊子叮得满腿红包是常有的事。而到了冬天，帐篷里结满了冰，冻得每个人都像筛糠似的打寒战。这样的夜里，王启民总会给自己加油鼓劲：“你一定可以的，一定可以实现目标的。"信念成了他坚持下去的动力，入睡时，他用两层厚厚的棉被紧紧包裹住自己，这样才能勉强度过难熬的夜晚。

时间一天天过去，王启民的身体渐渐有些吃不消了，他的风湿病在不断加重。在一次野外采样的途中，王启民突然瘫倒在地上，额头上直冒冷汗，身体微微颤抖。同事们赶紧走上前，把他扶起来，并递来了热水和药。其实他们早都知道王启民的风湿是老毛病了，一位同事劝他："你还是回去休息吧，这里我们看着。"他连忙摇头说道："我是组长，最了解试验方案和进展情况，怎么能提前走呢？"同事们知道劝不动，也不再说什么了。

还有一次，王启民的风湿病引起了虹膜炎，他的眼球布满了红血丝，特别吓人。他的妻子陈宝玲终于坐不住了，有一天跑到他的办公室，拿了一份商调函到王启民跟前，并说："我已经跟北京那边都协调好了，你签字吧，签了字就能到北京工作了。"王启民看着妻子，思考了片刻，拿起笔在商调函上写了写，递给了妻子。妻子接过来一看，上面写着"本人不同意"五个大字，妻子很生气，质问王启民："你连自己的身体都不顾了吗？去北京也一样可以做研究啊！"他却说："北京有大油田吗？要走你走，我不走。"陈宝玲又生气又心疼，但她最终还是理解了丈夫的决定，再也没有提过离开大庆的事。

1985 年，大庆油田实现了第一个 10 年稳产的目标。在这一年，王启民受命承担了大庆油田从 1986 年至 1995 年第二个 5000 万吨稳产 10 年规划的编制任务。这个规划囊括了大庆油田"七五"和"八五"两个五年的计划。

依照一般规律而言，每一个油田从勘探到

开发都要经历三个阶段，这三个阶段分别是上产、稳产、减产。当时放眼全世界，就同类油田来说，稳产期最长是 12 年，短的只有 3 年至 5 年。想要让大庆再稳产 10 年这个任务，如果完成了，真的可以说是奇迹。这当中的难度可想而知，但王启民坚信，一定会成功的！

为实现再高产稳产 10 年的目标，王启民把目光瞄向了表外储层，这是当时世界公认的开采禁区。国外石油界听到这个消息，纷纷断言，中国这是“胡说八道”“痴心妄想”。外界的闲言碎语并没有影响到王启民，他知道，每一滴石油都是国家的宝贵财富，面对质疑，他还是决心啃下这块硬骨头，在困难中勇往直前！

由于大庆油田地质的形成存在特殊性，造成了地下油层多、层间变化大。这些单独看起来很“瘦”，加起来又很“肥”的油层，被王启民及其伙伴们认为是新的资源宝藏。新的攻关开始了，在工作中，王启民经常笑着鼓励同事们：“我们就是在挑战极限！宁肯把心血熬干，也要让油田高产再稳产。目标实现了，我们就站在世界开采技术的前沿了，到时候灭灭外国人的威风。大家加油啊！”

功夫不负有心人，在大庆油田的中西部地区取得了阶段性成果！经过了严密的试验研究，最终布井1万多口，使低透薄油层成为油田高产稳产的接替力量。表外储层开发利用技术直接打破了国内外认为表外储层不能开采的传统观点。这一项研究成果相当于为大庆增加了一个地质储量7.4亿吨的大油田！这一突破震惊了世界，让世界不再嘲笑中国是个石油技术落后的国家！这一声评价是无数“铁人”前赴后继，用满腔热血换来的！但王启民仍然没有停下前进的脚步，他还在继续探索着。

从1976年到2002年，大庆油田实现了年产原油5000万吨以上，高产稳产27年，成为世界同类油田开发史上的奇迹！

王启民，这位新时期“铁人”“人民楷模”国家荣誉获得者，扎根大庆，一干就是60多年。从声势浩大的石油大会战到建设百年油田的新实践，一路走来，王启民一辈子只做了一件事，那就是研究怎么开发好大庆油田。直到现在，王启民仍时常到油田走一走，看一看，就像60多年前，他刚踏上这片土地时那样，眼神里充满了热爱的力量。

王继才
——不畏艰难的“守岛英雄”

“每天早上我们都坚持把国旗升起来，国旗是我们中华人民共和国的象征，国旗插到哪里，哪里就是中华人民共和国的国土！”

——王继才

开山岛，你也许并不知道它在哪里，但它可不是普通的岛屿，虽然面积不大，只有两个足球场的大小，却是我国特别重要的战略要地！

1939 年，日本侵略江苏连云港和盐城的时候，首先占领了开山岛，这座岛屿便成了敌人的“中转站”，让敌人有了进攻的优势。战争胜利后，我国吸取了以前的教训，把开山岛设为战略要地，要求这里必须有人守！但问题来了——岛上条件极其艰苦，一片荒芜，没有水电。但就是在这样艰苦的环境中，却有一个人在岛上生活了 32 年之久。你一定很好奇，他怎么能在海岛上生活这么久？今天，就让我们一起走近这位用一生守着开山岛的人民英雄——王继才，聆听属于他的故事。

一次任命，一场孤勇

1986年，年仅26岁的王继才已是民兵营长。7 月的某一天，县人武部的老政委急匆匆地找到王继才，提出想把他调到开山岛上去。当时王继才对开山岛不是很了解，他不知道开山岛环境有多艰苦。作为军人，王继才理应服从组织的安排，但是看到老政委微微皱眉的神情，他内心还是闪过一些担忧：“不就是一座海岛吗？怎么还特意跑来跟我说一遍呢？”不过他也没多想，痛快地答应了。

“哗——哗——”

海浪拍打着船只，开往海岛的船缓缓靠岸了，就这样，王继才来到了开山岛。第一次上岛，告别了送行的人，王继才独自在岛上走了一走，他不禁感叹：“还真是一座‘原始’的海岛呢！”他看到一间破旧的老屋子，这是之前在岛上生活的人留下的。屋子的门已经沾满了灰尘，显然很久都没有打开过了。王继才刚一开门，就看到一只只老鼠像无头苍蝇一样到处乱窜。他当时心里就慌了，可是，“惊喜”还没完呢。到了晚上，屋子外面漆黑一片，只听到风呼啸着，浪拍打着礁石的声音，而屋里竟然没有电！王继才有些害怕，他跑到林子里捡了一些柴火，用带来的打火机点燃了柴火。房间有了亮光，他这才安心了一点。

来岛上的第一日确实“惊喜连连”。坐在柴火旁的王继才定了定神，他心想：“老一辈人抛头颅洒热血都那么勇猛，我自己守在这里，只不过条件艰苦一点，又有多难呢？反正也不会有生命危险啊！”这么一想，他觉得好像也没那么难坚持了。王继才就这样一直坚持着守在海岛上，慢慢改善着海岛的环境。那时候，岛上还没有送来日历，王继才就每天在墙上画一道杠来计算，时间一天天过去，望向无边无际的大海，王继才也会默默地想念自己的家人……

时间回到1983年那一天，门外的鲜花明艳动人，这一天是王继才结婚的大日子。

随着婚礼的进行，鞭炮声、鼓声、唢呐声齐鸣，民办教师王仕花嫁给了民兵营长王继才，二人郎才女貌，村民们高声祝福着这对新人。后来，他们的女儿就出生了。

后来，王继才被派去值守开山岛，彻底改变了两人的生活轨迹。守海岛的事，王继才一开始并没有告诉妻子，可这怎么可能瞒得住聪明的王仕花，就在王继才离开没多久，她就察觉到了异样。王仕花跑去问她的婆婆，婆婆支支吾吾地不想说，但在她的追问下，婆婆最终还是告诉她王继才去开山岛了。

王仕花跑去找镇武装部部长还有县人武部政委，说什么也要去开山岛，在她的再三要求下，他们带着她一同前往开山岛看望王继才。

来到海岛上，王仕花看到了周围荒凉的环境，担心地说：“这怎么住人啊！”

来到了屋子里，王仕花终于见到了消失几十天的丈夫，王继才则吃惊地看着妻子。

王仕花心疼地说：“为什么别人都不守，就你守？”

王继才何尝不明白妻子所说的道理，他何尝不想回到自己温暖的小家，守护自己的妻子孩子……但是，他心里有一份沉甸甸的东西：完成组织上交给他的任务，守好这个岛。这是他不能放弃的责任。

王继才和妻子相对无言，最后轻声说：“你们回去吧。”然后，他就默默跑回自己的房间了。

看着妻子离开的身影，王继才心里有万语千言，却一句话也说不出口。王继才没有想到，20 多天后，妻子王仕花放弃了教师的工作，上岛了。

那一天，王继才帮妻子拎着行李：“你来干什么？”

“我来陪你。”王仕花回答道。

王继才显得有些生气：“你怎么不跟我商量啊！”

妻子却说：“那你上岛时也没有通知我啊！”

王继才不吭声了，他知道，自己欠妻子一份对家庭的付出，现在，妻子又为自己放弃了工作，他心里有几分愧疚，更有几分感动，却不知该怎样用语言表达。

妻子来了，王继才终于算是有了个伴儿，岛上也多了几分生机。

岛上的生活艰苦寂寞，在很长的一段时间里，收音机和手电筒是他们仅有的电器。晚上最欢快的“游戏”可能就是抓老鼠了吧。一到晚上，漆黑一片，什么东西都看不到，大老鼠趁机到处跑。他们俩就拿着手电筒赶老鼠，把它赶到屋子外面。这里不仅老鼠多，苍蝇、蚊子也是一样不少。为了驱赶它们，夫妇二人伤透了脑筋。

有一次，岛上刮起了八级大风，王继才夫妇仍旧跟往常一样完成了一天的巡逻工作。他们就是这样在艰难困苦的环境中咬牙坚持了30多年！

一段承诺，一颗初心

在海岛上的国旗台，夫妻二人开始进行庄严的升旗仪式。王继才展开国旗，挂好勾绳，说道："立正，敬礼！"王仕花端正站好，敬礼，眼神注视着缓缓上升的国旗。

只有他们两个人参加的庄严仪式，象征着岛上新的一天又开始了。岛再小，它也是祖国的一部分，国旗插到哪里，哪里就是祖国的国土。飘扬在空中的国旗在王继才心中是祖国的神圣象征，为了这面国旗，他可没少费心思。因为岛上湿度很大，国旗容易褪色，破损，每次国旗坏了，王继才就自费购买新国旗，多年来已经买了200多面了。

每天，夫妻俩早晚两次围绕小岛巡视，用高倍望远镜扫视海面，观察岛上自动测风仪、测量仪是否正常，并仔细写下巡岛日志，多年来从未间断。如果有外籍船只，形迹可疑的，他们就马上备案，向连云港市边防局汇报。

平静的日子背后，也会出现惊心动魄的意外。一次，王继才和妻子在后山悬崖边上巡逻时，脚下一滑，竟然滑到海里去了！

看到丈夫在海浪中起伏挣扎，王仕花赶紧跑下去，拼命把王继才往岸上拽。可她的力气不够大，眼看王继才危在旦夕，当时，正好有一个大浪打过来，把他推到岸边，这才转危为安。这也许是大海在心疼这位守岛人吧。

那一次惊险的经历后，他们有了经验，巡岛时格外小心，再也没有发生过这种意外了。多年过去了，夫妻俩早就对岛上的一草一木烂熟于心，哪怕是特别难走的悬崖路，对他俩来说也是轻车熟路。

开山岛上环境艰苦，王继才夫妇就努力改变环境。夫妻俩年年种树，到了第三年，终于有一棵苦楝树存活下来。岛上所需的淡水、蔬菜等补给全靠船只运送，一旦船只无法出海，补给就会中断。岛上的水很咸，没法喝，他们就用桶把雨水接起来，在里面放泥鳅净化水质后再使用。

1987年7月，王继才的儿子王志国在岛上出生。回忆起那时的情景，王继才每每都十分后怕。当时台风肆虐，风雨交加，登陆艇都过不来，岛上物资匮乏，连纱布和酒精都没有！王继才用步话机与外界联络，问武装部部长该怎么办。武装部部长的妻子有些经验，在她一步步的远程指导下，王继才将夏天的背心清洗干净，再用开水消毒，又将剪刀到煤炉上用火消毒。此时，妻子在一旁肚子痛得哭泣起来。幸运的是，孩子最终安全地生下来了。

直到现在，王志国对小时候的生活仍然记忆犹新。有一次家里已经断粮两个多星期了，当时岛上光秃秃一片，什么都没有。王继才就下到海里捡牡蛎，带回来撬开生吃。那时王志国才五六岁，看到还在吐着泡泡的牡蛎，他十分抗拒，不愿意吃，王继才硬逼着儿子吃了下去，因为他知道在断粮断火的危急情况下，只有吃东西，才能活！在这漫长的32年海岛生涯里，王继才只有两次离岛回到老家过春节。

1994年的时候，王继才也曾想过要辞职不干了，可到了武装部，王继才得知老政委住院了，已经病入膏肓。

王继才在医院见到了政委，他有一肚子话想说，可政委对王继才说：“开山岛有你守着，我就放心了。”

王继才什么话也说不出来了，默默地回到家。王仕花问王继才政委有没有同意他辞职这件事。王继才说明了政委的病情，他对妻子说：“我没有提，我还要继续守开山岛。我的老家有一句老话，对去世的人承诺的，就要一辈子守下去。不管遇到多大的问题、多大困难，我都要守着这份承诺。”

一座孤岛，一生坚守

2003 年，王继才的父亲病危，王继才的母亲赶紧托人给王继才捎信，希望他能赶回家见父亲最后一面。可那时，岛上正在进行国防战备检查，王继才无法离开。等王继才执勤结束请假回家时，他的父亲已经去世了。王继才难过地抱着母亲痛哭，没有见到父亲最后一面，他内疚不已。

“自古忠孝难两全，为国守岛是大事，以后我走的时候，你要是不在身边，我也不会怪你的。”母亲抱着王继才，用手轻轻拍着他的后背。

2003 年 10 月，王继才如愿成了一名共产党员。从此，王继才更加严格地要求自己，他总是说："咱是党员了，就应该有党员的样！"

王继才的儿子王志国研究生毕业后，收到了好几家知名研究所的复试通知。王志国回家跟家人商量，姐姐和妹妹都希望弟弟选择待遇好福利高的单位，父亲王继才却一声不吭。第二天一早，王继才叫上儿子陪他去升旗。

在前往升旗台的路上，王继才语重心长地对儿子说道："儿子，如果你要去研究所，我不拦你，但我也给你提一条建议，那就是参军。部队现在正在进行现代化建设，需要你这样高学历的人才。就如同这开山岛，你不守，我不守，谁来守？当年我给你取名叫志国，就是希望你长大后立志报国啊。"

王志国若有所思。

这一次，王继才让儿子升国旗，他们就像往常一样，一人升旗，一人敬礼。王继才站在一旁，庄严肃穆，立正敬礼。王志国看着父亲苍老的面容，鬓角的白发，但注视国旗的眼睛却在闪闪发光。

那一刻，王志国理解了父亲。几个月后，王志国入伍，成为武警某边防站的一名警官。王继才得知消息乐开了花，欣慰地说，儿子守边防，他守海防，都是在为国家作贡献。

潮涨潮落，花谢花开。经过了多年的努力，开山岛上的小树已经成林，岁月在王继才脸上刻下了沧桑，32 年光阴让小岛改变了模样，但是岛上的哨位和他坚守国土的身影始终不变。常年的海风和潮湿的环境让王继才落下了一身的病，他的皮肤得了湿疹，又疼又痒，十分难受，妻子就用锤子帮他轻轻地捶。他有时心口也会疼，腰间盘和关节也不好，妻子让王继才下岛去看一看医生，说不定可以治好，王继才却总说忍一忍就好了。

经过一年多的努力，王志国因为工作成绩突出，年终荣立了三等功，但是，王继才没能在儿子身边亲眼见证他立功受奖的那一刻。国比天大，王继才始终放心不下开山岛。

2018 年 7 月 27 日，王继才照例进行执勤任务，却在巡逻途中突发疾病，经抢救无效离世……

那天夜里，王志国回到家，看到王仕花躺在床上，泪水打湿了整个枕头。他来到母亲床前，俯身抱了抱母亲。第二天白天，母亲一个人坐在院子外面发呆，王志国喊了好多声，母亲这才缓过神来。

这一年 8 月，王志国和母亲一同回到开山岛，母亲一直清扫着落叶："怎么几天没来，这么脏了。"

王志国发现，母亲回到岛上之后整个人就活过来了！他意识到，那可是父亲和母亲守了一辈子的岛，那里有他们半辈子的回忆。从前，岛上天气放晴，夫妻二人就去后山栽树，妻子浇水，王继才负责刨土。妻子一边干活儿，一边唱歌给王继才听，王继才边听边鼓掌，称赞妻子歌声动听。这些记忆多么美好啊。这么多年过去，如今的开山岛，在夫妻二人的努力下也变成绿色的小岛了，王继才也实现了他当年的承诺：直到守不动的那一天。

现在，王仕花依然还在巡岛，她本可以不再巡岛，回到家乡和孩子们一起生活，但是这座小小的岛屿早已成了他们第二个家。王仕花说：“我要继承他的遗志，在开山岛继续守下去。我要和一批批前来轮值的民兵一起，把老王的守岛精神传承好、发扬好，把国旗护好，把小岛守好，让开山岛上的五星红旗永远高高飘扬。”

32年，一万一千六百八十多个日日夜夜，这漫长的数字，见证着王继才夫妻以岛为家，升旗、巡逻、护航，日复一日的每一个瞬间，见证了英雄的艰辛付出和无悔忠诚。

很多人都好奇，为什么王继才能32年如一日地坚守在开山岛上？除了妻子对他的强大精神支持，王继才自身作为一名军人，始终不忘守护家园、守卫国土的那份初心和责任正是这份坚守最重要的动力源泉。

布茹玛汗·毛勒朵
——遥望雪山，为国守边

布茹玛汗是一名义务护边员，她坚守在我们国家最西边的冬古拉玛山口的边境线上已经60多年了。在这漫长的时光里，她穿坏过无数双鞋，走出了20多万公里的巡边足迹。20多万公里有多远呢？要知道，沿着赤道绕地球一圈也只有4万公里，20多万公里可真是一个巨大的数字啊。

在冬古拉玛山口的边境，守边关的战士们

都称她为冬古拉玛山的“活界碑”。这是因为她曾用双手在十数万块大小不一的石头上刻下祖国的名字，而这些石头最终组成了边境线。

让我们跟随这位“人民楷模”的步伐，去聆听她与祖国的故事吧！

雪山的阳光

布茹玛汗·毛勒朵的父亲自幼便是以放牧谋生的孤儿，一直忍受着财主的残酷压榨却无法逃离。新中国成立前，正值盛年的父亲被当作壮丁抓到了乌恰县，他几次想逃回家乡却都以失败告终。为了防止他逃跑，他的脚掌被钉子狠狠扎穿，使得他无法站立行走。后来，是解放军战士们将他从水深火热中解救了出来。

1942 年 6 月，布茹玛汗·毛勒朵降生了，这个小生命的到来为这个家庭带来了许多欢声笑语。新中国成立后，布茹玛汗一家人逐渐过上了幸福的日子。对新生活备感珍惜的父亲经常教育布茹玛汗和她的兄弟们：“解放军是我们的救命恩人，他们靠着吃草根树皮才解放了我们这里的。没有解放军，就没有我，更没有你们，所以你们要像对待亲人一样对待解放军！”

父亲临终时，虚弱地躺在床榻上，对子女们说：“你们是我的孩子，也是祖国的孩子，以后一定要和解放军一起守好边境，保卫祖国。做到了这些，才是对我尽心尽孝啊！”

1961 年，19 岁的布茹玛汗被父亲的话深深触动，义无反顾地踏上守护戍边的征程，成为冬古拉玛第一批义务护边员之一。

“我的父亲说过，边境线安稳国家才能安稳，人们才能有幸福生活。这些年我做了应该做的事，也因此度过了有意义的一生。”布茹玛汗说。冬古拉玛山以前很少有女性巡边员，因为这儿的条件太过艰苦也充满危险，但布茹玛汗却在父亲的影响下凭借一股韧劲儿，暮来朝去，坚持守卫着冬古拉玛山从未离开，她持之以恒的爱国情也从未消失。

“拥军爱军”是布茹玛汗长年坚持的另一件事。除了自己的5个子女外，她还拥有无数救治过的“兵儿子”。这些“兵儿子”或是曾被冻伤，或是被困暴雪、身陷危险，是布茹玛汗在严寒中给予了他们妈妈般的爱与呵护，她也因此成为大家心中的“冬古拉玛妈妈”。

寒风凛冽，冬古拉玛山披着厚厚的白雪衣裳，静静躺在祖国的西部边陲。这绵绵长长的雪山坐落于中国陆地面积最大的省区新疆的克孜勒苏柯尔克孜自治州，曾是古代丝绸之路的一处重要隘口。这儿的天气冷得让人直打寒战，可吉根乡小学里的学生们却没有同往常一般蜷缩在外套中瑟瑟发抖，而是激动地讨论着什么，每个人的脸上都洋溢着幸福的笑容。这是因为备受尊敬的布茹玛汗奶奶马上就要为他们上课了。每年，她都会为新学生讲一堂民族团结课，这也成为他们最期待的课。

布茹玛汗告诉大家，冬古拉玛在柯尔克孜语中的意思是山高坡陡，石头滚落。它宛如一个孤独的战士伫立在广阔边疆守护着我们每个人。布茹玛汗还告诉学生们独属于吉根乡的美丽称号：最后一缕阳光乡！

“为什么呀？”一个大眼睛的女孩高高地举着手，好奇发问。

“因为太阳东升西落，我们吉根乡在祖国最西边，是每日阳光结束的最后一站，所以，也就有了这么一个特殊的称号。”布茹玛汗温柔地摸着她的头解释道。

布茹玛汗就像雪山上的阳光，照亮了这里的边境线。

吉根乡拥有绵延 100 多公里的边境线，但却只生活着 2000 余人，有许多牧民也成了义务守边员，和布茹玛汗一起戍边。

布茹玛汗说，在这连亘的边境线上，每座毡房都是一个流动的哨所，每位牧民都是一名流动的哨兵！被人们敬爱的她也是流动的守边员，60 年，两万多个日日夜夜，曾经的青葱少女如今已两鬓斑白，一生的坚持守护让她将自己的足迹留在冬古拉玛山中，印在了祖国的边境线上，刻在了我们的心中。

一个人，一辈子，要如何才能把一件事做到极致？布茹玛汗给出了属于她的答案。

刻下“中国石”

1961 年的秋日清晨，阳光洒在大地上，一切仿佛都变得温暖起来了，但冬古拉玛山口却依旧狂风呼啸。第一次进行巡边工作的布茹玛汗遥望远方，发现不时有牧民越界放牧。

“快回来，过了边界线就不是我们的国家了！”布茹玛汗向远方喊着，可牧民们却感到困惑：这个小姑娘在说什么？他们对国家边境的界线毫无概念。

望着那些质朴的牧民，她突然意识到：自己巡边就是为了保护好祖国最西边的这条边境线不被跨越，让所有人知道国家的边境是不容侵犯的，也正是从那一刻起，年仅 19 岁的布茹玛汗知道了边境的意义，明白了国家的分量！

骑着马的布茹玛汗踏进了海拔超过4000米的冬古拉玛山，她在那儿第一次看到了写着“中国”二字的界碑，从一起巡边的同伴那里得知这就是国家的名字后，“中国”便成为她心目中最神圣的两个字。在那时，她想到可以在遍地可见的石头上刻上“中国”二字，组合成一条能被“看见”的边境线。通过向边防战士们请教，原本只会识写柯尔克孜文的布茹玛汗用整整一天的时间学会了汉字“中国”的写法。

这天晚上，布茹玛汗彻夜未眠，带着满腔爱国热情，她在天将将亮时就赶往山中，在雪山口迫不及待地找了一块石头，满怀深情虔诚地跪在雪中。天渐渐破晓，金色的光辉洒在雪地上，她先蘸着雪水在石头上写下“中国”，再找来一块尖利的石块对石头进行雕刻。她仿佛在创作一件艺术品，即使双手被石头磨出了血，也依旧不停歇地一笔一画地刻着。当西陲的太阳跃出山峰时，第一件“中国石”作品就此诞生了。布茹玛汗用伤痕累累的双手捧着它，微微颤抖着将吻印在“中国”二字上。此时，在她身后的冬古拉玛山正惬意地沐浴着日光，皑皑白雪也在阳光的照射下如钻石一般晶莹闪耀。

熟能生巧在布茹玛汗的身上体现得淋漓尽致。最开始她每个字都需要刻几小时，到后来，已经能随地取材，在短短几十分钟内完成。现在，当我们来到冬古拉玛山时，一定能看见这些刻有“中国”字样的石块，它们组成了布茹玛汗心中的“中国的边境线”。

布茹玛汗望着远处的雪山，想道：“这是中国的领土，每一寸都不容侵犯，每一寸都要有中国印记。界碑附近的石头，只要是我搬得动的，我都刻上了字，在山的周围那一圈都有。”那里，有不可胜数的中国石在雪中站定，在国家的最西边画下一条清晰的边线。这是布茹玛汗用她的爱国精神构筑起的中国脊梁，宛若守护祖国疆土的卫士，组成了护国的城墙。

不论春夏秋冬、风霜雨雪，布茹玛汗都坚定不移地在冬古拉玛山的石块上刻下两个汉字——中国，一刻便刻了60年。只有冬古拉玛雪山知晓布茹玛汗亲手刻出了多少块中国石，又在“中国”二字上留下了多少个虔诚的亲吻，山上未化的雪、山间呼啸的风都能作证。

“我熟悉冬古拉玛山口的石头，如同熟悉自家抽屉里放置的东西，哪块石头有挪动，我一看就知道。”布茹玛汗笑着说。在布茹玛汗巡边的日子里，她创造了无一例人畜越境事件的守边业绩，这令人震惊的数据，就是她赤忱爱国心的最好体现！

1986 年 7 月的一个早晨，红霞从东边渐渐显露，布茹玛汗像往常一样到山口巡边。骑着骏马的她刚到边境线，就发现有人动了山上的界碑！她来不及多想便掉头向边防派出所赶去，马儿仿佛也被主人紧张的情绪所感染，四蹄生风，“嗒嗒嗒”的蹄声消散在风中。接到通知的民警们和布茹玛汗一起排查了现场，避免了可能会产生的损失，连他们都无法想象这只有 25 厘米的细微变化是怎样在广阔的大地上被敏锐地察觉到的。

无论是齐胸深的积雪或凛冽刺骨的寒风，还是无尽的艰辛和意想不到的挫折，都没能阻止布茹玛汗前行的步伐。布茹玛汗告诉我们，戍边是父亲交给她的使命，她的守边情结来源于此。

“妈妈”的爱护

在祖国“西陲第一哨”的界碑前，布茹玛汗·毛勒朵与边防连战士一起面向五星红旗庄严宣誓，花白的鬓发从包裹的头巾中跑了出来，在风中飘动着。

“这些孩子远离父母，来这里是为我们守边，他们更需要得到母爱，但是他们的母亲离得太远，我就要当好他们的母亲。”布茹玛汗低着头一边为她的兵娃缝补衣服，一边笑着说。

她会热情地将毡房给巡逻到附近的边防战士住，用最好的被褥和舒适的床铺温暖他们被冷风吹僵的身躯；会用自己捻的羊毛给兵娃们准备过冬衣物；会在火堆边细心地烤干战士们被雨雪打湿的鞋袜。

1999 年，战士罗齐辉在巡逻时被困在了雪山上，情急之下，战友把双腿严重冻伤的罗齐辉抬到了布茹玛汗的毡房里。布茹玛汗心疼得落下眼泪，将他的双脚揣在自己怀里暖着，但是她发现这样做的效果微乎其微，便立刻让儿子麦尔干去羊圈里接热羊血救治。罗齐辉冻僵的双腿浸泡在热气腾腾的羊血里，这才开始慢慢恢复知觉。布茹玛汗生活清贫，即使过年也不一定舍得杀只羊庆祝，但为了治疗严重冻伤的战士，她却能毫不犹豫地杀羊取血，用热羊血为战士洗脚，用热羊皮为战士捂脚，这是多么伟大的奉献精神呀！

2004 年，8 名战士出发巡边，原计划 8 天后回到冬古拉玛山口，但却因天气骤变被困在半山腰，年轻的小战士们躲在一处废弃的马厩里避雨，他们个个筋疲力尽、饥寒交加。

“这些孩子怎么还没回来？”距离约定会面的时间已经过去半天了，一直在山口等候的布茹玛汗越想越不放心。她担心战士们巡逻会遇到意外，于是冒着危险在暴风大雨中翻山越岭走了10里路寻找他们，最终成功将尚有一丝体温的馕送到他们手中，给断了粮的战士送去希望，点燃了生的火把。

在半个多世纪的护边岁月里，赤忱的母爱使布茹玛汗成了边防战士共同的母亲，她用她的热情温暖了寒冷萧瑟的雪域高原，也给守护祖国第一道防线的他们带来了无数慰问。她和守边战士用深情厚谊谱写了一曲曲军民情深的赞歌，在人们心中永远留存！

守边的“传承”

守护祖国“第一道防线”，见证西边“最后一缕阳光”，布茹玛汗与艰苦为伴，以边陲为家，将自己的青春年华奉献给祖国的守边事业。60多年来，布茹玛汗巡边护边的行为从未间断，她不仅把自己的青春奉献给了祖国边境，也把这种奉献精神传递给了子孙，如今，她的5个子女都是护边员，跟随母亲的脚步走上这条守边的路。

布茹玛汗的精神激励着许多人不断前行。她的儿子麦尔干从小就跟着她巡边，如今已是当地护边员小组组长。如今，他的脑海闪过曾经的回忆，眼眶也渐渐湿润：“小时候埋怨妈妈总不回家，为什么不能像其他人的妈妈一样给我们做热饭热汤，只知道在边境线上巡边，还常常受伤。成为像她一样的护边员后，我才明白了边境线的意义，于是开始钦佩妈妈，为她骄傲。”

现在的布茹玛汗患有严重的风湿性关节炎，腿脚行动不方便。被迫离开边境线的她十分难过，但只要一提及她的护边员子女，布茹玛汗就充满了自豪，眼里闪着光：“我老了，不能守边护边了，但我的子女都是护边员，我要让他们一代一代去接力守边。‘中国’这两个字不仅要刻在石头上，更要刻在我们每一个人心中。”

布茹玛汗在短短40分钟的“民族团结课”里讲述了她的故事，让小朋友们都感慨万分。

“听了布茹玛汗奶奶的故事，我明白了今天的幸福生活和稳定的边防是护边员和解放军叔叔用汗水换来的。以后我要更加努力学习，和奶奶一样保卫祖国！”

“布茹玛汗奶奶让我对护边员有了更多了解。他们为了边防事业付出了那么多，我应该向他们学习，热爱祖国的每一寸土地！”

学生们充满感情的话语也让布茹玛汗红了眼眶，她给了这群可爱的孩子一个充满爱的拥抱。

“今天是 2019 年 9 月 29 日，国家主席习近平正在授予布茹玛汗·毛勒朵‘人民楷模’国家荣誉称号，她成为国家最高荣誉获得者中的巾帼先锋。”远处的电视里回放着这个令人感到骄傲的片段，“英雄模范们用行动证明了伟大出自平凡，平凡造就伟大。只要有坚定的理想信念，不懈的奋斗精神，脚踏实地把每件平凡的事做好，一切平凡的人都可以获得不平凡的人生，一切平凡的工作都可以创造不平凡的成就！”

在 60 多年的人生道路中，布茹玛汗·毛勒朵与戈壁风沙交锋，与漫天飞雪作战，在山洞里避雨，在马肚下取暖，遇到过危险，也承受过挫折。可她用脚步丈量祖国领土的决心不曾改变，巡边护边的信念不曾动摇，心系祖国的爱国之情也如钻石般永恒闪耀！

朱彦夫——“当代保尔”的极限人生

“人的生命有两部分，一部分是躯体，一部分是精神。在我看来，精神生命才是第一自我。我虽四肢不全，但我精神健全，做一个对社会有用的人，这样，才活得有价值，才活得像个人样。”

——朱彦夫

在山东省淄博市沂源县张家泉村村口，有

一群人围聚在这里。他们环绕在一张轮椅周围，而轮椅上坐着一位老者，他似乎正在思考着什么。老者思考了片刻之后，对旁边的人说了什么，大家纷纷点头表示同意。

这时已是傍晚，昏黄的阳光斜照在他们身上。仔细端详这位老人，他戴着一副黑色墨镜，气定神闲，仿佛世界上的一切事情都难不倒他！微风吹过，他的裤管随风飘动，能看出裤管里空无一物……

他究竟经历了什么，他是谁？

他就是张家泉村的党支部书记朱彦夫，一位特等伤残军人。他用超乎常人的毅力，向自己的命运挑战，向自己的人生挑战——他一生保家卫国，曾参加上百次战斗，3 次立功，10 次负伤，动过 47 次手术。在失去了四肢和左眼的情况下，他带领村民们脱贫致富，走上幸福之路！今天，就让我们一起走近这位当代中国的“保尔·柯察金”，去了解他的极限人生。

为报家仇，铁血男儿誓参军

1933年7月，朱彦夫出生在山东省淄博市沂源县张家泉村，张家泉村就位于沂蒙山腹地之中。沂蒙是一片神奇的土地，这里历史厚重、人才辈出。出生在这样一个人杰地灵的地方，似乎注定了朱彦夫不平凡的一生。

1943年，朱彦夫10岁了。当时的中国并不太平，驻扎在山东的日军出动了几乎全部的机动部队，以渤海地区为重点，向我国抗日根据地发动了空前规模的“大扫荡”，试图分割滨海根据地。

短短几日，日本侵略者便打到了张家泉村，

进行了残酷卓绝的“大扫荡”。朱彦夫的父亲为掩护八路军侦察员被日军抓获并暴打致死。这个噩耗对当时只有10岁的朱彦夫来说，打击是巨大的，他的双手握拳，心中想着：“杀父之仇必报！”

为了家人，为了国家，也为了自己，他一定要参军！

1947年，14岁的朱彦夫加入了中国人民解放军。在军队的日子里，朱彦夫感受到了前所未有的温暖，过惯了苦日子的他第一次知道了吃饱饭是什么滋味。有同生共死的战友们，有强大的精神力量作支撑，军营成了朱彦夫的家，是他寄托情感的地方。在解放战争时期，朱彦夫先后参与了淮海战役、渡江战役等上百次战斗，荣立战功。在炮火连天、血染大地的战场上，他不怕流血牺牲，忠心报国。

浴血战场，英勇无畏坚守高地

1950年冬天，刚刚迎来和平的新中国又面临战争的威胁，朱彦夫和战友们马不停蹄地踏上了鸭绿江对岸陌生的国土，为和平而战。

在离开之前，朱彦夫回到家中，和母亲紧紧拥抱了许久，想把这一刻的温暖在心中留存得久一些。他选了一块土地拿着铁铲堆起了一个土山坡，给母亲提前修了一座坟。他已经做好了牺牲的准备，下定了把自己的生命献给祖国、献给人民的决心！

1950年11月，以美军为首的“联合国军”总司令麦克阿瑟将军计划在朝鲜发动总攻：在空军的掩护下，部队从东、西两线以钳形攻势向前推进，以期迅速结束朝鲜战争，他还承诺让美军士兵能回家过圣诞节。

12 月的朝鲜十分寒冷，路面上积雪很深，一不留神就可能滑倒。朱彦夫跟随着原先的部队一同入朝，支援朝鲜抗击美国。由于战事紧迫，志愿军战士们一收到指令就马上动身，棉衣、棉鞋、棉被等冬装的供给都还没有及时跟上，大家只能穿着单衣、胶鞋奔赴前线。

试想一下，没有冬装的冬天，那该有多冷啊！由于棉被少得可怜，每个班只能分到一床，晚上睡觉的时候，几个战士必须挤在一起抱团取暖，以防止被冻僵。在战斗打响前，志愿军战士被冻伤，甚至冻死，从而造成非战斗减员的现象非常严重，许多战士埋伏在雪地中就再也没能站起来。沿途，有的战士腿被冻在雪中，有的战士手和枪冻在了一起，可是这些战士直到生命最后一刻都还坚守在自己的阵地上。朱彦夫望着这一路牺牲的同伴战友们，铁血男儿的眼眶也不禁湿润了。

朱彦夫所在的部队这一次要坚守的是长津湖“250高地”。敌军数量是己方的数倍，这将是一场力量悬殊的对决！此时的朝鲜气温低至零下35℃，连队的将士们衣服单薄，加上风雪的侵袭，身体不自觉地打寒战，但他们并没有丝毫的退缩！朱彦夫一边给自己打气，一边给身边的战友鼓励——“为祖国而战！”

战斗机从头顶呼啸而过，美军向“250高地”发起了多轮进攻。他们的战术简单粗暴，利用自身优势实施“火海战术”——直接向高地的每一个角落投放炸弹。他们像嗜血的野兽，火力全开，不断轰炸，山头都被炸弹削去了几十厘米，地上全是爆炸后剩下的弹壳。

“轰隆！轰隆！”

一时间，天地间只剩下炮火声！

连续不断的攻防战让朱彦夫所在连队的士兵们相继牺牲了，最后，“250 高地”上竟只剩下了遍体鳞伤的朱彦夫一人。敌人并不会给我方留片刻喘息的机会，他们又一次发动进攻了！

面对敌人的进攻，朱彦夫并不畏惧：“就算是死，我也决不当逃兵！”

他把 3 挺机枪压满子弹，伴随着一声怒吼，向敌人不断扫射。当朱彦夫再一次给枪上子弹时，眼前突然落下了三四颗手榴弹。朱彦夫迅速反应过来，抓起一颗便向敌人扔去，又抓起另外一颗向外抛去，来不及丢第三颗，手榴弹就爆炸了，强烈的火光将他吞没了。

“250 高地”上雪花飘落，这片土地陷入了寂静。逝去的战士有的趴在地上，手扣着机枪的扳机；有的跪在地上，双手端枪，目视着正前方。直到他们生命的最后一刻，他们仍然保持着战斗的姿势！战后，被志愿军战士的气势吓怕了的美国兵，对着阵地上几个一动不动的战士又挨个捅了几刀，朱彦夫的肚子上也被捅了一个洞。做完这些，美军才松了一口气，安心离开。

长津湖畔大雪纷飞，厚葬了这些战士。

不知过了多久，钻心的疼痛叫醒了朱彦夫，他还活着！飘落的雪花将他的身体覆盖，使他移动艰难。他想求救，却喊不出声音，他想伸开手，手指头却不听使唤，仿佛这只手已经不属于他了。朱彦夫费力地抬起冻僵的手，手一直是握紧拳头的状态。他使劲揉搓双眼，却看不清前方，刺骨的寒风让他的痛觉尽失，右眼只能模糊地看到一些虚影。朱彦夫咬紧牙关，辨别了一下方向，在冰冷的雪地上挪动躯体向前爬行。不知爬了多久，陷入了几次昏迷，他终于被两名志愿军战士发现并救起，送往战区急救站。

由于伤势过重，朱彦夫被火速送往长春第三军医大学附属医院进行治疗。他先后进行了47次手术，昏迷了93天。

在医生坚持不懈的抢救之下，朱彦夫醒了过来。但是他的双腿膝盖以下以及双手被截肢，失去了左眼，右眼的视力也下降到0.3，成了一级伤残军人。如此重度伤残让朱彦夫心理承受不住，几次想要放弃自己的生命。

“你的命是我们用几个月的时间，硬从死神那里夺回来的，你有什么资格放弃？”医生的话将朱彦夫点醒。

是啊，要为党，为国家，为死去的战友活

下去！从此，朱彦夫开始积极接受治疗。

重归家园，“爬”着改变荒郊野岭

1952年，朱彦夫的伤势逐渐稳定并好转，在医生的建议下，他转入山东荣军休养所特护疗养。但朱彦夫并不愿意自此成为一个躺在床上衣来伸手、饭来张口的废人。1956年，在朱彦夫的极力要求下，他最终如愿以偿回到了故乡沂源县西里镇张家泉村。

一回到家中，朱彦夫就开始了刻苦的“锻炼”——训练自己的自理能力。

普通人最正常的日常生活，对重度残疾的朱彦夫来说却难上加难。回到家8个月的时间里，朱彦夫共砸碎了141个饭碗、23个菜盘碟子。虽然装上了假肢但他仍然拿不稳东西，饭菜经常撒一地。训练走路的时候，摔倒磕碰更是常有的事，单单是较大的伤口就已经用药 90 多次，更别提那些小磕小碰了。家人们看到这样的情景，觉得不忍心，极力劝说他接受照顾。倔强的朱彦夫摇了摇头，说道："残废只是绑住了我的肉体，但它不能绑住我的思想。我要用健康人的标准来要求自己，不麻烦别人，这样我才对得起那些牺牲的战友们，我要替他们好好活下去！"家人们拗不过他，只好同意。

一次次失败倒下，再一次次尝试爬起，需要的不只是体力，还需要坚定的意志和信念！最终，朱彦夫成了一个生活强者，能够自己照顾自己了。然而，这对于朱彦夫来说只是一小步，他想做的是用自己的能力回馈家乡的人们！

1958 年，朱彦夫作出了一个惊人的决定：接受村里 8 名党员和父老乡亲的重托，担任张家泉村党支部书记，挑起基层干部的担子！至此，一场轰轰烈烈的乡村改革在他的领导下开始了。

改革的第一步就要从武装群众的头脑开始。当时的张家泉村穷极了，还是个乱石窝，村里108户分散在6座荒山上，邻里之间缺少交流，没有交流自然无法发展。最要命的是，村里多数人都不识字。要先认字才能学知识啊！刚上任的朱彦夫，拿出自己的抚恤金办起了夜校，朱彦夫14岁参军，因为战时环境，他也没上过一天学。每次上课前，朱彦夫先自学，再教给村民们。就这样，靠着一本字典和借来的小人书、小学课本，慢慢地，朱彦夫甚至能用残臂写字、记日记了！

朱彦夫每天都来夜校上课，走在路上经常会摔跤。有一次，雪天路滑，他在路上跌倒了，怎么也爬不起来，就匍匐着往夜校的方向爬去。

村民们看了直掉眼泪，每个人都不敢辜负他的好意，纷纷投入到了刻苦的学习中。

改革的第二步是向荒山要耕地。村里纵贯着的3条深沟把全村割成细碎的几个小块，根本没有一块像样的土地用来耕种。朱彦夫提出，用锄头和独轮车去开垦，向荒山和沟壑要耕地！

改变地形是首要目标。当时正值冬天，工程量又大，朱彦夫仍拖着17斤重的铁腿和全村上百号人一起填深沟、造梯田，把荒山上的石头用小木车子运到山下，再用其他地方运来的土填上。渐渐地，村里能够使用的耕地增加了70亩。有了耕地，随之而来的便是水源问题。眼看着地里的庄稼渐渐枯萎，朱彦夫心急如焚，他马上请来水利专家现场勘测定位，带领乡亲们先后打出了3眼大口井、3眼深水井，建起了

1500 米水渠。

无数个夜晚，朱彦夫独自一人上山规划蓝图，无怨无悔。有时候他还对自己的女儿笑着说：“我这走法就是四种走法，第一种是立行，站着走；第二种就是跪行，跪着走；第三种就是爬行；第四种就是滚行，滚行快一点，但是滚行损失很大。”听他这样说，大女儿朱向华总是偷偷抹泪，但还是支持着父亲的事业。

就这样，这个身体重残的带头人和乡亲们一起，一次次改写着张家泉村的历史。小平原造成了，几座荒山变成了苹果园、花椒园和桑树园，粮食亩产量也得到了显著提高，从此，这个昔日贫瘠的小山村变成了年年丰收的幸福村。

“什么叫工作？工作就是斗争。哪些地方有困难、有问题，需要我们去解决。我们是为着解决困难去工作、去斗争的。越是困难的地方越是要去，这才是好同志。”朱彦夫一直牢记毛主席说过的话。只有敢于斗争才会有突破！他用自己坚强的意志和精神，保家卫国，无怨无悔。他既是一名勇于战斗的军人，更是张家泉村村民们可亲可敬的党支部书记。

1996年，朱彦夫33万字的自传体小说《极限人生》出版。时任中央政治局委员、中央军委副主席、国防部部长迟浩田亲笔题写书名并题词：“铁骨扬正气，热血书春秋。”

“人民楷模”朱彦夫用自己的行动演奏出了雄壮激昂的生命之歌，不怕困难，不怕挫折，爱国爱民，永不言弃，让我们向他致敬！

李保国
——太行山上的“新愚公”

“百姓需要什么，我就研究什么，教给他们什么。把我变成农民，把农民变成我。”

——李保国

如果你在8月来到凤凰岭，天气已经变得十分炎热，就连树上的知了也受不了了，高声地鸣叫着。这时候要是能到树底下，一定会凉快许多，内心也就不会那么躁动了。而眼前，就有这么一片绿色的树林！这满山核桃林在阳光的照射下，显得越发青翠。这里的负责人说："许多年前啊，这里还是光秃秃的一片呢，到处都是石头、沙子，并不像今天这样绿油油的。"

"这一切还都要感谢我们的恩人李保国教授啊！"河北绿岭果业有限公司的负责人高胜福激动地说道。

一说到李保国教授，高胜福不禁眼泪直流。

他为什么突然哭了呢？

2016 年 4 月 10 日，随着连续急促的救护车的警笛声，李保国因为心脏病突发被送往医院进行抢救。李保国的妻子和闻讯而来的村民们在抢救室外焦急地等待着结果，有的人坐在椅子上双手合十，嘴中不停地祈祷，有的人在医院的走廊上来回踱步，显得十分担忧。

时间一分一秒地过去，终于，抢救室的大

门被推开，等待的人们一窝蜂地涌上前询问情况，眼里充满了期待。可是，天不遂人愿，医生摇了摇头，鞠了一躬，沉默地离开了，留下了因无法接受李保国已经离开的事实而愣在原地的人们。

直到现在，凤凰岭的乡亲们仍然怀念着李保国。他们在村里能看到漫山树林的地方建了一座展览馆，想把他的故事讲给每一个来到这里的人听。

李保国把一生扎根在了太行山的脱贫致富路上，用自己的专业知识让原本荒凉的乱石岗变成绿油油的核桃林，带领着凤凰岭的村民将富裕文明变成现实，把青山绿水留给了村里的每一个人。

要想让一个地方富裕起来，可不像我们说说那么简单。就让我们一起走进他的故事，走近这位开创山区扶贫新路的“新愚公”吧！

破石化土，成就一方绿洲

1958 年，在河北省衡水市武邑县的一个农村家庭，随着一声啼哭，李保国出生了。他从小就不像其他小朋友那样调皮捣蛋，反而特别懂事，看到家人们在山上辛勤劳作，就会主动帮着搭把手。他对农业很感兴趣，有一天农活干完了，在回家的路上，李保国对爸爸说：“爸爸，我以后一定要帮村里把农业搞好！”爸爸很支持他，欣慰地拍了拍他的肩膀。从此，这颗小小的种子便在李保国的心中逐渐发芽。

1977 年，国家刚刚恢复高考，李保国就作为第一届大学生考入了河北林业专科学校，这所学校就是现在河北农业大学林学院的前身。

经过了4年的学习生活，李保国以优异的成绩毕业并留校任教。可上班仅仅十几天，椅子还没坐热，他就拉着几个同事一起做起了“不寻常”事——扎根太行山，搞起了山区开发研究。小时候埋下的梦想的种子，此时已长成了参天大树。

1986年，李保国跟随国家重点攻关课题“太行山高效益造林绿化配套技术研究”课题组来到了太行山区做调研，研究如何进行山区开发工作。住在这里的村民们跟李保国一行人打趣地说道：“咱们这太行山区啊，最不缺的就是大石头了，指不定这石头里还能蹦出个孙悟空呢！”说罢，笑声一片。

李保国走到视线比较好的位置，望了望这一座座“石头山”，心想，太行山缺的是可以利用的土地啊！

当时的太行山不常下雨，已经连续好几个星期都艳阳高照，晒得地上烫得都能煎鸡蛋了，这样的环境怎么能种出东西呢？再加上蜿蜒崎岖的山路，交通不便，有三分之二的村民因为出不去，年收入甚至都不到50元。环境如此恶劣，村民们就算有脱贫致富的心，也是心有余而力不足，因为他们完全不知道该如何去改变这样的境遇。从村民们自嘲的神情中，李保国看出了几分无奈，他心中不服气的那股劲儿上来了，他下决心一定要帮助这里的村民们！他跟同事们商议后决定，就选择这里作为开发试点。

自从调研的那天起，李保国的命运就与山区紧紧地联系在了一起。李保国的项目在学校经常被有些人评论为“土得掉渣”的项目，因为这些项目在他们看来，既耗费时间又吃力不讨好。可李保国却不以为然，依旧心无旁骛地做着自己认为正确的事情。他认为，研究这些“土技术”，才能真正帮助村民，解决他们的贫困问题。就这样，李保国和同事们起早贪黑，跑遍了山上的沟沟坎坎。中午吃饭时，他们就直接就地吃早上带的干粮，晚上回到住处，还要忙着整理分析数据。由于贫困，村里的线路老化，晚上总是停电，他就一手拿着手电筒一手拿着笔分析数据，寻找破解之道。

很快，李保国就摸清楚这片山区的“脾气”了！由于这片山区的土层过薄，土壤很容易就被风吹走或者被水冲走，因此树木如果要存活下来，就要加厚活土层。那么问题来了，土从哪里来呢？这个难题困扰了李保国好多天，甚至在梦里他都还在说着要在哪里找土的梦话。

在某一天的夜晚，李保国突然来了灵感，奋

笔疾书写下了改造计划。第二天的清晨，“深眼闷炮”控制爆破松土蓄水技术的设想出炉了！“深眼闷炮”技术的意思就是通过爆破改道，让土和水都汇聚到这条道上，从而实现“聚集土壤，聚集径流”的效果。中午，李保国连饭都顾不上吃，便兴奋地跑到办公室，把设计方案拿到研讨会上跟其他同事一起讨论。大家都对这个方案表示认可，李保国和同事们便开始行动了，他们知道，修筑村民们的致富路刻不容缓！

“3，2，1……爆破！”

随着响亮的口号声一起响起的，是来自太行山土层的爆破声。经过了严密的勘查，李保国和其他专家教授设定了多个点进行爆破。“山中造地”的办法真的成功聚集了土壤和水流，这项技术也被迅速推广到了太行山的其他村落，效果显著。自那以后，前南峪村的土变厚了，水变多了，树木栽植成活率从原来的10%跃升到了90%！如今，前南峪村已是太行山最绿的地方之一，林木覆盖率达到90.7%，植被覆盖率达到94.6%，并获得“全球生态环境建设500佳”提名，被誉为太行山区一颗璀璨的“明珠”。

李保国没有停下研究的脚步，他一鼓作气，陆陆续续提出了隔坡沟状梯田机械整地技术、太行山片麻岩区“蓄、集、整、改、排”防洪减灾工程技术等。经过十几年的开发治理，李保国带领着太行山的村民们完成了一个又一个新成就——前南峪村变成了“太行山最绿的地方”之一，就连遭遇50年一遇的暴雨引发的洪水时，前南峪村这块绿地都完好无损。

在树木成活率大大提高的基础上，李保国开始引导农民种板栗。几年下来，前南峪村成了远近闻名的富裕村。

化险为夷，产量再上新台阶

1996年8月3日，太行山岗底村一带突降暴雨，降雨量累计达到了400多毫米。一时间，山洪就像凶猛的野兽从山上咆哮而来，岗底村前的护村大坝瞬间被冲垮。洪水越过坝基，扑向了农田和村庄。眼看着家门口的水很快就涨到人腰部的位置了，村民们赶忙拖家带口向高处疏散。村民们直到现在想起那次山洪还感到后怕——山洪冲毁了1200米长的护村大坝，破坏了200多亩良田、3000多亩山场，摧毁了几乎全部的水利设施。当地的采矿厂、选矿厂、冶炼厂等企业均遭受重创。

岗底人一下子蒙了。

灾后不到几天，心系村民的李保国便跟随

河北农大科技救灾团来到岗底村。看着时任村党支部书记杨双牛难过的样子，李保国心里很不好受。他走到杨书记身旁，悄悄地递给他一张小纸条。杨书记打开一看，这张纸条上面写着“如果需要果树管理技术，我可以帮忙”，这句话的下方写着李保国的家庭电话。

一个月之后，李保国便带着同在河北农大任教的妻子郭素萍来到岗底村住下了，他们可不是来度假的，而是来“救火”的！白天，李保国和妻子爬上一座又一座山，拍照、勘测、搜集数据；晚上，就在房间里根据白天搜集到的数据反复推敲治理的方案。经过了半个月的调查研究，李保国拿出了治山计划。他们确定了几个可以在太行山种植成活的品类：第一种是苹果，每人栽种 2 亩地，能得到的收入是 2 万元；第二种是板栗，每人种 5 亩，能得到

5000元的收入。经过讨论，能创收更多的苹果成了村民栽培的首选。

工欲善其事，必先利其器。确定好了目标，村民们还要学会用“器”，这个“器”就是苹果的种植技术。要想栽出又大又好的苹果，可不是浇浇水就可以收获得到的，这里面大有学问！

为了让果农们尽快掌握好技术，李保国编写了128道苹果标准化生产管理工序，并且把它结集成书，让果农们人手一本。这本书里的文字通俗易懂，详细地记录了一年365天里，什么该管，什么时候管，什么不用管，管到什么程度，李保国甚至为技术编了简单好记的顺口溜。比如苹果树修剪，幼树期要“见枝拉下垂、只剪中心枝”，盛果期要“去枝就留橛、见枝拉下垂”，农民一听就懂了。

工序技术做得虽好，但也需要落到实处才行。在苹果技术的推广过程中，并不是一帆风顺的，其中充满了坎坷。

1981 年时，李保国第一次下乡指导苹果管理，刚刚毕业的他就遭到了质疑。

队长郑津玉问李保国：“你多大了？”

李保国说：“我 1958 年出生。”

郑津玉说：“我 1956 年就开始管苹果了，以前来我们这儿的教授可不算少。”他显然并不相信这个在他看来还不成熟的“毛头小子”。

李保国沉默了一会儿，对郑队长说：“给我 100 棵树。”

一年之后，李保国那 100 棵果树长得最好、果子个头最大、总产量最高，来买苹果的都先买李保国的。这下，其他队员对李保国彻底服气了，纷纷来找他“取经”。

“作为一个林业专家，一定要了解农民，给他们讲听得懂、用得上的知识。”李保国曾在采访中说。

农民最讲究眼见为实，要让农民把技术学到手，必须先做给他们看，再带着他们干。为了推广技术，李保国还多次跟农民比赛打赌：“是骡子是马，拉出来遛遛。”

有一次，李保国在岗底村推广苹果套袋技术时遭到了村民们的质疑，当时这项新技术在河北省还没有应用的案例，推广起来也异常艰难。当李保国跟村民们演示苹果套袋时，村民们不买账了。

“苹果不见光还能长？”

面对村民们的不理解，李保国还是跟以前一样，跟村民们打赌！李保国亲自拿出5万多元科研经费买来纸袋，并且手把手教村民套袋。

村民们虽然半信半疑，但还是愿意试一试。到了秋天，套了袋的苹果长得又大又红，5两到6两的每个可以卖10元，8两以上的每个卖50元，极品果甚至可以卖到100元，而没套袋的苹果还是卖不上价钱。这下，村民们彻底服气了。

李保国常说“人哄地皮，地哄肚皮”，意思是说农业生产技术来不得半点马虎。与农民比赛，李保国赌的不光是技术，更是农业的未来、农村的未来、农民的未来。在果园忙活时，他的衣服划了个口子。杨双牛随口问他衣服的尺码，想给他买件新的。李保国停下手中忙活的事，对他说：“你省点心吧，我变不成农民，农民就变不成专家。西装革履，头发锃亮，咋进果园教技术？”

有了几次“打赌”的经历，村民们都很信服李保国推广的技术，他们在8000亩的山场上栽下了20万棵苹果树，并且全部按照李保国的生产工序进行。最后生产出来的苹果，无论是果型、着色、大小，都仿佛是一个模子刻出来的，颗颗饱满圆润。后来因为苹果的质量上乘，“富岗”苹果成了岗底村的代名词，销往全国，还被评为了中国驰名商标。曾经人均年收入不到80元的岗底村，如今已经达到了3.1万元。李保国成功带动了7万农民脱贫致富。

马不停蹄，造福一个又一个村落

2014年，南和县的红树莓项目负责人周岱燕来到学校找李保国，述说自己的困难。周岱燕说：“李老师，我们缺少技术，树苗的成活率只有10%，这可怎么办啊？”

听完了周岱燕的讲述，李保国认为这又是

一项能够快速脱贫致富的好项目。他激动地说：“只要能让农民脱贫，技术方面我来想办法！”

就这样，李保国又开启了“疯狂”的研究模式。短短一个多月的时间里，他跑遍了东北三省、山西等地，对生产基地和市场进行研究，还拉来了5个研究生，成立了树莓技术课题组。在李保国技术团队的支持下，南和县建立了国内最大的树莓种苗组培中心，年产树莓种苗1500万株，可满足2万亩土地的种植发展需求，经济效益辐射河北10多个县，农户每亩实现5000元以上的增收。

“把科技转化成生产力，必须让技术长在泥土里。”这是李保国一直教导学生的理念。35年来，李保国每年在山里的时间都超过200天。这35年，李保国干了比普通人70年还多的工作！常年高强度工作，就算是铁人，也熬不住了……

2016年4月9日晚上，李保国只是简单地吃了几口饭，就又开始接听工作电话了。尽管此时已经晚上9点了，他还在和周岱燕沟通建设树莓采摘园的事情，这是这两年李保国投入精力最多的项目了。可谁知道，这一通电话，竟然是李保国留给世界的最后话语……

4月10日凌晨两点，房间被急促的呼吸声打破了宁静——李保国呼吸困难，喘不上气，说不出话来。妻子赶紧把他送往最近的解放军二五二医院。人工心肺复苏、电击……4分钟、8分钟、半小时……这一次，李保国再也没能缓过来，没能再看看他惦念的人们。

在苹果花开的季节，李保国走了，走得让人牵肠挂肚。受过他帮助的村民们自发地用不同的方式悼念他：有些村民带走了他的骨灰的一部分，撒在他生前一直牵挂并为之奋斗的土地上；前南峪村的村民们把他的事迹刻成碑文，立在村口；岗底村在村里的成果展示厅里更新着他的事迹，把他的故事讲给每一个到这里的人听。

35年如一日扎根于太行山，李保国俯下身子，为群众脱贫寻觅出路，用科技把荒山秃岭丢进历史，把绿水青山留给未来。在太行山工作期间，李保国先后荣获多项科技进步奖，出版专著《太行山板栗集约栽培》《绿色优质薄皮核桃生产》等，发表学术论文100余篇，这些著作成了当时该专业最前沿的教材，造福了许多大学生。这位“人民楷模”的精神将会一直延续，也会有越来越多的人民站出来，共同打响脱贫攻坚战，给神州大地一个人人富足的光明未来！

都贵玛

——草原上的格桑花

“走不完的草原，说不完的故事，山山水水倾诉着您的伟大……草原母亲都贵玛，你把多少孤儿养育大，草原额吉都贵玛，蒙古包见证了您的苦乐年华！”

1942 年 4 月，这首歌谣的主人公—— 一个名叫都贵玛的小女孩出生在内蒙古自治区乌兰察布市四子王旗一个普通的牧民家庭。

不幸的是，她 4 岁失去了父亲，7 岁那年母亲也因病去世，年幼的她由外祖母和姨妈抚养长大。虽然亲人们待她很好，但父母的离世还是催着她早早地长大了。她成了一个特别能吃苦的女孩子，小小年纪就能够和大人一起放牧、挤奶、打草，十分能干。她的生活平静而幸福，只是偶尔会有一点想念母亲。

无微不至的“草原妈妈”

1960 年，气候极端恶劣，我国各地粮食紧缺，尤其是上海、江苏、浙江等地，政府收养的几千个孤儿都面临着死亡的威胁。焦急万分的中央政府将目光投向了内蒙古大草原。那里水草丰美，牛羊成群，人民勤劳而淳朴。更难得的是，在蒙古族的文化中，世间万物都承载着对生命的敬畏和信仰，将孩子们托付给生机勃勃的大草原，是当时最好的选择。

终于，在周恩来总理和内蒙古自治区党委书记的安排之下，3000 多名孤儿被送往内蒙古保育院。后来，人们把这些由草原哺育成人的小家伙叫作“国家的孩子”。

从湿润的南方到辽远的内蒙古大草原，初来这里的孩子们学会的第一句蒙古话就是“额吉”——汉语里“妈妈”的意思。

这些孩子最小的刚刚满月，最大的也不过 6 岁，睁着圆溜溜的眼睛，被装进小小的提篮中，万分珍重地交到了每一位“额吉”的手中。

都贵玛正是这许多额吉中的一位。那时候她只有 19 岁，因为勤劳能干而被招进内蒙古四子王旗临时建立的保育院工作。在这个本该天真懵懂的年纪，她却摇身一变，成了 28 个孩子的“额吉”。

初见面时，都贵玛为每一个孩子都准备了蒙古袍，寓意是“新生”。为了更好地认清每一个小家伙，她还特意为他们准备了不同颜色的襁褓。孩子们刚来的时候，个个又弱又小，有的还在途中不慎患上了肺炎、痢疾，他们吃得很少，夜里也在不断地哭闹。

都贵玛知道，这是最难也是最危险的时刻，眼前的这些小家伙实在太脆弱了，就这样突然地来到一个完全陌生的地方，还要被动适应草原上的气候，他们甚至可能连一场风寒都抵御不了。

为了能更好地照料孩子们，都贵玛把他们的床铺摆成一个圆形，这样无论谁有需要，她都能第一时间来到小床前。草原上温差很大，为了防止孩子们受凉，蒙古包里总是烧着牛粪，暖和极了。这里荒凉、干燥，帐篷外的风沙声中有时还裹着狼的叫声。孩子们刚来这里，一时间无法适应饮食，又饿又怕，整天嗷嗷大哭。

都贵玛想了又想，特意从家里拿来了酥油、奶豆腐等更加温和有营养的食材，小心养护着孩子们娇嫩的肠胃——在当时，那些可都是牧区里非常少见而珍贵的东西，但是都贵玛连眉头都没有皱一下。

一年多的时间里，她没能睡上一个囫囵觉。后来别人问她，苦吗？她说："反正那时候年轻，也不知道苦，就是没觉睡。我要是能眯着眼睛睡上一觉，就幸福得不行。"

尽管精疲力竭，都贵玛却始终挺直腰背，从不敢在孩子们面前露出疲惫的神情，因为她心里清楚，小孩子是很敏感的。每当这个年轻的"额吉"在身边转来转去的时候，他们都静悄悄地坐着，眨着圆圆的黑眼睛看呀看，他们正在观察呢，直到确定了这里舒适又安全，才肯怯生生地探手。

慢慢地，孩子们熟悉了这里的新环境，一见都贵玛就笑，他们一个挨一个地并排坐在一起看着都贵玛，每个人都喜欢上了这个草原上的“额吉”。一个叫呼和的小男孩，刚刚断奶，由于过早地离开父母，他表现出了对都贵玛的强烈依恋。每天晚上，只要一关灯，呼和就会说：“额吉，我来了！”然后，开开心心地往她的怀里扎。

都贵玛作为一个还没有出嫁的姑娘，常常会羞得面红耳赤。在保育院里，会有老师教她怎样成为一名合格的保育员，可是从来没有人教过她要怎么成为一个母亲啊。她摸摸小男孩毛茸茸的头顶，动作还带着点点僵硬，叫了一声：“我的呼和。”

她说："我7岁时成为了孤儿，所以对这些孤儿有着特殊的感情。"

她抱起一个个裹在襁褓里的小孩子，像是抱起了很多年前那个孤孤单单的自己。

孩子们一天天地长高长大，她也一天天变得更加美丽勇敢。有时孩子生了病，她会毫不犹豫地骑上马儿，在夜色下奔波数十里去找医生。

草原的夜，静谧而危险。等待着都贵玛的，或许是漫天的风雪，或许是刺骨的寒风，而如果要到偏远的地方去找医生，甚至还可能会面临群狼环伺的局面。在这样的情形下，胆子小的哪里敢出门？就算是胆子壮的怕是也会掉头回去，那是草原上的狼啊，它们是真正贪婪凶狠、闻着血腥味儿长大的可怕生物，有着幽绿色的眼珠和锋利的、流着涎水的牙齿……然而这一切都没能让都贵玛退缩。她低下头，在孩子的脸颊上轻轻吻了一下。似乎在茫茫雪色之中，怀中滚烫的小身体成了她唯一的勇气之源。她对自己说，“振作起来，都贵玛！天下哪有一个母亲会因为胆怯放弃自己的孩子？”

终于，在都贵玛额吉的精心照顾之下，孩子们一天天地长大了。草原给了他们红润健康的脸蛋，风吹起他们额前柔软的刘海，叫人想起阳光下的小羊羔，既活泼又可爱。

精心照顾了孩子们 10 个月之后，都贵玛憔悴了许多，但她的神情却始终如一地温柔和坚毅。她知道每一个孩子的小小心事，也越来越擅长应付一些调皮捣蛋的小家伙。白天，这位年轻的额吉常常专注地望着孩子们，像是在看着自己在世上最富饶的珍宝。

然而，分别的时刻也已经来到。

其实，从孩子们来到保育院的第一天起，

都贵玛就深深地明白，孩子们终有一天都会离开。他们是“国家的孩子”，他们的未来就像草原一样辽阔，他们应当找到更好的收养家庭，快快活活地离开，无忧无虑地长大。可是，你要如何要求一个年轻的母亲平静地送走她的孩子们呢？

每当有一个孩子被养父母带走，都贵玛的心就会像被撕裂般的疼痛。后来再描述起当日的心情，她说：“就像把自己的亲骨肉送出去一样。”

关心孩子们被领养后的生活的都贵玛常常骑着马儿去探望他们。看到孩子们在新家得到了很好的照顾，都贵玛在伤感的同时，又忍不住地开心。她默默念着每一个孩子的名字，像他们刚来到草原时那样，在心中祝祷：“草原上的星星和神明啊，请保佑我的孩子们，让他们平安快乐，这一生都没有忧愁。”

扎拉噶木吉是都贵玛送走的最后一个孩子。在他离开的那一天，都贵玛静坐在空落落的看护室，久久出神，心里空落落的。直到有一天，她终于抑制不住心中的牵挂，骑上马儿，来到了扎拉噶木吉的养父母家，可奇怪的是，那里到处都没有扎拉噶木吉的身影。心急火燎的都贵玛四处寻找，却看到那个小小的孩子正独自在外捡牛粪，这让都贵玛又是愤怒又是心疼——我舍不得分别的孩子，多少次在梦中呼唤、像珍珠一样宝贝的孩子，怎么能够在这样的环境下生活！于是，都贵玛不顾旁人的劝说，把扎拉噶木吉重新接回了自己身边，悉心照料，直到他遇到更适合的养父母。

后来，越来越多的人知道了都贵玛和孩子们的故事，人们盛赞她的伟大，她改变了20多个孩子的命运，也改变了20多个家庭的命运。

然而在都贵玛的心中，却始终藏着一个深深的遗憾，那就是她没能记清所有孩子的汉族名字。那个时候，如果她能记下那些名字，孩子们将来再问起家乡，再想要找亲生父母，就会方便很多。

“我4岁失去了父亲，7岁失去了母亲。看到他们我就想起了我曾经的成长经历。”她这样说道。所以她无比渴望帮助孩子们重归故土，找到自己的亲人。可被她照料过的孩子们却说，他们寻找亲人只是为了知道自己从哪里来，在他们的心中，永远都忘不了自己这位草原上的额吉。

半路出家的“产科大神”

1974年，刚刚成为共产党员的都贵玛作出了一个令很多人都不解的决定，那就是参加四子王旗医院组织的培训，跟随妇产科医生学习产科知识。因为当年的内蒙古草原经济落后，交通不便，医疗条件十分有限，几乎每一次生产，都是母亲们在生死线上的博弈。

很多亲人朋友都劝都贵玛不要异想天开。“你自己都没有生养过孩子，哪里知道生产的凶险？更不用说去帮助其他产妇了！”

可都贵玛却已经下定了决心——她没有生养过孩子，却早已经做了母亲——她不想让这里的任何人再承受骨肉分离的痛苦。谁说草原上生孩子就是过鬼门关？她一定要学习并总结出一套适用于本地环境的生产方法！

从前吃苦受累，同极端恶劣的天气搏斗，都贵玛都不曾退缩，可到了学习现代医疗知识的时候，她却实实在在地犯了难——由于文化基础比较差，别人学个几遍就能上手的技术，她常常要苦苦钻研很久。更何况，产科的知识绝不是靠死记硬背就能学会的。要知道，生产过程中的任何一点疏忽都可能造成无法挽回的后果，所以她必须把所有知识都学得扎实、学得透彻。

都贵玛抓紧一切时间、不厌其烦地重复着枯燥的知识。她一有机会就去向附近的妇科医生请教，聆听人家的经验，努力增长见识、锻炼胆魄，时间久了，方圆百里的妇科医生都被她请教了个遍。

其实，在当时一起学产科知识的妇女中，不少人都比都贵玛更有天分、学得更快。但由于接生的时段常常是不确定的，每个人都无法兼顾劳作，大多数参加培训的人都在中途退出了。最终只有都贵玛咬牙坚持了下来。

1975年，四子王旗脑木更苏木的牧民敖敦格日勒难产，都贵玛接到消息后，立刻放下手中的活计，第一时间赶到了敖敦格日勒的家中。

严格来讲，这是她第一次给人接生。当她鼓起勇气走进产房内的时候，面对那挣扎呼痛的年轻母亲和满屋浓重的血腥气，她紧张得出了一身冷汗，浑身止不住地发抖。

一面是生，一面是死。在那生死之间，她忽然就想起了自己曾照料过的那群小家伙。现在，正在昏黄灯光下等待着她的，是和那些孩子一样轻软而温热的小生命，她怎么能放弃呢？

她深吸一口气，走向前去。“加油！一定要撑住！这没什么可怕的！”她为产妇打气，同时更坚定自己的信心！

凭借着扎实的产科知识和这些年不断积累

的经验，都贵玛在那生死攸关之际帮助她艰难地进行着分娩。

“吸气……不要哭！尽量保持体力！就快了！”

此时的都贵玛也是汗流浃背，小屋中流逝的每分每秒是如此珍贵，却又是那样漫长。

终于，天将破晓之际，一声响亮的啼哭冲破了这个家庭上空浓重的阴霾！在第一次的接生中，都贵玛成功救下了母女两人！

就这样，在 20 世纪 70 年代，都贵玛凭借着刻苦学习和不断积累经验，在草原上极端简陋的生产环境之下，先后挽救了 40 多名产妇的生命。多年后再回想起这段经历，已经头发花白的都贵玛神情里掩饰不住骄傲，她说：“我做妇产接生的工作，一直做到 90 年代，没有出现过事故。”

她一贯擅长同恶劣的生存环境去争去抢，

从前是争抢孩子们的一线生机，而后又去争抢产妇和新生儿活下来的希望。这一切的一切都磨砺了她的心志，使她从一个青涩勇敢的少女额吉，成长为一名独当一面的草原战士。

大爱无私的“人民楷模”

1977 年的冬天，内蒙古杜尔伯特草原迎来了一场罕见的大雪。彼时的都贵玛正一个人放牧，狂风骤雪吓呆了牛羊，使它们无论如何也不听驱赶。都贵玛用尽一切办法想将牛羊带到避风处，然而却收效甚微——极度的严寒之下，她的身体很快便被冻僵了。她的眼睫上落满了雪花，沉重极了，仿佛下一秒便要永久地合上，每呼出一次热气，她仿佛都能够感到生命的流逝。

风雪呼啸，引得都贵玛耳膜不断鼓震，有个声音在她脑海中不断地说："逃吧，快逃！丢下这些牲畜，或许还有生路！"

然而都贵玛却握紧了鞭子，她的手被冻得青紫，早已经失去了知觉，心底的某个声音却越来越清晰坚定："这是集体的牲畜，振作起来，都贵玛！一定要把大家的牛羊平安带回去！"

冰天雪地里，都贵玛紧紧环抱住自己，寸步不离地守护着畜群。直到第二天，她才被前来搜救的驼队抬回卫生院。

1980 年，都贵玛的哥哥和嫂子相继病故，留下了两个年幼的侄子，最大的不过 10 岁。当两个孩子用怯生生湿漉漉的眼睛望过来时，都贵玛的心一下被击中了，她当即便决定将两个孩子接到自己家中抚养。其实比起姑姑，她更像是一位“额吉”，一个真正的母亲，将孩子们照料得无微不至。作为一个从小就失去了父母照拂的孩子，都贵玛比谁都清楚那种惊惶无助的心情，于是她想尽办法，尽可能地去弥补两个孩子心灵上的缺失。在她的精心抚育之下，两个孩子健康茁壮地长大了。

2019年9月17日，国家主席习近平签署主席令，授予都贵玛“人民楷模”国家荣誉称号。9月29日，中华人民共和国国家勋章和国家荣誉称号颁授仪式在人民大会堂举行。那一天，在鲜花和掌声的簇拥之中，在无数善意温和的眼光的注视中，都贵玛感慨地说：“这个勋章不只是给我的，是颁给所有‘草原母亲’的。”

她早早地失去了母亲，却也早早地成为母亲。实际上，过往获得的许多荣誉，都比不上“母亲”这一身份更让她感到骄傲和快乐。她说：

“我这辈子做的这些事情，其实都是我应该做的事情。”“人的一生总有忙不完的事情，只要身体允许，我还会用自己的能力帮助更多的人。”

内蒙古有这样一句谚语：“爱自己的孩子是人，爱别人的孩子是神。”正是那些全心全意围拢在都贵玛身边的孩子，使她变得像神明一样强大坚定。后来，每当再有小孩子抓着都贵玛的衣角，仰起脸咯咯地笑，她都会忍不住想起那一年草原上悠悠扬扬的风，孩子们的眼睛真亮啊，像草原上熠熠闪烁的星星。

高德荣
——山的孩子，独龙的脊梁

你曾听说过吗，在那美丽的彩云之南，有一条奔腾不息的独龙江。而那湿润且芬芳的江畔，是我国五十六个民族之一的独龙族生活的地方。

人们把村落建在高黎贡山和担当力卡山脉之间——新的一天到来时，那里是最早触碰晨光的地方。

可就是这样一个坐拥青山秀水的小小桃花

源，却因其闭塞的交通，一度沦为整个云南，甚至全中国最贫困的地方之一。“吃得饱，有衣穿，走出大山”，这看似朴素的愿望，却是世世代代的独龙族人比金子还珍贵的梦想。

1952 年，解放军进驻独龙江乡。2 年后，咱们故事的主角——一个名叫高德荣的男孩降生在这片土地上。

在此之前，这里的人们一直过着“过江靠溜索，出门走天路”的原始生活。高德荣上小学的时候，每天早晚共要走 3 小时的路——那是一条条深深浅浅、被族人们用脚踩出的崎岖山道。直到 1964 年，在当地政府、解放军和群众的共同努力下，一条能够勉强联通外界的人马驿道才终于修建成功。

青山之外

1972年，18岁的高德荣成功考上了怒江州师范学校。他在人马驿道走了三天三夜才到达学校，那是他第一次来到比独龙江乡还要远的地方。

一路上可真冷啊，冷得高德荣不停地呵气，头发上都结了白色的霜。所幸，他终于艰难地到达车站，坐上卡车轰隆隆驶进了山外的世界，一切渐渐变得明亮而宽阔。

“原来外面是这样的！”在越来越接近城市的车里，这个刚刚成年的青年惊讶地微微睁大了眼睛——他第一次知道，原来路可以修得那样笔直漂亮。

1984年，高德荣被调到独龙江乡人民政府工作，这个踌躇满志的年轻干部决心要为家乡作一番贡献。可他没有料到的是，仅探访全乡的 41 个村镇，就花去了他整整两个月的时间。那时的独龙江乡仍旧依靠着人马驿道维持交通，全乡甚至找不到一条像样的路。

但这样一个“下马威”并没有浇熄高德荣的工作热情，反而更加坚定了他为独龙江乡修路的决心。从此，为了心中这一看似遥远的目标，高德荣开始四处奔走。他跑坏了 3 辆越野车，在大雪天里还冒着泥石流的巨大风险坚持出行。上省城、进北京，他一面想尽办法筹措资金，一面积极地在各大会议上提出各种修路方案。

可新的问题不断出现：高德荣研究讨论出的方案显示，修路工程需要翻越高黎贡山。而那样连绵陡峭的山势，哪怕放到现在，都是一项艰苦卓绝的工程，在当时落后的条件下，这样的想法简直是异想天开。

许多人都劝他：现在有了人马驿道，已经比从前好太多啦，干吗为了修条路，冒这么大的风险？可是高德荣却说：“你不干，路就在天上；你干了，路就在脚下。”

他的努力被所有人看在眼里，原本想劝的人开始动摇，原本动摇的人下定了决心！渐渐地，越来越多的声音聚集起来：“独龙江乡需要一条扎实、漂亮的新路！”

1996 年，高德荣的坚持终于等到了回音——在上级党委和政府的支持下，一条由独龙江乡通往贡山县城的公路终于正式投入建设！

高德荣高兴坏了！修路工程那样危险，可他总要到那高高的工地上去瞧去看。他就像父亲盼望着新生儿，每天巴巴地望着建设中的公路；他像只雪鹰，总忍不住亲吻自己的雏鸟；他还像池湖水，总爱翻来覆去地数着怀中的小鱼。

尽管施工道路上灰蒙蒙尘漫漫一片，他仍然藏不住骄傲的笑意。看看，城里的路就是这样修成的，等它修成之后会是多漂亮的路啊，这是咱们自己的路！

1999年，全长96.2公里的独龙江公路终于全线贯通！年轻人高兴地奔走相告，而他们身后，在这片闭塞的土地上生活了半个世纪以上的老人们却纷纷眼含泪花。他们知道：从这条公路建成的那一年起，独龙族终于可以将过往的贫弱与困顿抛下，而今后每一个新生的孩子，都能够从这条天路走向光辉明亮的远方。

“绿色银行”

路修通了，但生活并不能一下富裕起来。举目望去，不少独龙族人还住着茅草房，家家户户都还得靠着低保过日子。高德荣刚刚舒展的眉头又紧紧拧在了一起。

此时的独龙江乡还沿袭着原始社会刀耕火种的生产方式。没有科学先进的产业扶持，人们不得不背上砍刀，到大山里去讨生活。眼见树越砍越少，山越烧越秃，高德荣心里急得不行。他把乡亲们聚在一起，像个大家长一样，语重心长地说：“现在路有了，电也有了，好山好水还在，咱们最需要的就是发展自己的特色产业。”

听了这一番话，少数人点头，可大多数人

却开始挠头了。大家你看看我，我看看你，终于忍不住提出疑惑：穷了这么多年的地方，能靠什么产业带动起来呢？

2007年，经过不断地深入考察，高德荣竟真的发现了一种十分适合独龙江乡广泛种植的植物——草果。这种结着火红色果实的经济作物，乍看上去平平无奇，其根部却能提取出上好的香料。高德荣心里清楚，想要说服大家接受这种新型产业，光靠空口画大饼是不够的，他必须做好实地考察，把草果的种植方法和它背后隐藏的经济价值研究透彻。

这一年，高德荣已经50多岁了，无论是凭着年龄还是职位，都应该能过上比较清闲舒适的生活。但他却仍在成天背着几十公斤的背篓，坐着溜索到江对岸的试验田中一遍遍研究草果种苗，摸索最佳种植方案。

很快，高德荣正式组建了草果种植试验基地，而他本人就在田间一边干活儿一边进行实地培训，手把手地教族人怎么种草果，怎么管理，告诉他们将来卖出去能挣多少钱，又能为独龙江乡的整体发展带来什么好处……

盛夏炎阳，豆大的汗珠挂满了额头，高德荣讲得口干舌燥，却仍旧把方法讲了一遍一遍，不厌其烦。起初，族人们将信将疑，他们习惯了靠山吃山，总觉得种植新作物风险太大，学习热情也不是很高。后来为了鼓舞群众，高德荣宣布，肯来这里学习草果种植的人，不仅吃住全包，还送免费的种苗！大家纷纷踊跃起来，心中感慨：这回的福利真好！但很多人不知道的是，这些福利其实都是高德荣自掏腰包，拿工资垫的。

功夫不负有心人，终于，在高德荣的带领

之下，草果种植产业在独龙江乡扎下了根。熬过艰难的起步阶段后，草果种植基地开始盈利了！由于这里的人们一向勤劳肯干，看到如今终于等到了产业的“东风”，便纷纷热火朝天地加入草果种植行列中来。几年后，独龙江乡的草果种植迅速壮大，并成了当地经济的“扛把子”产业。

可高德荣的“野心”远不止这些，看着乡亲们脸上的笑容，他决定趁热打铁，把独龙族特有的独龙牛、独龙蜂养殖也纳入整个发展布局中，打造出独龙族自己的“金招牌”！

有牛有蜂还有草果香料，山花烂漫，奇峰秀美，谁不想来这里看看？高德荣说，这就叫作独龙江乡的“绿色银行”。

雪国列车

2014年4月10日，独龙江公路高黎贡山隧道全线贯通。

在记者发回的现场报道中，随着惊天裂地的一声巨响，这条全长6.68公里的隧道的最后一层岩石被成功爆破，人高马大的独龙族汉子们孩子般笑着、奔走在人群中，拍手嚷道："通了，通了！"

镜头下的高德荣似乎更瘦了，人却格外精神，他同在场的武警战士和其他建设者挨个握手，把一朵朵紫红色的花别在对方胸前，激动地说道："这是我们独龙族人民的幸福花，再献给你们一朵！"

在此前不久，习近平总书记就曾因高黎贡

山隧道即将贯通作出批示：“获悉高黎贡山独龙江公路隧道即将贯通，十分高兴，谨向独龙族的乡亲们表示祝贺！独龙族群众居住生活条件比较艰苦，我一直惦念着你们的生产生活情况。”

你可能会问，这条隧道的贯通究竟有何意义？为什么它会如此牵动着大家的心？

原来，独龙江乡位于峡谷深处，每年的12月到次年5月，总要经历漫长的大雪封山，许多在外读书的孩子甚至无法回家。一年中近乎一半的时间被迫与外界断绝往来，这也是当地经济发展缓慢的一大原因。

有一年隆冬时节，皑皑白雪覆盖了整个山谷，为了护送新招聘来的老师和医生，高德荣坐在最前面的一辆车上，为他们开道引路。看似平静的山岭中，不知何处正酝酿着雪崩和滚石的致命危险。同行人面色凝重，高德荣也拧紧了眉头，他知道，如果不能彻底打通通往外界的公路，独龙族真正的富裕景象永远也不会到来。

2003 年，高德荣当选为第十届全国人大代表，在云南代表团会议上，他对时任国务院总理温家宝说出了盘桓在心里很久的话：“总理，请给我们修条路，请来独龙寨做客！”

在高德荣的积极争取和国家的全力帮扶之下，独龙江公路隧道的修建计划正式提上了日程。

当年施工的艰难程度是我们难以想象的。在空气混浊的隧道深处，工人们甚至必须依靠输送氧气的鼓风机才能正常呼吸。

当时的武警交通三支队副参谋长周勇曾回忆道，最终爆破的那一天，高德荣 8 点钟不到就在那里等着，还带了几篮子从山上面摘的杜鹃花——那是独龙一族的“幸福花”，又叫作“英雄花”。

一声轰隆隆的巨响，几乎震得天旋地转。人们心里都清楚，等最后这一声炮响过去，隧道就要贯通了。可他们还是忍不住捏了把汗，因为他们知道，最深处岩石的爆破可能蕴藏着比以往任何一次都严重的危险。

高德荣提着盛满鲜花的篮子站在隧道外，火光映照在这位英雄老人的脸上，映出了他焦急的神情。烟尘散去，当周勇再一次看清高德荣的模样时，只见他快步上前拉住自己的手，郑重地说道：“我代表独龙族人民感谢你们！”

少年求学

1990 年，高德荣从独龙江乡被调到县城时，一家四口都挤在一间47平方米的小屋里。那时高黎贡山的隧道还没能打通，许多在县城读书、因为大雪封山而回不了家的孩子就会来到高德荣的家里。他们打地铺，吃大锅饭，许多刚来时还有点怯生生的小家伙，没两天就在这个家里玩开了，叽叽喳喳地聊着天，兴奋地说这里的饭菜比家里还要丰盛。最多的时候，这狭窄而温暖的小房子能容纳十几个人，而花费多是由高德荣一家承担。

凛凛寒风中，他守护着小小的房子，就像用胸口暖着冬雪下的一窝雏燕，温热的，勇敢的，鲜活的。他知道多年以后，这群小家伙也将会用如今还稚嫩潮湿的羽翼，托起独龙族生生不灭的梦。所以他说，改变独龙江乡的精神文化面貌只能靠教育，娃娃这一代要好好读书，到知识里去找小康。在他的努力之下，独龙江乡义务教育阶段适龄儿童的入学率达到了百分之百。他一心惦记着孩子们，想要把学校的一切都安排得妥帖舒适，让他们能在窗明几净的大教室里高高兴兴、心无旁骛地读书。因为在他们那代人求学的日子里，高德荣早已尝遍了常人无法想象的艰辛。

那时候真的太穷了。为了帮助学校支撑下去，高德荣不得不带领50多个饿着肚子的学生上山去挖黄磷。露水打湿了背，裤管沾满了泥，汗液腌渍着干活儿留下的伤口，可孩子们却一刻不敢停下。因为一旦停下，缺乏资金的学校只能停办，独龙族接下来的几代孩子都将要面临失学的命运。一旦失去了知识的武装，他们就很有可能一生都无法走出大山。

当年的学校老师陈万金曾回忆道，学校的床上经常会出现蛇虫，周围还时不时有熊出没。

面对这样可怕的环境，只是想一想，成年人都可能被吓退！但年幼的高德荣却没有退缩，他说："我们独龙族，苦就苦在没有文化，学校不能垮，死也要死在学校。"

在当时，谁也没能想到，一个孩子竟会说出这样一番话来。生活的苦难催着他长大，让他小小年纪就有了信仰，揣着那颗火热的种子回到大山里来，就这样默默地献出了滚烫的一生。

很多年前，当高德荣还是个健壮的青年时，曾离开家乡到远方去。别人问他，你那个民族怎么样？他说："我那个民族，怎么说呢，我的那个民族还很贫穷，穷得连头都抬不起来。"

而到了2018年，独龙江乡家家户户都住进了新房，广播电视信号实现了全面覆盖，6个村子也都修通了柏油路。

正式脱贫后，乡亲们委托乡党委给习近平总书记写信，那封信写得既热烈又克制，用再朴实不过的语言努力表达着喜悦。谁也没想到，他们竟会在2019年4月10日，收到习总书记的回信。

信中说：“脱贫只是第一步，更好的日子还在后头。希望乡亲们再接再厉、奋发图强，同心协力建设好家乡、守护好边疆，努力创造独龙族更加美好的明天！”

同年9月29日，中华人民共和国国家勋章和国家荣誉称号颁授仪式在北京举行，在庄严的人民大会堂，高德荣被正式授予了“人民楷模”国家荣誉称号。

从原始农桑到全面脱贫，独龙族的千年之跃是新时代的奇迹，但想要延续这份奇迹，却需要往后数代人的努力。高德荣清楚地知道，属于他们的路还很长，要托付给年轻人的也还有很多。

他曾带领一个深度贫困的民族走出大山，将无数眼神明亮的年轻人送出去，而自己却深深扎根在此，数次拒绝升迁，退休后仍旧回到了独龙江乡，就连他的一双儿女，也都在毕业后回到了高黎贡山工作。

当孩子们再回家时，他已经是个头发花白的老人了。他坐在老房子里，一身旧西装已经洗得发白，却依旧穿得笔挺，腕上还戴着一块30多年前的手表。老伴马秀英半是抱怨半是心疼地说："退了休也不安生，天天往外跑，有的时候回来晚，就在沙发上躺几个小时。"

直到这个时候，人们才发现他几乎每天都在吃药——那是他年轻时，在河谷边、高山上长期奔走而落下的老毛病。

从前，大家都喜欢叫他“老县长”，尊敬中又带点亲切玩笑的意思，然而当岁月真的匆匆淌过，这个当年曾扒着窗檐看解放军的小孩子，终于也变成了一个温和而坚定的老党员。他说，职务退了，工作退了，责任也退了。“但是，我的共产党员身份没有退，所以义务不能退，目标也不会退。”

“我们是独龙江的孩子，我们是独龙族的儿女。重重山林阻挡不住我们求索的脚步，层层飞雪封冻不了我们执着的信念。有梦就有希望，有梦就有希望！”孩子们的歌声响起时，火塘的光正照在他黝黑的面庞上。

他并不认为自己有多大的贡献，“群众的生活一天比一天好起来，是我最大的快乐。”

热地
——民族团结杰出贡献者

2019年9月17日，国家主席习近平签署主席令，根据十三届全国人大常委会会议表决通过的关于“授予国家勋章和国家荣誉称号”的决定授予42人国家勋章、国家荣誉称号。在28名国家荣誉称号获得者中，一名叫热地的老人，作为唯一的“民族团结杰出贡献者”，格外引人注目。

1938年，热地出生在藏北高原上的一个农奴家庭。在热地很小的时候，父亲就离开了。幼小的他跟着母亲到处流浪，整天吃不饱饭。在一个寒冷的冬天，他右脚的小指头留下了永久的冻伤。后来他回忆那段艰难的日子时，这样说："民主改革前，我受尽欺凌和苦难，现在我的身上还留有块块伤疤，我的弟弟就饿死在母亲的怀里。"

在那段顿顿吃不饱饭的日子里，热地想得最多的，就是怎样活下去，熬到下一个寒冷的黎明。小小的他从来没想过他有朝一日可以走出故乡那曲县，走出西藏，走进人民大会堂。

西藏在解放以前，农奴的儿子生来就是农奴。为了生活，热地曾经在寺庙里当过"小扎巴"[①]，后来又不得不去给部落的头领、牧主们当

① "扎巴"在藏语中的意思是"僧侣、僧人"。——编者注

用人。幸运的是，在头领的家里，热地第一次见到了被称为“红汉人”的解放军。当时很多部落头领为了不让善良的牧民与解放军有过多接触，就哄骗他们说，红汉人是来做坏事的，他们凶恶得很，见了穷人就要打要杀！

但是热地却回忆说：“解放军对穷人很好！他们勤劳和善，有的年纪很轻，一笑露出小白牙，和那些趾高气扬，目光里满是鄙夷的头领老爷们截然不同。”从那些坚毅善良的军人身上，热地感受到了从未有过的温暖。后来在人民大会堂接受采访时，有记者再次提起这段往事，热地认真地想了想，笑着说：“我从认识解放军开始认识共产党，在我心里，解放军就是共产党，共产党就是解放军。”

民主改革前的西藏，有着美丽的雪山草原，瓦蓝色的天空和自由飞翔的小鸟，但是这一切美好事物都和穷苦的农奴们没有关系，因为当时的西藏还存在着延续了几百年的封建农奴制度。在热地的回忆里，“这是人类历史上最黑暗、最反动、最野蛮、最残酷的社会制度，比起欧洲中世纪的农奴制度，有过之而无不及”。

农奴们日复一日地干活儿、挨饿，忍受着责打和种种非人的折磨，夜里却只能蜷缩在潮热狭窄的通铺上，因为酸痛和劳累，整宿整宿地睡不着觉。睁眼到天亮时，他们眨着酸涩的眼眶，擦了擦早已干涸的泪痕，开始新的劳作。这样无望的生活还要熬到什么时候？是永远吗？不，它将被彻底终结于 1959 年！

豁然开朗的年代

1959 年，中国共产党领导的民主改革彻底结束了西藏的封建农奴制度。解放后的藏族同胞们在雪山下尽情狂欢，载歌载舞，他们含着热泪相互拥抱。歌谣生动地唱出了他们那时的心情：

“达赖的太阳照在贵族身上，毛主席的太阳照在我们穷人的身上。现在达赖的太阳下山了，我们的太阳升起来了。”

后来在接受采访时，热地这样说：“我在封建农奴制的旧西藏是一个没有任何自由的奴隶，像牛马一样干活儿；在社会主义制度的新西藏，我才是个堂堂正正的人。”

为了帮助解放后的西藏人民过上新的生活，政府积极动员藏族同胞到内地学习。怀着对新生活的憧憬，热地第一次走出了家乡西藏。他坐上汽车和火车，浑身充盈着勇气，来到遥远的首都——北京。

在这座洁净而陌生的城市里，热地第一次

看见天安门。看到大街上人人都挺直了腰杆走路，他心中被农奴身份笼罩的阴影慢慢消散了。在满心的期待和忐忑中，他来到了北京的中央政法干部学校——新中国成立后，国家专门培养公、检、法人才的最高学府。

朱恕知是当年北京中央政法干校的一名汉语老师。最开始教汉语时，她发现这群来自西藏的年轻人总是咬不准字音。为了帮助大家更有效地学习，朱老师会通过示范告诉他们舌头应该怎么卷，嘴巴应该张多大。多年后在上海重聚，朱老师仍对热地印象深刻——初学汉字时，这个小伙子对“毛”“共”“解”三个汉字记得最清楚——毛主席、共产党、解放军。

少年人心头的种子一旦种下，就会不顾一切地生根、发芽。终于，在 1961 年，热地如愿加入了中国共产党!

很快，他作为边疆少数民族代表，受到了毛主席的接见：“那一天突然接到通知后，我们都换上了最好的衣服。”即便已经过去了很多年，热地仍能回忆起那天激动的心情。那天，他站在天安门城楼上，暗暗下定决心，一定要为了苦难的家乡，为了崭新的中国而努力奋斗！

在北京的学习生活仿佛彻底打开了热地心中那扇连通外界的窗户，使得蓬勃的生命力在他的身上再度苏醒。他如饥似渴地学习，拥抱新鲜的空气、汲取新鲜的知识，想把它们全部装填进心里，带回西藏，带给高原上那些亲爱的人。

怀着这样热烈的企盼，这个好不容易走出高原的年轻人，义无反顾地回到了家乡。1975年，热地走上了西藏自治区领导岗位，在这里一干就是近30年。

通往理想的道路在最开始往往困难重重，布满荆棘与坎坷。在潜心研究了当地人民的社会生活后，热地发现了一股源于旧西藏统治阶级的反动势力，一直在暗暗与政府角力，阻碍着这里的各项发展。

旧西藏是上层僧侣与贵族们享乐的“天堂”。他们坐拥牧场和耕地，手里握着最多的生产资料，可当共产党成功领导了民主改革后，百万农奴翻身成了这里的主人，那些被触及利益的旧统治者又怎么会善罢甘休呢？早在1959年，以十四世达赖喇嘛为首的旧统治阶级就曾经在帝国主义的唆使下，在拉萨发动了一场武装叛乱。

尽管这场叛乱早已被我们的人民军队成功平定，可事件的“幕后黑手”十四世达赖却仍流亡海外，不死心地集结党羽，成立了臭名昭著的“达赖集团”。而那些妄图在我国制造分裂的西方敌对势力，怎么会放弃这样一个“天赐良机”呢？这些年，以美国为首的西方国家总是打着人权的名号，鼓动“达赖集团”在西藏地区制造骚乱。

在经历过多次骚乱事件后，热地深切地认识到，想要带领西藏人民走向美好富裕的新生活，就必须坚定不移地维护民族团结！面对势力庞大且虎视眈眈的达赖集团，他毫无怯意：“50多年来，在西方敌对势力的支持和纵容下，达赖分裂主义集团在西藏多次掀起大规模骚乱。实践证明，我们同达赖集团的斗争是长期的。”

1987年开始，在西方反华势力的支持和怂恿下，达赖集团在西藏拉萨不断挑起骚乱闹事事件。当时在西藏自治区党委主持工作的热地，常常是亲临现场坐镇指挥。

1988年3月5日，拉萨再度爆发了一场严重动乱，这次的形势比以往都要严峻——热地和中央工作组被困在大昭寺三楼，遭到了分裂分子密集而狂热的围攻！

情况万分危急，现场被围得水泄不通。武警不得不用消防车在大昭寺窗外搭起梯子，再用部队的背包带绑住被困人员，一个接着一个，艰难地实施救援。当热地绑上背包带，从三楼下滑时，人们的心稍稍放下，以为终于能够脱离险情了，然而令人心惊胆战的一幕出现了：热地身上的背包带，在半空中发出了可怕的撕裂声，背包带突然崩断了！所有人都倒吸一口冷气，来不及有任何动作，只能眼睁睁地看着他从半空中重重摔下。万幸的是，这场意外并没有危及热地的生命，但是他从此落下了腰伤，手上也多了一道无法抹去的疤痕。

为了祖国的统一

明枪暗箭，险之又险。我们难以想象在与分裂势力的博弈中，热地与藏区工作者们还经历了多少不为人知的困难磨炼。然而这一切并没有动摇热地维护民族统一的决心，面对达赖集团挑起的一系列事端，他坚定地说：“搞分裂不行，绝对不行，我们必须肩负起维护祖国统一的责任。”

2002 年 3 月，热地率领中国西藏自治区人大代表团访问了欧洲议会和比利时王国，在访问过程中，他发表了这样的演讲：“在旧西藏，占人口 95% 以上的农奴和奴隶没有土地和其他生产资料，没有人身自由，生活极端困苦，日夜盼着能早一点做人。1959 年，西藏实现民主改革，废除了‘政教合一’的封建农奴制度，百万农奴获得了自由。我的生活也从此发生了根本改变，才有机会上学读书，成为一名国家公职人员。”

演讲结束的那一刻，整个寂静的会场爆发出雷鸣般的掌声，因为热地的这段话深深打动了在场的每一个人。他没有用多么煽情的辞藻，只是简简单单地陈述了一个农奴出身的国家代表，一个曾经在高原上挣扎在贫困和生死线上的小男孩，是怎样改变一切的——是共产党人的大手牵着他一步一步走到了这个地方。

许多人都被热地口中的新西藏吸引了。同年7月，欧洲议会和比利时联邦议会的议员们对西藏进行了回访。当议员们亲眼看到这片半个世纪以前还无比贫瘠的土地，现在是多么充满生机、欣欣向荣时，他们终于从那些抹黑中国的西方媒体报道中醒来。

维护祖国统一，除了坚决反对内部分裂，还要积极地架起西藏与祖国各地沟通的桥梁。旧西藏的现代交通完全是一片空白，在热地的回忆中，牧民很少看到过汽车，孩子们会跑到很远的地方去看汽车，满眼好奇，认为那是“毛主席的牦牛”。落后的交通严重阻碍了西藏的发展和进步。2000 年，在十五届五中全会的分组会议上，热地的提案掷地有声：“我们请求中央召开第四次西藏工作座谈会，请求中央尽快修建进藏铁路！”

于是，在中央的全力推动之下，2006 年 7 月 1 日，青藏铁路正式通车。就像歌中唱的那样，“那是一条神奇的天路，把人间的温暖送到边疆”。青藏铁路的正式建成，宣告西藏各族人民半个多世纪以来的梦想终于成了现实。

7月21日，在中央的安排下，热地从格尔木坐火车到拉萨，当记者询问他的感受时，他回答道："这是一段美好回忆。"这话当然是笑着说的，然而笑容之下却有隐隐闪烁的泪光。他是个吃过苦的孩子，从草原上最破败的毡房中来，他知道旧西藏的人曾经挣扎在怎样的贫困之中，所以也更明白人们心中最盼望怎样的生活。

如今，青藏铁路早已成为加速西藏发展的动脉。列车在高原呼啸而过，像一只雪山长鹰，衔着来自祖国各地的礼物，翱翔在这片不再孤单的土地上。正如热地说的那样："青藏铁路是团结之路、致富之路、幸福之路、各民族交往交流交融之路，这话一点儿也不假。"

2003年3月，热地在十届全国人大一次会议上当选第十届全国人大常委会副委员长。在赶往北京赴任前，热地流泪了。他说，生活在那120多万平方公里土地上的各族父老乡亲永远都是他的心之所系。几十年来，他为西藏的和谐发展、民生改善倾注了大量心血——在无数个辛勤工作的日夜里，他已经深深扎根于这片生养他的高原上。现在他要离开了，他是雪山的孩子，更像是高原上一颗炽热的火种，要将源源不断的光和热挥洒在祖国更加辽阔的土地上。

在北京，工作之余，热地心中一直牵挂着故乡的消息。他一期不落地看着《西藏日报》，常常想如何增进西藏与祖国内地的交流。正如他所说的那样："西藏的发展繁荣，离不开党中央的正确领导，离不开全国各族人民的支援，离不开五湖四海的智慧。"在他的倡导和推动下，西藏于2004年正式成立了自治区发展咨询委员会，这是一个专门为西藏发展建言献策、为中央和有关部门提供决策参考的组织，并在后来逐步发展为西藏自治区党委和政府的重要智囊团。

2019年10月1日，热地受邀参加庆祝中华人民共和国成立70周年大会。那一天阳光正好，花团锦簇，会场大气恢宏，每个人脸上都是满满的笑容。当“民族团结”的群众游行方队走过时，热地站在天安门城楼上，感到无比激动。他说，“没有民族团结，就没有新中国70年的辉煌成就。”

从雪域高原到祖国首都，在这位耄耋老人的身上，我们能看到民主改革以来西藏的沧桑巨变。历史的洪流推动着一切向前，然而在他身上，忠诚、勇敢、热烈、执着的宝贵品格，却永远不会改变。热地，热爱的“热”，土地的“地”，我们每个人都应当记住这个名字——可敬的“民族团结杰出贡献者”。

董建华
——"一国两制"的见证人

1997 年 7 月 1 日，这是个令人激动的日子，也是中国人民热切期盼的日子——香港回归。100 多年过去了，中国人为了这一刻已经等待了太久太久。

香港会议展览中心，在凌晨零点即将到来的时候，英国的旗帜缓缓降下，在 7 月 1 日到来的第一个瞬间，崭新鲜艳的中国国旗和香港特别行政区区旗冉冉升起——香港，这个阔别 156

年的游子，终于重回祖国的怀抱。

而就在这一天的凌晨1时30分，中华人民共和国香港特别行政区政府宣告成立。在万众瞩目的香港会展中心，一位身材挺拔、神态严肃的中年人走上台。那一刻，世界都听到了他的声音："本人董建华谨此宣誓，本人就任中华人民共和国香港特别行政区行政长官。"

笑迎"大时代"，重回故土

1937年，董建华出生在浙江。10岁那年，他随全家迁居香港。从那时起，这个男孩的命运就与香港牵绊在了一起。

香港是座优雅而可爱的城市。白天，母亲牵着董建华的手，走在香港繁华漂亮的街道上。看着那些高大的西式建筑，城市中心时尚的男男女女，董建华的心中充满了惊奇。可是到了夜晚，入睡前的他总是忍不住想起故乡，那里有沉静的街道，淳朴的人民和满面尘霜、刚刚苏醒的祖国。

董建华的父亲董浩云曾被称为“世界七大船王”之一。在他的回忆中，父亲是个很严肃、很少表露自己的人。但就是这样沉静而内敛的父亲，却从不掩饰对祖国深沉的热爱。

在董建华成长的过程中，父亲总说：“你看着，中国会越来越好的。你要有信心，一定要为自己是中国人而感到光荣。”他给儿子取名“建华”，还在董建华两岁时的小相片上亲笔题字：“笑迎着大时代来临”。

什么是大时代？年幼的董建华有些疑惑。

父亲就同他解释道：“一个好的时代就要来了。”他看着这个自己最疼爱的孩子，听得一脸认真——就像是一株刚刚抽条的小柳树，年轻、稚嫩、勇敢。父亲笑起来，拍拍他的肩膀，轻声道：“你还小，等长大了，你就有机会参与其中，但是现在要念好书，要学习怎样去做人做事。”

1960年，董建华毕业于英国利物浦大学，并在家族公司任职。后来，为了更好地照料集团生意，他返回香港，开始了跌宕起伏的商旅生涯。

1996年1月，北京成立了香港特别行政区筹备委员会，旨在为将要回归的香港组建班子成员。与此同时，香港特别行政区首任行政长官的竞选也逐渐白热化。

这时，董建华正面临着艰难的抉择。作为炙手可热的商界名流，他的参选呼声很高。然而竞选特区行政长官，就意味着他必须放弃集团掌舵人的身份，放弃倾注了家族两代人心血的航运业。这一年他已经59岁，半生奋斗，半生磨难，几乎将他全部的青春都奉献给了这个庞大的商业帝国，如今陡然参选，家族又将何去何从？何况担任特区行政长官，意味着将来要面临数不尽的风浪与考验，肩负所有香港人民的生计和未来，需要何等的勇气和决心啊！

犹豫之际，董建华忽然又想起父亲当年的题字：“笑迎着大时代来临”，他豁然开朗：也许这就是父亲口中的“大时代”了吧。在这样一个蓬勃明亮的时代，在香港回归祖国之际，他能够做些什么？他又怎能不做些什么呢？

1996年10月18日，董建华正式宣布参选香港特别行政区行政长官。12月11日，在400张选举票中，他获得了具有绝对优势的320

张，正式当选为香港特别行政区首任行政长官。

1997年7月1日，在香港正式回归的那一天里，董建华和无数人一样，在国歌声中，仰头望着那冉冉升起的五星红旗，含着笑眨了眨潮湿的眼睛。他仿佛不再是那个运筹帷幄、成熟儒雅的商人——他忽然又变成了那个很多年前初到香港的孩子，捧着脸笑眯眯地望着蓝天，脸上盛满了朝霞。

“咱们终于回家啦。”

连任港特首，重担在肩

然而就在1997年的下半年，一场席卷亚洲的金融危机直逼香港，新的领导班子几乎没有任何缓冲时间！

这场金融危机实际上是美国索罗斯金融集

团通过不正当的购买、抛售手段，引发的货币贬值现象。如果应对不当，这场风暴将会给无数的香港家庭造成难以估量的伤害。

就在这万分危急的时刻，中央政府的回应掷地有声：只要香港特别行政区政府对中央提出请求，中央将不惜一切代价维护香港的稳定。

这番话给了董建华极大的信心和鼓舞，他率领特区政府果敢入市，在股票和期货市场投入大量资金，全力顶住了美国金融集团的巨大压力，将悬崖之上摇摇欲坠的香港拽了回来！

在这场惊险而漫长的博弈中，他给家人写下了这样一封信：“雨过天晴之后，我们便会更加坚强，更具实力。香港现在需要的，正是这种积极进取的精神。其实，我们一直都具备这种精神，只要大家将它发挥出来，逆境过后，便会是顺境。”

正是在这种精神的支撑下，董建华带领回归初期的香港蹚过了艰难的过渡期，但接踵而来的问题也极大地透支了他的健康——1997年他宣誓就任最高行政长官时，还是个满头青丝、锐利而果敢的领袖，到了2002年，他的身体却已大不如前。

某次在立法会上宣读《施政报告》的时候，由于脚部有骨刺，董建华不得不依靠止痛药来勉强支撑。但是他始终不曾停下，无论面临多么困难的局势，他都咬牙坚持。

2002年6月30日，首届香港特区政府结束了5年任期。5年前的问题也再一次摆到了董建华的面前——是否竞选第二任特首？

当选第一任特首时他曾说过：“为香港而努

力，我好乐意。”后来有记者问他：“过去的5年，您觉得您得到了什么？失去了什么？是得到的比较多，还是失去的比较多？”

他想了想，很平静地笑了，答道：“我失去的是我的自由，我失去的是同家里人一起去看看电影，带我的孙女上街去买东西，带他们去玩，因为做了特首之后的确就没有自由。”

“但是，我得到了一些什么呢？一种满足感。我觉得为了香港‘一国两制’的落实，我做了最大的努力。这些满足感是讲不出来的一种感觉。”

很多感觉的确是讲不出来的。所以他一直都说得很少，做得很多。这些年，他一直都默默等待着父亲口中“大时代”的来临。他知道，就在不远的将来，这片土地上的人民将迎来真正盛大灿烂的香港，灿烂盛大的中国。最终，他下定决心竞选第二任香港特首。

在竞选会议上，董建华的妻子流泪了。他们相识于香港，曾一同去英国读书，交往6年，最终步入婚姻殿堂。数十年栉风沐雨，他们是真正相濡以沫、携手走过青春岁月的人。然而那一瞬间，穿过鼎沸的人声，穿过支持者们的鲜花与欢呼，只有最亲近的人才了解，担任特首的日子里，董建华究竟曾经历了什么，又牺牲了什么。

2002年7月1日，董建华正式成为香港特区第二任特首。在就职典礼上，他这样说道："摆在我们面前的是一条充满艰辛，也充满光明和希望的道路。"他坚定而执着地相信，香港的光明和希望就在明天。然而，新的艰辛苦难却已经到了眼前。

迎战大危机，勇抗“非典”

2003年，令人心惊胆战的“非典”疫情扩散至香港。自3月下旬起，位于九龙湾的淘大花园就陆续有居民发病。3月31日，特区政府宣布对淘大花园实行隔离令。

抗击“非典”疫情，就像是一场战争。不，也许它比战争还要残酷可怕。被笼罩在死亡阴影之下的人们，不知道疾病的源头在哪，更不知道它何时才能结束，人们看到的，只有确诊和死亡的人数每天都在增加。

灾难面前，生命是多么渺小脆弱！多少人每日每夜都在心底呐喊：上天啊，救救香港！

救救香港！这四个字同样沉重地压在董建华心上。但他不能像普通民众那样祈求呐喊，他紧锁眉头，却不敢在公众面前露出更多的情绪，因为他知道，政府是民众最后的倚靠，再苦再难再艰险，他们也只能咬牙扛起来。香港人，要用自己的手来救香港！

为了阻止病毒扩散，特区政府迅速采取了一系列措施。他们紧急开展了对“非典”知识的宣传，全面提高市民的预防意识，同时实施“家居隔离令”，规定所有与“非典”患者有接触的人，都必须留在家中接受隔离治疗。

皇天不负苦心人，两个月内，香港的疫情迅速得到了控制。

令董建华感动的是，在抗击“非典”的过程中，香港政府得到了社会各界的大力支持。香港民间团体在全港各地发起了街头募捐活动，以支持一线医护人员对抗“非典”。5月8日，中央政府无偿提供的防护服和口罩等医疗物资也陆续抵达香港。

2003年6月23日，世界卫生组织将香港从疫区名单上正式除名。这一天，董建华专程前往曾是非典重灾区的淘大花园举行了发布会。明明是要将抗疫成功的好消息分享给民众，明明内心是满怀喜悦的，可不知怎么，他的声音却异常沙哑。停了一会儿，他才低声说道：“当我每一次想起在这场疫情中逝世和牺牲的人，我都感到很难过，特别是淘大花园的居民，他们受到的冲击和伤害是最大的。”

所有人都跟着沉默下来，但董建华知道，明天人们会陆续地从悲伤中走出来。他知道，此时的香港已经不再是回归初期，那个摇摇晃晃、叫人揪心的“孩子”了。紫荆花开的地方，人人都自信勇敢，让他忍不住想起父亲的话——“中国会越来越好的”。

他一身病痛，也许早就到了该放下公务的时候，可是他无论如何也舍不得。多年来一直为他理发的老师傅徐达礼，每每提到这事，总会皱着眉头，有点发愁地说："做得这么辛苦，都叫他不要做啦，不过他每次都不说话。"

2014 年，董建华组织成立了团结香港基金会，这是一个为香港长远发展建言献策的民间"智库"组织。朋友问董建华"究竟在做什么"，他解释，自己可以根据基金会的民意调查了解到香港老百姓最关心的是什么，比如香港的房屋土地，香港的经济该何去何从，香港的医疗和教育又存在哪些问题……他总是这样，因为在这个岗位上工作了太多年，很多东西就再也放不下了。

2019 年 9 月 29 日，中华人民共和国国家勋章和国家荣誉称号颁授仪式在北京人民大会堂隆重举行，82 岁的董建华被授予“‘一国两制’杰出贡献者”国家荣誉称号。

2021 年，在团结香港基金会举办的交流会上，董建华发表了讲话。他还是很多年前那副温和的样子，不疾不徐地说道：“‘爱国’并不是什么艰难深奥的课题。我出生在乱世，那时，敌人的轰炸机已飞到中国人的头顶，是民不聊生的年代。有谁能想象，2021 年的今天，中国的飞船已飞到了火星，并彻底消灭了极端贫穷？有谁敢想象，在全球疫情大流行的时候，中国能够对全球多个国家捐助防疫物资，推出疫苗？由当年的‘谁能想象’到今日的‘超越想象’，国家创造了举世奇迹。”

从前父亲抱他在膝上同他讲的一句句话传递出的信念与力量，如今他也万分珍重地交给了青年人。

“各位香港的青年朋友，你们要拥抱大时代的大机遇，要以身为中国人为荣，做一个骄傲、勇敢、负责任的中国人，做个对国家、对民族、对香港有担当的建设者。”

董建华执政的时代，是“一国两制”在香港生根发芽、茁壮成长的时代。时光的四轮马车不停奔跑，带走了他作为青年人的神采、作为中年人的锋锐。但是当这位白发苍苍的老人跟你谈到祖国，照映在他身上的大时代却永不褪色。

人们很难忘记他为香港做的一切，也很难忘记他说这话时的神情。董建华说：“能够有机会报效祖国、报效人民是特别有意义的，也是我一生的光荣。”

这是董建华埋藏在心中的坚定信念，也是他身体力行去实践的人生道路。

李道豫
——艰难岁月的“中国好声音”

“当时的我们与现在的年轻人其实并没有多大差别，都朝气蓬勃、充满干劲。不同的是，我们生在特殊革命年代，大家深知，没有国家，就毫无个人可言。”这是我国杰出外交家李道豫回望自己的经历时发出的感慨。

20 世纪 30 年代的中国，炮火肆虐，民不聊生。1932 年 8 月，一个名叫李道豫的男孩诞生在上海。这个孩子成长于兵荒马乱的年代，亲身感受动荡不安的社会环境，亲眼看到身处水深火热中的同胞，他很想为苦难中的祖国和人民做些什么，却始终找不到努力的方向。

直到 1948 年，一道亮光照亮了少年迷茫的心。在地下党组织的引导下，还在读高中的李道豫加入了中国共产党，义无反顾地踏上了漫漫革命征程。他秉持着一颗纯真、炽热的初心，决心为党和祖国贡献自己的一切，甚至生命。

从此之后，李道豫在学习中更加勤奋，日夜苦读。功夫不负有心人，1949 年 8 月，由于成绩优异，李道豫被组织选派到沪江大学（今上海理工大学）学习。当时，我党同志的英文水平普遍不高，在导师和上级的安排下，有着良好英文基础的李道豫正式转入外文系，开始了更加系统的英文学习。而正是这段经历，为他今后的外交工作埋下了伏笔。

1952年，年仅20岁的李道豫顺利走上了外交工作岗位，主要工作是研究各国政府为保护平民和战争受难者联合签订的《日内瓦公约》。这项听起来枯燥的工作，却让李道豫感到十分光荣。

当时，正值抗美援朝战争时期，他深知，在复杂的国际环境下，许多看似微小的细节都直接牵动着中美关系的大局。这项工作表面上与我国的整体外交关联不大，实际上却是在搜集美军虐待中朝战俘的证据，为停战谈判桌上的中朝联合代表团提供有力武器。也正是这份工作，让外语专业的李道豫接触到了国际政治和国际法领域，迅速成长起来。

联合国内风云迭起

1990年，李道豫出任中国常驻联合国代表。此时，恰逢东欧剧变、苏联解体等一系列事件发生，国际形势风云变幻，世界百年未有之变局已锋芒初现。

而在当时，每当联合国的决议草案提交全体会议前，都需要先由5个常任理事国进行磋商。这是一场无人主持的会议，在整个过程中，没有翻译，也没有事先准备好的发言稿，对每个参与者来说，都是艰难的孤军奋战！

李道豫每次都能应对得当、举重若轻，甚至还总结出了一套成熟的发言技巧："首先要快，否则随时会讲不上话或被别人打断；其次，要言之成理，一个论点提出来一定要站得稳，不会轻易被推倒；最后，身体要顶得住，因为很多时候开会都是通宵达旦连轴转，非常疲劳。”

1990年8月2日凌晨，在涉及边境领土和石油资源的战争中，伊拉克军队在击溃了科威特的防线后长驱直入，联合国安理会不得不在深夜召开紧急会议。这是一段惊心动魄的经历，李道豫他们开会时，伊拉克已经打进科威特首都了！这早就不是边境冲突，对于科威特人民来说，这简直是一场赤裸裸的侵略！

回忆起近代中国百年的苦难史，想到仍饱受战火摧残的科威特人民，李道豫的心被同情和义愤填满。他迅速判断了当前局势，立刻向国内电话请示，建议中方在发言中对伊拉克进入科威特表示遗憾，对谴责伊拉克入侵科威特的决议草案投赞成票。他的建议得到了国内批准。事实证明，这样的表态获得了国际上包括科威特方面的正面反应。

“银河”货船变故陡生

1993 年，李道豫转任我国驻美国大使，在遥远的异国他乡度过了他口中“疾风骤雨”般的 5 年。

也是在那一年，美国第四十二任总统克林顿宣誓就职。这个野心勃勃、精明敏锐的美国新一任领袖很快便将目光投向了中国：克林顿与其支持者一致认为，假如不设法遏制这个飞速发展的东方国家，在不远的将来，其必将迅速崛起，成为足以撼动美国“世界霸主”地位的顶尖强国。

在此心照不宣的背景下，他们决定沿袭对

华的一贯制裁手段，推行强硬外交政策。1993年7月23日，美国骤然发难，声称中国“银河号”货船载有大量违禁化学药品。随后在8月1日，美方又派遣海军舰船和战机对“银河号”进行近距离跟踪，同时强硬地要求中方召回“银河号”，交由他们登船检查。

而事实上，国际法案中早已明确规定，船队享有在公海行驶的自由，任何国家都无权在公海上行使行政、管辖、警察等权利。美方的无理要求很快被中国拒绝，然而谁也没料到的是，恼羞成怒的美国政府竟强行关闭了“银河号”所在海域的导航系统，使其瞬间失去了航向，成为茫茫大海上的“一叶孤舟”。

在长达3周的变相“监禁”后，由于缺乏淡水和蔬菜，不少船员都患上了恶性皮肤病，身上多处溃烂，只能虚弱地躺在燥热潮湿的船舱内。然而，一向自诩“人道主义”的美国政府却视若无睹，仍旧咄咄逼人地一再提出登船的要求。

在此期间，李道豫始终密切关注着“银河号”事件的进展，为了确保检查结果的公正性，他果断提出第三方参与检查的方案。在我国外交团队的据理力争下，沙特阿拉伯代表介入了调查，他们投入大量人力，开展了地毯式的搜索。9月4日，调查组正式公布结果：在“银河号”上没发现任何违禁化学品。这下，真相大白，世界哗然，“银河号”终于“沉冤得雪”！

马来西亚的《南洋商报》一针见血地评论道：“铁一般的事实，说明讲真话的是中国，美国则都是诬陷。”

尽管风波平息，李道豫的心情却久久无法平复。因为本次事件的始作俑者克林顿政府拒绝道歉，他们挂着虚伪的笑容，又恢复了所谓“西洋绅士”的做派，振振有词道：“这次行动是基于对不同情报来源的信任，尽管这些情报全都是错的。”

李道豫知道，面对这样的不了了之，在“银河号”事件过后的许多个深夜里，会有无数的国人和他一样，辗转难眠，为此义愤难平。

何时才能不受愚弄？何时才能不受欺辱？白天见到那些得意扬扬的美国官员时，李道豫多想冲上去，胸膛顶着胸膛，眼睛盯着眼睛，酣畅淋漓地把话说清楚！可是他不能，他知道明天清晨太阳升起时，他又不得不打起精神，穿梭在一个又一个狡黠、多疑、刻薄而精明的对手间，同他们往来周旋，因为下一个可怕的陷阱，或许就隐藏在旦夕之间。

“访美”闹剧风波频频

1995 年 5 月，美国众议院、参议院接连通过了邀请李登辉访美的决议。5 月 22 日，美国政府正式宣布李登辉将于 6 月初访问美国，并出席康奈尔大学的毕业典礼。

然而，讽刺的是，仅仅一个月前，美国国务卿克里斯托弗还信誓旦旦地向我国外交部承诺，绝不会允许李登辉访美。

李道豫的愤怒难以言表。要知道，台湾自古以来就是中国领土不可分割的一部分，可如今李登辉这样一个鼓吹“台独”的分裂分子，竟敢这样堂而皇之、大摇大摆地出访美国，简直是滑天下之大稽！

克林顿政府的纵容甚至是推波助澜彻底打

破了17年来不允许台湾当局最高领导人访美的禁令。为了粉饰这一行为，他们声称李登辉的到来仅仅是一场私人访问，但是海内外无数双眼睛、无数个幸灾乐祸的看客，谁会嗅不出这来访背后的政治气息？

这场“非官方的、私人的访问”，分明就是各方都在“揣着明白装糊涂”。它不仅是克林顿政府对台湾问题不怀好意的试探，更是一次众目睽睽之下的挑衅！

在情感与理智的交织下，李道豫迅速整理了思路，他知道，美国一定会想尽办法，强行将李登辉访美事件合理化。

果然，不久后，克林顿总统就在自己的办公室约见了李道豫。在两人的谈话过程中，他多次试图偷换概念，模糊李登辉来访的政治意义，并大言不惭道，美国始终认同一个中国的政策。

然而李道豫丝毫不为所动，他直截了当地指出：这次事件是美国犯下的非常严重的政治错误，将会对中美关系造成难以估量的伤害。面对眼前面带微笑，自以为胜券在握的美国总统，他毫不客气地表示：“总统先生，不管你如何辩解，你始终不能改变，这个事情是错误的。”

克林顿瞬间涨红了脸，办公室里的所有人也都愣住了，谁也没料到，在美国白宫会议室，会有人如此大胆、如此不留情面地将美国不可说的小心思赤裸裸地揭露出来。

后来，李道豫回忆道：当时的那种气氛，在他担任大使的数年中从未有过——那其实是一种极度剑拔弩张的状态。在那敏感而危险的政治交锋中，稍微胆怯一点的人，便会轻易败下阵来。然而国家大义在前，他只有满心愤慨，无暇顾及其他。

6月17日，李道豫奉命回国述职。从此，中美两国开始了长达4个多月的漫长拉锯战，直到美国悻悻然就此事道歉，李道豫才终于回去。

其实人人都能猜到——这场“腥风血雨”过后，那大洋彼岸等待他的，将是无数更加严苛挑剔的眼光，但他还是毅然决然地踏上了去美国的路。这是他的岗位，他的舞台，也是一方隐秘的角斗场。

李道豫曾说过，在美国做大使，就是要面对各种反华势力的挑衅。“对敌对的人要严正地反击，但是面对的绝大部分还是老百姓，所以你还要想办法争取让他们了解我们中国的文化、制度、历史，逐渐地拉近我们之间的距离。”

他真诚对待质疑，真心接纳朋友，辩论时

针锋相对、寸土必争；合作时敞开胸怀、自信结交。驻美期间，在盘根错节的多方势力之下，李道豫跑遍了美国 50 个州，发表了 200 多场正式演说，凭借自己广博的学识和强大的人格魅力，结交了五湖四海、形形色色的朋友。以至于 1998 年他离任的时候，120 多名参议员、众议员在美国国会曼斯菲尔德大厅举行了一场令人动容的欢送会。

这其实是非常罕见的。外交官们虽然在此共事，却始终代表着各国不同的立场，多少次大小会议中，他们唇枪舌剑，往来交锋，与其说是“同事”，不如说更像“对手”。在这样一位对手要离开的时候，人们却自发地赶来送别——因为在很多人的眼中，这位披荆斩棘、历经沧桑的老人，不仅是一名优秀的外交官，更是一个势均力敌的对手，一个值得怀念的朋友。

重归故里唱响时代

李道豫曾说：“联合国的院子不大，但它是世界的大舞台。”

当他终于离开这个“大院子”，转身之间，这些年的暗潮涌动、惊涛骇浪，仿佛都轻轻地过去了。半生忙忙碌碌，在那久违的广袤天空下，在祖国每一个阳光晴好的日子里，他冷不防地停下来，突然记起了少年时的理想。

他说：“我年轻的时候，新中国成立前参加爱国学生运动，在那个时候我们就有合唱队。”

再后来，由于世界形势的急剧变化，外交部工作日益繁重，这个小小的爱好也被迫搁置一旁。回国后，一次偶然的机会，李道豫发现了国内的一个外交部老年合唱团，这让他十分高兴。

年轻时候没有时间做的事情，现在能痛快地做一做了。他单打独斗了这么多年，谈判桌上金句频出，寸步不肯相让，到了这种时候，却更想要融入人群中，去听听集体的声音。从前在合唱团中，他都是高声部，但后来就偷偷跑去了低声部，因为低声部比较轻松。说这话时，他的笑容很快活，眼睛眯起来，孩子气的一面从身上显露出来。这位饱经沧桑、庄严睿智的外交官，在祖国的怀抱中，平和快乐地享受着自己的晚年。

2019 年 9 月 17 日，国家主席习近平签署主席令，授予李道豫“外交杰出贡献者”国家荣誉称号。

他曾不止一次直面风浪，坚定捍卫国家权利，同时积极宣传改革开放以来我国取得的每一项重大成就。然而每当有人提起他过往的成绩，他总会说，那不是我的胜利，是我们国家的胜利。

一路走来，他见证了一个民族辉煌的涅槃，见证了我国国际话语权一步步地艰难提升。一个国家波澜壮阔的百年，一个人跌宕起伏的一生，寥寥数语怎能写就？唯愿后人能够奋发图强，珍惜前辈余荫，共同谱写中国更为灿烂光明的未来！

樊锦诗
——一心一世一敦煌

2019年的《感动中国》节目中，曾有这样一段颁奖词：

“舍半生，给茫茫大漠。从未名湖到莫高窟，守住前辈的火，开辟明天的路。半个世纪的风沙，不是谁都经得起吹打。一腔爱，一洞画，一场文化苦旅，从青春到白发。心归处，是敦煌。”

这样一段充满力量感又道尽艰辛的话，描

述的是“文物保护杰出贡献者”——“敦煌的女儿”，樊锦诗。很多年后，樊锦诗还记得自己第一次在中学课本上读到敦煌时的心情。

敦煌是什么？东汉应邵注《汉书》时将其解释为：“敦，大也；煌，盛也。”所以敦煌就是盛大辉煌的意思。亲爱的小朋友，当你真的有机会去那里亲眼看一看，你就会明白，再也没有什么盛景能更加贴近这个词语。

你知道敦煌的壁画中九色鹿的故事吗？你知道很多年前的骆驼商队，系着怎样叮当作响的黄铜铃铛吗？明代诗人杨慎在诗中写道：“白雁西风紫塞，皂雕落日黄沙。”“梦里身回云阙，觉来泪满天涯。”意思是，西风烈烈，大雁在长空盘旋，紫色的关塞苍凉雄壮；落日之下，黄沙漫漫。让人梦回到家乡的宫阙，醒来忍不住泪洒敦煌。

千年之间在戈壁流浪的诗人、骑白马的商人和苦行的僧人。这一切的一切都拨动着樊锦诗年轻的心房。她真想去敦煌看一看呀。

所以，当1958年樊锦诗考入北京大学时，她毫不犹豫地选择了考古专业，并在学校的安排下，于1962年来到了敦煌文物研究所（今敦煌研究院）实习。在那里，樊锦诗和同学们被敦煌的盛景深深打动了。他们近乎痴迷地凝望着一座座洞窟，仿佛穿越数千年扑面而来的日光晨雾重逢了盛唐的风雪、五代的钟磬。在这群求知若渴的年轻人的眼中，敦煌这一方小小的天地中沉睡着灿烂灼目的大千世界。他们憋足了劲，就像是一群好奇心旺盛的小孩子，急不可耐地想从那壁画神像中了解几个世纪以前的文明。

可当他们走出洞窟时，才发现现实与洞中

壁画中的世界差别之大。石窟以外的世界没有天宫银河，没有电和交通工具，甚至没有可以喝的水。由于严重水土不服，樊锦诗甚至无法正常工作，不得不提前结束实习，回家乡上海调养身体。

离开莫高窟，几乎像是逃难。后来樊锦诗曾半开玩笑地说，“我心想，反正已经看过了，以后再也不来了。”她满心以为自己此生都不会再来，谁知毕业时，急需考古类人才的敦煌文物研究所向北大要人，成绩优异的她再次被选中了。樊锦诗的父亲为此还专门给学校写了一封请求信——是啊，哪里有父母舍得心爱的女儿跑到那样远的地方去吃苦受罪呢？父亲将信给了樊锦诗，并嘱咐她一定要妥善上交给学校领导。但是这封信最终还是被樊锦诗扣了下来。

那一晚，她实在想了很久。敦煌，大西北荒

凉的敦煌，离家多远啊。这一去要多少年呢？

夜深人静时，那年那篇有关敦煌的文章又浮现在她的脑海之中。无数次出现在梦中的飞天，西汉张骞留下的丝绸之路和他身后无数手握旌节与马鞭的先贤……她是学这些的，她比谁都更清楚其中的意义——敦煌对中国人来说，绝不仅仅意味着神像和壁画，它更像是一场蛰伏千年的民族之梦。从那梦中，能看到游弋在时光洪流之中的历代文物、名山大川，以及各朝人民的世俗生活……假如能进行深入的保护和研究，无疑是对我国考古事业的极大推动。

决不能眼看着这段珍贵的民族记忆被淹没在黄沙之下！可此时此刻，假如像她这样的年轻人都不去，又有谁能去呢？终于，樊锦诗下定了决心："国家的需要就是我的志愿，我不能轻言放弃！"

重返敦煌

1963 年夏天，这个看上去文文弱弱的年轻女孩头顶草帽、扛着沉甸甸的背包出现在了北京火车站。不久后，敦煌研究院以她为原型，制作了一个雕像，取名《青春》——那一年她 25 岁，这真是个再恰当不过的题目。

25 岁，正是一个女孩最无畏动人的年纪，她兴奋又忐忑地来到了距家乡千里之外的莫高窟。直到真正住进了莫高窟旁边的破庙之后，她才真正意识到，这里恶劣的自然环境比她想象中还糟糕很多。

樊锦诗回忆中的敦煌是这样的："房子里到处都是土，喝的水都是咸的。"晚上只能用蜡烛或手电照明，上趟厕所都要跑好远的路。

艰苦的条件尚且不是最大的困难，对这样一个热情而开朗的年轻姑娘来说，最让她无法忍受的，是荒滩上无边无际的孤单。

也许你会疑惑，究竟孤单到什么程度呢？多年后，樊锦诗已经可以很平静地玩笑般讲述当时的场景：“你在旁边的破庙里，拿针缝裤子，针掉到地上，都可以听到声音。”每到夜深人静的时候，房梁上的老鼠吱吱叫着掉在被子上，樊锦诗看着透过窗纸的月光，还是会忍不住掉下泪来。她说：“敦煌确实缺人，如果我走了，就没有考古人了。”

在敦煌工作 4 年后，樊锦诗与自己的北大同学彭金章结婚。从此，夫妻两人开始了漫长的两地分居生活。

1968 年，樊锦诗初次生产时，彭金章用一副担子将小孩子的衣服、鸡蛋、大枣等物品，一路从湖北武汉挑到了甘肃敦煌。此后的十几年，都是樊锦诗在敦煌，彭金章在武汉，他们的两个孩子也不得不在漫漫黄沙中度过童年。后来，为了全力支持樊锦诗在敦煌的工作，彭金章放弃了自己在武汉大学创办的石窟考古专业，放弃了心爱的商周考古教学，毅然来到了敦煌。

“这个人特别热情，也很厚道，”在回忆这段往事时，樊锦诗哽咽着笑道，“他从来没有抱怨过我，相反，我的一些事做成了，他会为我高兴。”

守护敦煌

1972 年，联合国教科文组织通过了《保护世界文化和自然遗产公约》，敦煌莫高窟于 1987

年正式入选《世界遗产名录》。这时，樊锦诗已经在莫高窟待了24年，她早已熟悉了这里的工作和气候，也更加贴近和了解敦煌。

敦煌是寂寞的，这里路途遥远，少见行人，黄沙肆虐，也少见星辰。然而，敦煌又是热闹的，这里的莫高窟有着735座洞窟，每个都盛满了千百年前的人间烟火。每每走过这些石壁，看着上面灿烂熙攘的神明，樊锦诗都忍不住驻足微笑。“越待越觉得这个石窟好，越待越觉得，还是该为它做点事。”

1998年，樊锦诗从前任院长段文杰手中接过重担，成为敦煌研究院的第三任院长。当时正值西部大开发，各地都掀起了“旅游热”，莫高窟的游客量也在急剧增长。许多人因此提出将敦煌规划成一个商业景区，并交由旅游企业管理。然而樊锦诗却对这个提议万分忧虑：“毫不夸张地讲，那些日子里，我只要一想到让旅游公司经营管理莫高窟这样具有特殊价值的人类文化遗产，就会惊出一身冷汗。”

多年的工作经验使樊锦诗十分清楚莫高窟真实的情况：“它衰老了，非常非常虚弱，只能一点一点抢救修复。”可一天并不能修多少，而旅游开发已是大势所趋。许多个深夜里，樊锦诗辗转难眠：“你要是做不好，把这份文化遗产毁了怎么办？全世界再没有第二个莫高窟了。”

她一遍遍满怀心事地去看那些亟待修缮的洞窟。千年风霜的荡涤，掩去了它们过往鲜艳浓重的色彩，那些美丽勇敢的飞天，好像还沉沉地睡着，又仿佛下一秒便会苏醒。

在巨大的压力之下，樊锦诗终于下定了决心。她拒绝了大景区的企业化开发，并大胆决定将敦煌保护工作的重点放在“敦煌石窟数字化”工程上。这项工程大致分为两方面：一是筹建莫高窟游客服务中心，使游客进入洞窟前，先通过服务中心的影像资料了解莫高窟的历史背景、人文风貌，再由专业导游带入洞窟进行参观。

“这样做不仅可以让游客在较短的时间内了解到更多、更详细的文化信息，而且极大地缓解了游客过分集中给莫高窟带来的巨大压力。”

而“敦煌石窟数字化”的另一个构想则是建立全面的敦煌信息数据库——也就是为敦煌内的洞窟、壁画、彩塑及相关文物制作数字图像，同时收录分散在世界各地的敦煌文献、敦煌研究成果和相关资料，汇集成电子档案。

这听起来实在是一项浩瀚的工程，不仅需要庞大的人力、物力，同时也注定将耗费漫长的时光，但樊锦诗及其团队却异常坚定。在樊锦诗的心目中，敦煌所承载的不仅仅是风物人情和宗教信仰，更是一代代匠人一刀一斧的心血智慧，是中华文明代代传承的流动的传奇。

莫高窟是有灵的。大漠孤烟，长河落日，这里的一切是多么沉默静美。闭上眼，仿佛那石壁上的一切都在无言地诉说：它们只是途经这个时代，千年繁盛不该在此终结。于是几十年间，樊锦诗带领团队始终致力于敦煌石窟的考古研究和保存修复：莫高窟 735 座洞窟，4.5 万平方米壁画，2415 尊彩塑……几乎每一处都留下了她的身影。

“壁画这个文物不可再生，也不能永生。”樊锦诗曾说过，我们希望敦煌能够永存不朽，但它可能做不到，所以我们要不断地用更好的办法来保护它。

大西北黄沙漫天的荒滩是莫高窟的栖身之

所。在充分调查研究之后，樊锦诗带领团队提出了“莫高窟治沙工程”等13项文物保护与利用工程，创造性地提出了将敦煌文物保护与当地环境治理紧密结合的新思路。2008年底，这一系列的工程正式投入建设。

从壁画病害防治到石窟加固，从环境监测到当地风沙治理，樊锦诗和敦煌研究院的文物工作者们齐心协力，对敦煌文物保护工作进行了全方位的开拓创新。可以说在她的带领之下，敦煌遗产保护翻开了新篇章，走上了科学化之路。

越靠近一片文明，越能发现它的强大与羸弱。尽管多年的努力早已使敦煌文物保护取得了显著的成绩，樊锦诗仍清醒地认识到，文化遗产的保护仅靠人力与现代技术还远远不够，我们还需要立法和制定保护规划，用严格的法律准绳铸起莫高窟文化最坚固的壁垒。近年来，在她的倡导和推动下，《甘肃敦煌莫高窟保护条例》和《敦煌莫高窟保护总体规划（2006—2025）》已经先后公布实施。

大梦敦煌

2019 年 9 月 17 日，国家主席习近平签署主席令，授予樊锦诗“文物保护杰出贡献者”国家荣誉称号。与此同时，越来越多的人开始将目光投放到敦煌文化的保护之上。人们把樊锦诗称作“敦煌的女儿”，赞美她几十年来为文物保护付出的所有心血。她却常常讲到敦煌研究院的前两任院长——常书鸿、段文杰，以及许多年前那些坚守在敦煌的无名工作者，讲到在条件最最艰苦的情况下，依然有人深入大漠，寂静而无悔地将一生都留在了黄沙之中。

“他们对敦煌的爱真的是发自内心。敦煌能从老照片的废墟里走过70年，如今建成敦煌研究院，真正是这些老先生们带头留下来的。他们为之奋斗，白手起家，无怨无悔。我们这些后生呢？好像也要做点事儿。”

如今的樊锦诗是敦煌研究院的名誉院长。早已白发苍苍，本该安享晚年的她却始终心系敦煌的文物保护事业。她曾经说过：“我从来没有说过豪言壮语，像什么‘我要为敦煌奉献一辈子’，但现在仔细想想，好像这一生过得还挺充实。我这一生就做了一件事，就是守护、研究、弘扬世界文化遗产——敦煌莫高窟，这是最大的幸福。”

薪火相传，生生不灭。每一个后来人在看到莫高窟那瑰丽的色彩，那温和静默的神像时，都应当想起她的名字。

一个真诚漂亮的名字，一段勇敢炽热的传奇。

云中谁寄锦书来？竟使得千年灿烂，蔚然成诗。

闪亮的名字

我们的英雄

葛　竞　著
徐福骞　绘

人民东方出版传媒
People's Oriental Publishing & Media
東方出版社
The Oriental Press

2019年是中华人民共和国成立70周年，党中央决定，首次开展国家勋章和国家荣誉称号集中评选颁授，隆重表彰一批为新中国建设和发展作出杰出贡献的功勋模范人物，并号召全社会学习他们忠诚、执着、朴实的鲜明品格。

2019年9月29日上午10时，在人民大会堂举行的中华人民共和国国家勋章和国家荣誉称号颁授仪式上，中共中央总书记、国家主席、中央军委主席习近平向于敏等8位“共和国勋章”获得者，叶培建等28位国家荣誉称号获得者颁授勋章奖章。

2020年9月8日上午10时，全国抗击新冠肺炎疫情表彰大会在人民大会堂举行。会上宣读了由习近平签署的主席令，授予钟南山“共和国勋章”，授予张伯礼、张定宇、陈薇“人民英雄”国家荣誉称号，以表彰他们在抗击新

冠肺炎疫情斗争中作出的杰出贡献，弘扬他们忠诚、担当、奉献的崇高品质。

本套书根据9位“共和国勋章”获得者和31位国家荣誉称号获得者的生平经历和先进事迹撰写而成，旨在向广大青少年读者群体讲述这些闪亮的名字背后的动人故事，展现榜样人物真实的生活面貌和赤忱的家国情怀。

本套书共分为4册，依次为：《共和国的建设者》《人民的领航员》《我们的榜样》以及《我们的英雄》。

《共和国的建设者》以于敏、申纪兰、孙家栋、李延年、张富清、袁隆平、黄旭华、屠呦呦、钟南山等9位“共和国勋章”获得者为叙写对象，展现他们为建设祖国、卫护人民所作出的巨大贡献。

《人民的领航员》聚焦于“人民科学家”叶

培建、吴文俊、南仁东、顾方舟、程开甲，“人民教育家”于漪、卫兴华、高铭暄，以及“人民艺术家”王蒙、秦怡、郭兰英等11位国家荣誉称号获得者，描绘了他们在科学、教育、艺术领域发挥的模范引领作用和作出的突出贡献。

《我们的榜样》描述了“人民楷模”王文教、王有德、王启民、王继才、布茹玛汗·毛勒朵、朱彦夫、李保国、都贵玛、高德荣，“民族团结杰出贡献者”热地，“‘一国两制’杰出贡献者”董建华，“外交工作杰出贡献者”李道豫，以及“文物保护杰出贡献者”樊锦诗等13位国家荣誉称号获得者的先进事迹，彰显出他们恪守岗位职责的榜样力量和真诚服务人民的奉献精神。

《我们的英雄》讲述了7位“人民英雄”国家荣誉称号获得者的故事，他们分别是艾

热提·马木提、申亮亮、麦贤得、张超、张伯礼、张定宇、陈薇，展示了他们用热血谱写忠诚、以生命守护人民的英雄气概。

“崇尚英雄才会产生英雄”。我们此次面向青少年读者群体讲述闪亮的名字背后的平凡故事，即是希望青少年读者能在阅读过程中，同走榜样人物的成长生活之路，探寻他们身上优秀道德品质的建立历程，在心中激荡起爱国主义情怀，自然萌发对英雄人物的景仰与向往之情。

“争做英雄才能英雄辈出”。本套书在叙写人物时，选取的生平事迹真实可信，灌注其间的精神情感诚挚动人，所用文字表述贴近日常生活。我们希望青少年读者能够感到亲切真实，潜移默化地受到榜样力量的感染，见贤思齐，争做英雄，树立为中华民族伟大复兴贡献力量的崇高理想。

目录

艾热提·马木提
——守卫边疆镇平安

有这样一位人民警察，从警27年始终战斗在基层一线，紧紧围绕社会稳定和长治久安总目标，充分发挥反恐处突实战经验丰富的优势，事事冲锋在前，带领公安干警成功侦破一系列案件。他就是广大人民心中的英雄——艾热提·马木提。

作为普通人，他也是父母最疼爱的孩子、妻子的好丈夫、女儿的好爸爸。出于职业原因，他不得不“舍小家为大家”，把人民群众当作家人一样，终其一生坚守在人民警察的岗位上，用一言一行践行着自己的人生格言——“对敌人打得要狠，对人民爱得要真”。

以群众为第一的人民警察

1969 年 10 月，艾热提 · 马木提出生在皮山县科克铁热克乡，科克铁热克乡地域面积大、人口多，日常发生的案件也多，是皮山县社会治安情况最为复杂的一个乡。1989 年，20 岁的艾热提 · 马木提从新疆警察学院毕业之后，正式成为一名人民警察，他选择回到自己的故乡——科克铁热克乡派出所工作。

这个在他人看来不好当的“苦差事”，艾热提 · 马木提一干就是 27 年。从普通警察到公安局副局长，27年如一日，他对基层工作永远充满热情，就连艾热提·马木提的高中同学都对这个上学时内向的“小男生”刮目相看。

艾热提·马木提的高中同学阿布来提·艾合买提说：“艾热提的性情变了很多：读书时他性格内敛，在派出所时却干练机敏、当机立断，有时还很严厉。他不仅对全乡25个村的地理分布、自然环境、道路交通等状况了如指掌，而且与当地村民建立了深厚的感情。”

“公安工作的基础就是群众工作。”艾热提·马木提时常这样告诫年轻的民警。

有一次，民警们向艾热提·马木提汇报走基层工作的进展，说明入户走访情况。

“我们这次去了村民买买提的家里……”民警刚起了个头，还没继续说下去，就被艾热提·马木提打断。

“闪开！”艾热提·马木提眼疾手快，用力将同事扯开，犯罪嫌疑人扑了个空，想要转身再次袭击时，艾热提·马木提举起手枪对准凶犯，制止了这一犯罪行为。

面对同事的感谢，艾热提·马木提却摆摆手，说不值一提。

在同事眼里，艾热提·马木提是一个对工作认真、对同事严厉的人，他什么工作都带头干，对案件处理公平公正。侦查案件的时候，面对很多看似不重要的细节，他却能从中看出端倪，通过深挖细查、扩线追踪，最终成功破案。而在这个过程中，同事有任何不懂的问题，他都会耐心解答，但是如果同事不懂却不问，他也会狠狠地批评。

“我们必须像爱护自己的眼睛一样，维护法律的公正严明。”艾热提·马木提常这样告诫同事，这也是他警察生涯一直秉持的基本信念。

2015年7月3日9时7分，皮山县发生6.5级地震，霎时，天旋地转，地动山摇。截至当日11时，地震已造成3人死亡，4000多间房屋倒塌和严重损坏。

收到消息的艾热提·马木提主动请缨，赶赴受灾一线，帮助人民群众脱离险境。

安置受灾群众、搬运物资、搭建临时避难所、抢救财物、疏导交通……艾热提·马木提奔波在抗震救灾的前线上，带领战友从废墟中救出被困群众20余名，疏散群众5000余人。

科克铁热克乡村民至今记忆犹新："他很快就到了现场，抓紧组织救援工作，把我们的家人从废墟里救了出来。我们家的羊圈倒了，牲口困在里面，他也帮着救出来了。"

救灾工作结束后，艾热提·马木提回到家，

这才知道原来自己家里的房子也因地震受到了损坏，妻子玛依努尔正独自带着三个孩子，清理修建自家的房屋。

艾热提·马木提感到有些愧疚，他轻声说："是我不好，让你受累了。"

玛依努尔摇了摇头，从她选择成为人民警察的妻子那一刻起，她就知道自己将面临什么样的生活。丈夫常年奔波在一线，为人民群众服务，他不仅是自己的丈夫，更是人民的警察，比起自己，人民群众更需要他。

玛依努尔十分理解和支持艾热提·马木提，她说："我别无所求，只希望你平平安安，照顾好自己，家里有我呢！"

对于父亲的缺席，三个女儿也早就习以为常。

小时候，大女儿古丽米热·艾热提不能理

解，为什么开家长会的时候，总是妈妈来参加？为什么放学的时候，别的同学总是爸爸来接？为什么爸爸总是匆匆回家又匆匆离开，连话都说不上几句？

随着慢慢长大，女儿们对父亲工作性质的理解也不断深入，她们渐渐理解了父亲。二女儿古丽其热·艾热提说："从我出生到毕业以后，我老爸基本上挺忙的，比如说在家里可能一个星期只能见到两三次的样子。我们也不太埋怨，因为他毕竟是警察，警察的工作比较忙，在我心目中我父亲还是挺有责任感的。"

将生命奉献给警察岗位

2016 年 9 月的一天，新疆皮山县警方追踪到了公安部 A 级通缉令通缉的在逃人员、某制爆团伙头目的消息，并发现了他的藏身之处。作为公安局副局长的艾热提·马木提当机立断，亲自带队出发，对逃犯实施抓捕。

艾热提·马木提到达现场时发现，这是一大片光秃秃的乡野荒地，杂草丛生，四周没有适合隐蔽的遮挡物，环境非常复杂。而狡猾的逃犯则藏匿在一条排水沟渠的洞道里，洞口又十分隐蔽，不靠近的话很难发现。

根据侦查，这名犯罪嫌疑人极有可能在洞内藏有自制的爆炸物。凭借多年的工作经验，艾热提·马木提意识到，对于此等穷凶极恶的歹徒，不能强攻，因为万一炸药被引爆，后果不堪设想。于是他果断部署突击政策，让大家在安全范围内包围洞口，同时考虑到这些炸药都是犯罪嫌疑人自制的土炸药，遇到水就会失效，艾热提·马木提下令对洞口内部采用水攻的方法，朝洞内灌水。

民警们立即展开行动，引来河水朝洞内灌去。大量的水流灌进洞里，洞内却没有任何动静，在场的人们都紧张极了，额头上冒出密密麻麻的细汗，空气静得连身边人的呼吸都听得见。这是一场考验意志力与心理素质的比赛，谁先沉不住气，谁就输了。

艾热提·马木提相信，洞内的犯罪嫌疑人一定比在场的所有人都要更紧张，此时的他被全方位包围，已是笼中之鸟，插翅难飞。

时间一分一秒地过去，此时已经往洞内灌水3个多小时了，随着水位的升高，洞内漂出来犯罪嫌疑人的一些生活用品，可洞里的犯罪嫌疑人却仍旧没有动静。再这样蹲守下去，要是天色暗了下来，对侦查不利，会给整个抓捕行动带来很大的风险，这可怎么办呢？

“艾局长，要不我们直接突击上去！”有人建议艾热提·马木提发起强攻，毕竟经过这么长时间的拉锯战，犯罪嫌疑人的心理防线已经被击溃了，应该趁机强攻拿下。

艾热提·马木提摇了摇头，他觉得这样不妥，犯罪嫌疑人的心理处于崩溃状态，在这种情况下，非常容易做出极端行为，一旦炸药被引爆，将造成无法挽回的损伤。

艾热提·马木提立即决定，让其他参战民警原地待命，自己带着两位同事上前侦查。

“艾局长，还是让我们去吧！”有位年轻的民警提出让自己换艾热提·马木提前去侦查，却被艾热提·马木提一口回绝。他平时总说自己经验丰富，理应冲锋在前，可回绝年轻民警的理由却是：“你还年轻，是家里的顶梁柱，可不能以身犯险，不然怎么跟家人交代？”

艾热提·马木提忘了，他也是一个丈夫，是三个孩子的父亲，他的家人也需要他。可每当危险出现，他总是第一个进入中心现场，冲在最前面，用自己的身躯挡在战友们身前。

艾热提·马木提带着同事，从不同的路线分别抵达犯罪嫌疑人藏匿的位置。他们脚步轻盈，缓慢靠近洞口。一位民警正要探头观察洞内的情况，这时，艾热提·马木提却发出一声叫喊："有人！隐蔽！"艾热提·马木提冲在场的每一个人大喊着，周围的民警立马全部散开。

刹那间，身后传来两声"砰砰"巨响，藏匿在洞内的爆炸装置爆炸了，民警们下意识飞身扑向地面，以防御的姿势原地趴下。巨大的冲击波将洞穴爆破，沙砾石块漫天飞舞，离洞口最近的艾热提·马木提因通知他人撤离，自己却没来得及跑开，被炸弹炸飞，身受重伤，浑身血肉模糊。

艾热提·马木提立刻被送往医院抢救，留下来的民警们忍着巨大悲痛，继续执行抓捕任务。最终，大家抓获了犯罪嫌疑人，收缴了一批制爆原材料和制造工具。

民警们心急如焚地赶回医院，想要把胜利的消息告诉艾局长，遗憾的是，那个刚刚还在他们眼前指挥作战的艾局长，因遭遇歹徒的自杀式爆炸袭击，经全力抢救无效，壮烈牺牲，年仅 46 岁。

都说男儿有泪不轻弹，这几个平时再苦再累也只流汗不流泪的大男人，终于忍不住失声痛哭，他们再一次想起艾局长经常说的“对敌人打得要狠，对人民爱得要真”。可这一次，艾热提·马木提却用自己的生命践行了他对人民的爱、对这片土地的爱。

此时，距离古尔邦节还有两天，艾热提·马木提在出门工作前对自己的妻子说："真不好意思，老婆你辛苦了，一个人带三个孩子，特别是老三还小。你再坚持一下，等我忙完这次任务就回家。"

古尔邦节是一家人团聚的节日，艾热提·马木提的妻子玛依努尔满心欢喜地准备着过节要用的食材，想着要在那天做一大桌丰盛美味的菜肴。可令她没想到的是，她没能等到丈夫回来，等来的却是丈夫永远离开人世的消息……

"这么空的房子我一个人咋住啊……"面对空空荡荡的家，玛依努尔悲痛万分。

艾热提·马木提牺牲的消息传出后，许多群众自发赶来参加他的葬礼。那天，是玛依努尔记忆里最悲痛的一天，葬礼现场挤满了干部、民警和群众，所有人都为艾热提·马木提的离开而悲伤落泪。

“你看到了吗，你最热爱的人民群众，他们在为你哭泣。”玛依努尔在心中说，她知道，即使丈夫已不在人世，他留下的温暖阳光早就洒遍了这片土地的每一个角落。

2019 年 9 月 17 日，国家主席习近平签署主席令，授予艾热提 · 马木提等 4 人“人民英雄”国家荣誉称号；9 月 25 日，艾热提 · 马木提被授予“最美奋斗者”荣誉称号。

得知这个消息，古丽其热感到无比自豪：“爸爸做事严谨、干事公正，长期在一线服务，经验丰富。他在我眼里就是这样一个奋斗者，是我心中的英雄。”

祖国边疆美丽富饶，在这美景下却暗藏着汹涌波涛，艾热提 · 马木提将自己的一生都奉献给了这片土地。作为一名人民警察，他用双脚丈量这片土地，用行动关爱这片土地上的每一位同胞。面对敌人，他毫不畏惧；面对危险，他勇往直前；27 年如一日地镇守边疆，他还给人民一片安宁的净土。

“他是一个有着英雄气质的人，对全县情况非常了解，基层经验特别丰富。”皮山县公安局政委张晓琴这样评价这位英雄。

英雄已逝，浩气长存。时至今日，人们还在怀念他，口口相传着他的故事，他在危难时刻的英雄壮举和为人民服务的牺牲精神，将永远镌刻在人们心中。

申亮亮
——一腔热血著写忠诚

小朋友，每年的6月1日，是不是你们心目中最期待的日子呢？这一天，是国际儿童节，全世界都会为你们送上祝福，爸爸妈妈会给你们买最想要的礼物，学校和老师也会特意为你们庆祝。

在这一天，你们会满心欢喜地拆着礼物，每一样都是你们最喜欢的东西。幸运的话，除了礼物，爸爸妈妈还会带你们去游乐场畅快地玩上一天，在旋转木马上做着环游世界的“白日梦”，在过山车上体验惊险刺激的旅程。玩累了，你们还可以再来一个香甜绵软的冰激凌，吃上一口，感叹一声：“生活真美好呀！”

可你们知道吗，我们所处的和平年代、我们拥有的美好生活，是有人在背后替我们扛下了那些苦难，用自己的身躯遮挡了黑暗与危险，替我们负重前行。

在这群默默奉献的英雄中，有一位叫申亮亮的大哥哥，在北京时间2016年6月1日——儿童节的这一天，永远地离开了我们。

申亮亮，是一名维和战士。

你们可能会问，什么是维和战士呀？

我们很幸运能够生活在一个美丽富饶、安宁和平的国家：在家里，爸爸妈妈会照顾我们的衣食起居；在学校，老师会教给我们知识；

出了校门，有警察叔叔阿姨们保护我们的安全。我们可以自由自在地学习、玩耍，可以向任何我们渴望的梦想努力，畅想未来。

可在这个地球上，仍有许多小朋友一直过着看不见明天、等不到未来的生活。他们每天都活在对战争的无限恐惧中，受伤、失去家人、流离失所……别说是能吃上一顿饱餐、拥有一件漂亮的衣服，就连能平安健康地长大，对他们来说都是一种奢望。战争让他们失去了家园，让小小年纪的他们只能在城市的残骸夹缝中生存，像乞丐一样捡拾食物，等待着他人的援助，期待着能够得到食物和药品补给。

而在这些充满战争炮火的国家就驻扎着保护当地居民的联合国维和部队。

联合国维和部队是联合国维和行动的一种形式，是为了阻止当地的局部矛盾扩大，防止再次发生冲突而设立的部队。他们的主要任务是制止冲突，恢复和平，帮助在战争中受害的平民百姓。

我国一贯支持并积极参与符合《联合国宪章》精神的维和行动。中国人民解放军自 1990 年开始，每年都向联合国派遣军事观察员执行维和任务。

我们常在影视剧里看到的那些头戴天蓝色钢盔，或是蓝色贝雷帽的士兵，通常都是维和部队的战士们，他们的臂章缀有地球和橄榄枝的图案，象征着维护世界和平。

为和平，三度请战

申亮亮，就是一名驻马里共和国的维和工兵分队战士。北京时间 2016 年 6 月 1 日，儿童节的这一天，申亮亮牺牲在了马里的工作岗位上，他的生命在29岁这一年戛然而止。

马里共和国是西非的一个内陆国家，也是世界上最不发达的国家之一，联合国前任秘书长潘基文曾说："马里是世界上最危险的维和任务区，没有之一。"

马里位于撒哈拉沙漠边缘，气候环境非常恶劣，全年分为热季、雨季、寒季，热季酷热干燥，最热的时候气温甚至能达到50℃！当地政局长期处于动荡之中，几乎每天都在发生恐怖袭击事件。那些穷凶极恶的恐怖分子把驻扎在当地的维和战士视为"眼中钉、肉中刺"，时时刻刻都想要"除掉"他们。

正是在如此艰苦的条件下，我们国家维和部队的战士们毅然决然地出征，将生死置于身后，坚决完成维和任务。

2013年，申亮亮所在的部队要组建分队赴马里执行维和任务。申亮亮激动极了，这是他一直以来的梦想，在他心中，有一个“维和梦”。在成为士兵后的每一天里，他无时无刻不在期待着，未来有一天，能够代表祖国出征。

申亮亮率先向党组织递交了志愿参加维和的请战书，他一笔一画地写下这样一句话：“我志愿参加维和任务，如果不能代表祖国为和平出征，我这辈子都会遗憾。”

由于申亮亮平时训练中表现优异，连队向上级推荐了申亮亮，可却没想到因为“腰椎间盘突出”的旧疾复发，申亮亮错失了这次机会，他的“维和梦”也只能暂时搁置。

申亮亮没有气馁，他想着疾病只是一时的，并不能永远打败自己，更何况自己还年轻，只要科学锻炼，坚持做康复运动，总会有战胜疾病的那天。

第二次机会很快就来了。2014 年 7 月，部队再次接到组建分队赴马里维和的命令。这一次，申亮亮成功入选集训名单，可却再一次因身体伤病情况，被列为替补队员。

我们都知道，在比赛中，替补队员可能不会有上场发挥的机会，有时甚至整场都坐在赛场边的替补席上，只能看着赛场上正式队员们的飒爽英姿。即使比赛没机会上场，但在日常训练中，替补队员仍要接受和正式队员一样严格要求的训练。

即使已被选为替补队员，即使知道自己有可能最终落选，申亮亮仍旧没有沮丧，他坚决服从上级的安排，和其他入选队员一样，坚持完成了近 3 个月的魔鬼式封闭训练。

其实，在申亮亮心中根本没有“替补队员”

和“正式队员”之分，能成为一名中国人民解放军战士，他就已经备感荣耀与自豪。更何况，在为国出征面前，无身份尊卑之分，大家都是中华民族的儿女，都是中国人民的战士。

然而，申亮亮还是和第二次机会失之交臂了。

封闭训练结束后，申亮亮又回到了所在的部队。他并没有表现出失落或沮丧，抑或是怨天尤人，而是比以前更严格地训练，把自己在封闭训练中学到的知识和技巧反复巩固练习，更加苛刻地要求自己，使自己成了轮式工程装备的全能操作手。

两次与梦想错过的经历并没有让申亮亮放弃，相反，在每一次艰苦的训练中、在每一遍高喊的口号中，申亮亮更加坚定了自己的梦想。他感到身体内流淌着按捺不住的沸腾血液，仿佛每一个细胞都在呐喊着：“战士就要时刻准备上战场！”

“战士就要时刻准备上战场！”是申亮亮最常说的一句话，从他入伍成为一名人民士兵的那一刻起，他就已经做好了为国捐躯的准备。他殷切地希望能够成为一名维和战士，让全世界都看到中国军人的精神面貌和昂扬风采。

当第四批赴马里维和工兵分队组建时，申亮亮第三次“请战”。凭借出类拔萃的优异成绩，他成功地入选。这一次，他终于实现了他的梦想，戴上了那顶他梦寐以求的“蓝色贝雷帽”。

为使命，冲锋陷阵

2016 年，申亮亮随第四批工兵分队踏上前往马里的征途，执行维和任务。

出发的那一天，同宿舍的战友陈维平送申

亮亮到楼梯口。看到申亮亮整装待发、眼里充满期待的样子，陈维平也不禁为自己的好哥们儿感到开心。

“亮亮，你自己在外面要多保重啊！”

“放心吧！一年后再见啊！”申亮亮笑容灿烂，背起行囊走下了楼梯。

看着申亮亮远去的背影，陈维平还在幻想着一年后重聚时，一定要好好吃上一顿，庆祝兄弟的凯旋。但令陈维平想不到的是，申亮亮说的“再见”，竟成了永远的告别。

2016 年 5 月 18 日，吉林长春的龙嘉国际机场，一批身着迷彩服、头戴蓝色贝雷帽的士兵整齐划一地列队集合，引来众人的注意。

每位士兵的脸上都洋溢着掩饰不住的自豪，其中，申亮亮的笑容格外明亮闪耀，入伍 11 年来，他终于实现了自己的心愿，踏上了维和的征程。

出发之前，申亮亮早已听老兵们介绍过马里的情况，他已然做好了应对当地气候条件差、恐怖袭击事件频繁发生的准备，然而，当他真正踏上那片土地时，他才意识到，现实的形势比他想象中的还要严峻得多。

5 月的马里正值高温，每天最热的时候连温度计都会爆表，要知道，温度计表盘上最高温度也只有 50℃。还有那可怕的沙尘暴，毫无征兆地说来就来，刮起粗沙石砾，像刀割般剐蹭着每一寸皮肤，让人无法招架。

即使如此，申亮亮也从未想要退缩，毕竟能做自己热爱的事，怎么会感到辛苦呢?

申亮亮随手拍下一段沙尘暴来袭的小视频，分享在朋友圈里："沙尘暴说来就来呀！"

视频里，黄沙漫天，扬尘飞舞，一团混沌

的黄色旋涡在空中旋转。

申亮亮的姐姐申海霞看到这段视频，不由得担心起来，她在这条动态下面评论道：“这啥天气呀？”

“说不好，沙尘暴。”申亮亮回复说。

“那是个落后国家呀！”申海霞隐隐感到不安。

“他们内部战乱，别和咱妈说，听见没！”申亮亮恳请姐姐，别告诉母亲这里的条件有多艰苦，他不想让母亲担心。

在马里的维和工作，每天都如出一辙，枯燥无味却充满危险。来来往往形形色色的当地人，表面上看起来平静无常，可背后却藏匿着涌动的暗流，危机四伏。

战士们每天除了修缮营地设施之外，还需要轮流执勤站岗。站岗的地点就在营地的大门口，虽然营地门前设有路障、破胎器等阻止敌人强制闯入的多层防护设备装置，但为了守护营地的安全，站岗士兵的观察放哨和及时通知也十分重要。

在岗哨执勤的士兵需要时刻保持警觉敏锐，营地门前常常有可疑人员徘徊走动，如若不紧盯着这些人，也许下一秒他们就会掏出藏匿在身上的武器，实施恐怖袭击。所以，即使是在气温高达50℃的夏天，战士们也需要穿着厚厚的防弹衣，戴着头盔，手持武器，坚守在岗哨上。一旦有敌人强攻硬闯，岗哨就是全营的最后一道防线，因此站岗也是全营最危险的任务。

以前，申亮亮只在电视中见过战争的场面，可这一次，真实的战争场景每天都在上演，从字面意思上的理解到切身实际的感受，让他对“维和”这两个字的认识又更深了一些。看到难民们在饥饿与杀戮中苦苦挣扎，见证一条条鲜活生命的逐渐陨落直至消失，申亮亮更加体会到作为一名维和战士守护生命的职责与担当。

“维和，维护世界和平”，申亮亮知道，这是一场荷枪实弹的战斗，是一项充满危险的任务，也许还会面临着流血与牺牲。

为信仰，血染疆场

马里时间5月31日晚上，营队里各班正在组织谈心活动，战士们像家人一样畅聊，氛围温暖融洽。

当地时间20时50分，营地门口，有三辆当地车辆驶过，离营地大门最近的二号哨位上的申亮亮和司崇昶发现了这一情况。

三辆车匀速地经过营地门口，看起来毫无

异常，可直觉让申亮亮这个有着11年经验的老兵隐隐感到不对劲，他拿出对讲机，时刻准备着。

几秒后，排在最后面的一辆皮卡车突然掉转车头，疯了一般加速朝着营地大门冲来，丝毫没有停下的意思，一副“同归于尽”的架势！

在皮卡车突然加速的那一刻，申亮亮当机立断，按下对讲机，传递出预警信息。

营地里，立体中队队长卞龙的对讲机里传来一声清晰而急促的报告，是申亮亮的声音：“报告！有不明车辆冲向营区！请求支援！”

卞龙迅速反应，他指挥全体士兵立即进入作战状态，并命令快速反应班去武器库取枪，自己则快速向哨位冲去。

皮卡车急速朝着营区冲来，哨岗里申亮亮和司崇昶已经将枪里的子弹上膛。

身为主哨的申亮亮，果断下令开枪警告。

司崇昶扣动扳机，警告皮卡车立即停车。

“砰——！砰——！”司崇昶开了两枪，坐在驾驶座上的司机拼命来回躲闪子弹，但却依旧没有停车的意思。

“对他开枪！”在警告无效的情况下，申亮亮继续指示。

司崇昶连续开枪，终于击毙了司机，可皮卡车却完全失去了控制，撞在营区外围的沙箱上，整个车身前翻，倒扣在壕沟边，迅速燃烧起来。

这时，申亮亮快速分析着眼前的情况。看着燃烧的汽车，又扫视大门的左右，他判断这辆车极有可能是自杀式汽车炸弹，如果自己被分了神，很有可能会有大批恐怖分子趁机持枪闯进营地。

申亮亮和司崇昶握紧手中的枪，继续盯梢，他们要坚守在哨岗上，用身躯抵挡着即将到来的危险，为还在支援路上的战友们争取更多的时间。

在战友支援到位前，自己所在的哨位就是守护营区安全的最后一道防线。申亮亮无法预知下一秒会发生什么，但军人的直觉再一次让他察觉到危险的到来。于是，他用力推了司崇昶一把，将他推出哨位。

“你快撤离！”申亮亮大喊着。

“一起撤！”

“我是主哨！”申亮亮铿锵有力地说。

20 时 51 分 29 秒，在申亮亮发出预警信息的 37 秒后，士兵们按照已经演练过无数次的应急预案，拿起武器冲向各自的战斗位置。

此时，立体中队队长卞龙距离二号哨位

还有 30 米。突然，巨大的爆炸声响彻马里上空，黑夜被残忍闪耀的火光照亮，顷刻间，滚烫的热浪掀起石块沙砾，将在场的每一个人掀飞——燃烧的皮卡车爆炸了！

一瞬间，营区陷入一片黑暗，漫天烟尘。

卞龙带着赶到的快速反应班向哨位冲去。他们在烟尘中找到了严重受伤的司崇昶，他左耳血肉模糊，胸前鲜血浸透。如果不是申亮亮那一推，司崇昶只怕凶多吉少。

“申亮亮在哪儿？”所有人都在寻找申亮亮。此时，哨位已经燃起大火，大家一边灭火，一边在心中默默祈祷：亮亮，希望你不在哨位里！

十分钟后，哨位的大火被扑灭，焦炭废墟之中，一名战士哀号痛哭：“报告！申亮亮找到了！牺牲了……”

那一夜，是赴马里维和的战士们度过的最

漫长的一夜。

此时，已是国内时间的6月1日，这一天也是国际儿童节。在申亮亮母亲杨秋花心中，亮亮就是那个“永远都长不大的儿童”。她还在殷切盼望着儿子平安归来，却没想到儿子用自己的生命，换来了全体战士的平安，从自己一个人的儿子，变成了全体中国人心中的英雄。

从发现情况到最后爆炸，只有短短的37秒。在这宝贵的37秒中，申亮亮置个人安危于不顾，始终坚守哨位履行职责，为营区做好防护准备争取了时间，避免了更多战友的伤亡。

在申亮亮的追悼会上，杨秋花痛哭流涕，她声音颤抖却大声有力地说：“我的儿子，你为国争光了，我谢谢你！你放心走吧！”

申亮亮走了，但他的英雄事迹和牺牲精神却永远地留存了下来。2019年9月，申亮亮被授予“人民英雄”国家荣誉称号。

我们生活在和平安宁的中国，每当带着梦想和希望前进的时候，也要记得这些替我们负重前行、替我们抵挡危险的英雄，是他们的勇敢和牺牲，让我们拥有一片能够自由翱翔的蓝天。

麦贤得
——钢铁战士

在中国人民解放军海军博物馆里，存放着一枚特殊的弹片。这枚弹片是从老兵麦贤得的头部取出来的。1965 年“八六”海战中，一枚飞速射来的锋利的弹片击中了麦贤得的头部。一瞬间，滚烫的脑脊液和鲜血从他的前额流了出来，糊住了他的双眼，巨大的冲击力和疼痛让他顿时昏迷了过去……

麦贤得就此倒下了吗？这枚存放在海军博

知何时已被叮咬出了密密麻麻的红包。

还有一次，暴雨来势汹汹，海水迅速涨潮，迅猛的潮水朝着岸边袭来，淹没了存放粮食的公社粮仓。夜里风吹雨打，光线昏暗，就是在这样的情况下，麦贤得一个人蹚进齐胸的潮水中，拉着一条小船，从被淹没的公社粮仓里抢救出 3000 多斤的粮食！抢救完粮食，他转身又拿起工具，和其他渔民一起，奋不顾身地投入新的工作：维修巩固堤坝，阻止潮水流向盐田。

正是因为麦贤得优异的表现，他在入伍前，连续两年都被评为“五好民兵”。为了集体利益，他总是无所畏惧、敢闯敢干，勇于承担重任。

18 岁那年，麦贤得如愿参军入伍，任海军某艇机电兵，他终于成了一名光荣的人民海军战士。

由于辍学早，麦贤得的文化功底比较薄弱，

学习电机专业对他来说难度很大。那些繁冗深奥的学术术语、晦涩难懂的电路原理、复杂多变的计算公式，他都需要花大量的时间钻研下功夫。

每当别人午休的时候，麦贤得就一个人偷偷跑到山上，躲在树荫下拼命地死记硬背那些书上的知识。在军事训练中，有一项训练任务是在无照明条件下转换油柜，需要在全黑的环境里操作设备。这项训练对新战士不做要求，只有老战士才需要参加。麦贤得虽然是新兵，但他仍坚决要求参加。老战士训练的时候，麦贤得就在一旁站着，用心记，并跟着他们的动作学。他还经常请老战士出题检验自己的学习成果，看看自己能不能学以致用。长时间下来，麦贤得也能像老战士一样娴熟地掌握动作技巧了。不仅如此，他凭借出色的硬功夫，还被大家称作“夜老虎”，就是说他在漆黑的夜里，也能像老虎一样矫健敏捷。

头部中弹的“钢铁战士”

1965年8月5日晨，我国海军南海舰队司令部收到前方传来的情报：在南澳岛大约70海里[①]处发现了敌方的“剑门”号和“章江”号。

“剑门”号和“章江”号是国民党海军的战斗舰，那时，国民党军队时常发起袭扰攻击。南海舰队首长马上召开会议，商量对策。为了保护海域的安全，同时打击蒋介石的嚣张气焰，经过请示，组织及上级领导决定立刻歼灭这两艘舰艇。作战方案迅速制定，由汕头水警区护

① 海里：计量海洋上距离的长度单位，1海里约等于1852米。——编者注

卫艇41大队的4艘高速护卫艇和快艇11大队的6艘鱼雷快艇组成突击编队迎敌，汕头水警区副司令员孔照年与参谋长王锦负责指挥。而麦贤得所在的611号护卫艇则和兄弟舰艇一起时刻警惕地在海面上巡逻，察看处理可疑情况。

1965年8月6日凌晨，随着几声炮响，双方开始交火，新中国成立后规模最大的一次海战正式打响。

一时间，炮火连天照亮夜空，远远看去，就像是绚烂耀眼的烟火。可战争并没有这么梦幻浪漫，它是残酷的，充满着斗争和牺牲。

一开始，我方的战舰攻势凶猛，上来就猛炮逼迫，打得敌方措手不及。敌方指挥胡嘉恒发现打不过我们，就指挥“剑门”号与“章江”号准备撤退。

察觉到敌方想要撤退的意图，我方赶紧追

击，死咬不放，不给敌方逃走的机会。此刻，我方的601艇、611艇、588艇、598艇已经将敌人的“章江”号团团围住。

此时的敌方就像是一只被网住的鱼，在生命结束前仍妄图垂死挣扎，跟我方拼个鱼死网破。敌方犹如发疯发狂了一般，拼命朝我方的4艘舰艇发起一波又一波的炮弹攻击，战艇上的敌军也跟着了魔一般，疯狂地拿着枪扫射我方士兵。

战斗场面十分激烈，整个世界只有无尽的炮火声和淹没在枪林弹雨中的痛苦哀号声。一枚炮弹打在601艇的指挥台上，年轻英勇的舰长吴广维被弹片击中，不幸牺牲。

战争是残酷的，不会给人喘息的时间，大家甚至都来不及为战友的牺牲悲痛缅怀。在如此紧急的情况下，舰队不能没有指挥官，一旁的中队长王瑞昌迅速挺身而出，接替吴广维的位置，重新组织指挥战斗。

见兄弟舰队损失惨重，611 艇赶紧顶上去，死死咬住敌人不放。“章江”号上的敌军见无法逃脱，杀红了眼，誓要与我方拼到底，更加不要命地猛烈地朝我方发起炮弹攻击。

炮弹落在了611 艇上，2 枚炮弹打进了机舱，611 艇失去了部分动力。此时，机电部门的轮机兵麦贤得正在前机舱的岗位上。

“麦贤得！后机舱主机受到炮火攻击已停转，你赶紧过去帮忙！”前机舱班长黄汝省发现这一情况，将麦贤得调离前机舱。

“收到！”枪林弹雨中，耳边是呼啸而过的炮火子弹声，麦贤得没有犹豫，大声应道，继而赶紧隐蔽自己，从舱洞里飞速穿过，来到后机舱。

后机舱里，罗班长正在检查仪器排除故障，就在麦贤得赶来协助时，敌人的两发炮弹打进了机舱。

“轰——！轰——！”两声巨响，麦贤得被震得摔倒在地，四周是红色的火光和滚烫的热浪，视线模糊中，麦贤得看到眼前的罗班长栽倒在地。紧接着，一枚飞来的弹片毫不留情地扎进了麦贤得的右前额，一直插到左侧靠近太阳穴的额叶里。麦贤得只觉得好像有什么热热的东西从额头上流下来，一路顺着眉毛流进眼睛里，辣得眼睛睁不开。

麦贤得努力想睁开双眼，站起来继续战斗，可下一秒，他就昏了过去。昏迷中，麦贤得仿佛看到了自己的父亲，他正被敌人用皮带狠狠地抽打。麦贤得大喊父亲的名字，哭着向敌人求饶，求他们放过自己的父亲，可敌人就像没听到一般，一鞭鞭地抽在父亲身上。麦贤得只觉得身上痛极了，就好像他在被敌人毒打一样。

麦贤得握紧拳头，想要冲上去和敌人拼了，可当他站起来时，眼前又变了另一副模样。他看到601艇上的舰长吴广维正站在船舰的旗帜下对自己微笑着招手，那意气风发的模样仿佛在说：战争胜利了！

麦贤得正要挥手回应吴广维，这时，一个炮弹从天而降，砸在吴广维身上，顷刻间化成一片火海。

看着昔日的战友就这样牺牲在自己面前，麦贤得悲痛万分，他痛苦地大声哭喊，敌人如此凶狠残忍，他不能就这样放弃，他要站起来，继续战斗，直到迎来胜利！

“麦贤得，醒醒，快醒醒！”耳边传来战友焦急的呼唤声。原来，刚刚的一切都是他昏迷中做的短暂的梦。受了轻伤的后舱轮机兵陈文乙为麦贤得包扎好了伤口，短暂的昏迷后，麦贤得苏醒了过来。

麦贤得听到前机舱的轰鸣声变弱，不由得担心起来：“班长！”班长黄汝省刚刚调麦贤得来到后机舱，麦贤得判断现在前机舱的情况恐怕也不太妙。

麦贤得挣扎着站起身来，鲜血流进眼睛里，糊住了视线，他用手一抹，视线又清晰起来。他连晃带爬地来到前机舱，发现班长黄汝省已经倒在血泊之中。

“班长……”麦贤得痛心极了，前机舱也失守，意味着611艇彻底失去动力。麦贤得深知，611艇一旦失去动力，敌方的“章江”号就有可能抓住这个防守空当突破重围。此刻的他必须立刻排除故障，让战艇重新发动起来。

然而，由于炮火的不断攻击，611 艇早已身受重创，舰艇上的照明设备全部失效。正值午夜时分，舰艇内一片黑暗，几乎什么也看不见。

麦贤得额头上的鲜血凝成血块，糊住了眼角和睫毛，粘成一团，他根本睁不开眼，此时的他无异于盲人，只能靠着一双手，在黑暗中摸索试探。

还记得麦贤得在当新兵时，大家给他取的外号“夜老虎”吗？

早在新兵训练时，他就练就了一手摸黑操作的本领。此刻，哪怕舰外炮火声依旧，舰内浓烟四起，伸手不见五指；哪怕自己早已头破血流，他也并没有感到恐惧和害怕，他似乎忘了身体上的疼痛，心中只有一个信念：重新发动战舰！

人的肉体是脆弱的，能够被一枚弹片打得

遍体鳞伤，可人的信念却是坚强无比的。正是如钢铁般坚不可摧的信念和意志，支撑着麦贤得在剧烈摇摆的机舱里，在黑暗不见光的环境中，摸索着每一寸地方、每一根管路、每一颗螺丝，硬是找到了那颗导致舰艇故障的螺丝。

麦贤得将松动的螺丝重新拧紧后，机器重新恢复了动力。熟悉机器的麦贤得知道，这机器的轰鸣声不太正常，凭借过往的经验和过硬的基本功，麦贤得又继续用手“排查”，发现原来是波箱移位了。但此时的他已经无力再将扳动波箱的杠杆重新复位，于是他用最后的力气，自己整个人扑在波箱上的杠杆上，用身体的重量迫使其复位。战艇终于恢复了航速。

就这样，麦贤得忍着剧痛，用自己的身躯死死压住杠杆，坚持了 3 小时，直到我方歼灭“章江”号和“剑门”号——战斗胜利了！

麦贤得在昏迷中做的梦成真了，他期待的战争胜利终于实现了。

与病魔顽强战斗

麦贤得被送往医院后，一直高烧不止，昏迷不醒。由于弹片从右前额击入，已经深入脑颅内二寸，脑浆、鲜血还有脑脊液混杂在一起从中流出，情况十分危急。由于当时的医疗水平没有现在发达，医护人员两次尝试取出弹片都没能成功，麦贤得仍处于病危之中。

麦贤得的英勇事迹传到了毛主席和周总理那里，他们立刻指示：派技术最高超的医生为麦贤得医治。所有人都替这位“钢铁战士”揪心，所有人都为他祈祷，希望他能渡过难关。

接到指示后，广州军区总医院迅速组织专

家对麦贤得进行了会诊。最终，通过两次手术，终于将麦贤得脑内的弹片取了出来，并用两块有机玻璃代替麦贤得受损的部分头盖骨。麦贤得顽强地活了下来。

麦贤得虽然活了下来，可弹片对大脑的损伤所留下来的后遗症却折磨了他一生。外伤性癫痫、右手无力、偏瘫、行走受限、失忆、语言障碍……麦贤得成了伤病号。起初，他连话都说不清楚，笔也拿不稳，就连下床走路都需要人搀扶、上厕所都需要人照顾……

然而，麦贤得并没有就此一蹶不振，他依旧像钢铁战士一般，顽强不屈地和病魔抗争着。他开始重新学起了吐字发音，像牙牙学语的婴儿那样，一个字一个字地认；他尝试用左手代替无力的右手练习写字，甚至为了使大脑恢复正常水平，有时还会“左右开弓”，左右手同时写字。

麦贤得刚刚恢复发音吐字，就咿咿呀呀地哼唱起了《东方红》；最先写出的字就是“毛主席万岁”。而毛主席也很牵挂这位“钢铁战士”，后来还单独接见了麦贤得。

此后的几十年里，用麦贤得自己的话形容就是：他吃的药、打的针可以装满一整个火车车厢。

2017 年 7 月 28 日，中央军委主席习近平签署命令：授予麦贤得同志“八一勋章”。2019 年 9 月 17 日，国家主席习近平签署主席令，授予麦贤得“人民英雄”国家荣誉称号。2019 年 9 月 25 日，麦贤得被评选为“最美奋斗者”。

面对人们的赞誉，麦贤得谦虚地说：“我只是一个兵，我不是英雄。我们都要向雷锋同志学习，做一个小小的螺丝钉，为国家、为党、为人民服务！”

张超

——爱，在海天间

有一种危险系数大、风险高的职业，被人们看作“刀尖上的舞者”，它就是舰载机飞行员。

舰载机是能够在航空母舰上起降的飞机，舰载机的性能则决定着航空母舰的战斗力，舰载机数量越多，证明航空母舰的实力越强。

舰载机有制空战斗机、战斗轰炸机、预警机、加油机、电子干扰机，等等。其中，舰载战斗机主要用来拦截和攻击空中目标、夺取制空权。据说，驾驶舰载机，就像在刀尖上跳舞一样，既极度危险又需要极高的技巧。

跟普通的机场跑道相比，航空母舰甲板上的跑道要更加狭窄。飞行员驾驶着舰载机从高空向下看，甲板就像是漂浮在茫茫海面上的一片树叶，飞行员需要从高空中稳健操作舰载机，并准确地钩住甲板上 4 根阻拦索之一，而每根阻拦索间隔只有 10 余米。也就是说，舰载机降落的有效着陆区域仅有几十米！

要想准确安全地降落，就要求飞行员必须同时具备非常高超的技术和极其强大的心理素质。相关资料显示，舰载战斗机飞行员的风险系数是航天员的 5 倍、普通飞行员的 20 倍。

而张超，就是一名非常年轻，也非常出色的舰载机飞行员。他的故事与天空有关，与梦想有关，是那样动人……

逐梦海天

在海军舰载机飞行员张超的眼中，自己驾驶的这架战斗机也许比自己的生命还重要。对他来说，飞机不是一架冰冷的钢铁之躯，它不只是自己的交通工具、战斗武器，更是和自己一起出生入死的好战友、好兄弟。

在张超看来，飞行员驾驶的每一架飞机都是有生命力的。它们能感知到飞行员每一秒的情绪变化，用稳固的硬件设施为每一位有航天梦想的飞行员保驾护航，提供最坚实的保障。

张超还记得自己第一次上机操作时的心情，他的双手努力克制颤抖，抑制着内心的激动，小心翼翼地抚摸着仪表盘，泪水几乎要夺眶而出——成为一名飞行员，是他从小到大的梦想。

有一次，他和队友赵洪亮从食堂打包带回来香喷喷的饭菜，两个早就饿了的年轻人却迟迟没有动筷子，他们兴奋地讨论着今天发生的一件大事，显得有些激动，连饭都忘了吃。

原来，今天是舰载机首次在辽宁舰上成功起降的日子，当歼 -15 战机成功起降，在空中画出一道完美的弧线时，张超的眼里闪出憧憬而向往的光芒。

“我以后要是能飞这个机型就好了！”张超兴奋而又笃定地对赵洪亮说。

张超并不只是说说而已，此后，他越发刻苦训练，最终通过了舰载机部队的选拔，成为一名舰载机飞行员。

进入舰载机部队后，张超特别珍惜这次机会，越发努力地潜心练习。即使飞行经验已经十分丰富了，他仍把自己当成一名飞行新生对待，每天都坚持学习，认真记录自己的飞行经验。几年下来，他手写记录的飞行手册达到了两万多字。那反复摩挲的纸页，泛出淡黄色的岁月痕迹，每一笔每一画，都凝结着张超辛苦付出的汗水；每一字每一句，都诉说着张超心中的抱负与向往。

训练的日子很辛苦，但张超从不报怨一句。

有一次，训练科目是游泳。轮到张超时，他看着眼前荡漾的水波，不禁害怕地咽了咽口水，不过也仅仅是稍稍犹豫了一下，下一秒，他就坚定地跳进水中。张超之所以会害怕，是因为自己的两个哥哥都是因溺水意外身亡。从那之后，父母就对张超千叮咛万嘱咐："一定不能靠近深水边！"

可是小时候的张超很是贪玩，一玩起来就将父母的话都抛到脑后了。有一天，他趁父母干活儿的时候，和小伙伴们一起偷偷来到池塘边玩耍。粗心大意的张超不小心弄湿了裤脚。回家后被父母发现，挨了结结实实的一顿打，这在年幼的张超心里留下了阴影。那之后，张超不仅不会游泳，甚至看到水都会感到害怕。

要知道，对于一名飞行员来说，大部分飞行区域都是在水域上空，如果遇到危险需要跳伞救生，极有可能落入水中，因此游泳是每个飞行员必备的生存技能。

为了不打折扣地完成训练任务，张超必须克服自身对水的恐惧，熟练掌握游泳技巧。

妻子张亚问张超：“你练习跳水动作的时候，怕不怕啊？”

“怕啊，谁不怕死呢？但我们这些人就是时刻准备着要为祖国去牺牲的！”张超认真地回答妻子。

在张超看来，再难的事总要有人去做，如果大家都因为恐惧而逃避，“我们的航母什么时候才能形成战斗力呢？”

就是这股勇气和不服输的劲儿，让张超克服了内心的童年阴影和恐惧。越是害怕水，他越要促使自己更加熟练地掌握跳水动作和游泳技巧。只有千万次地反复练习，将动作烂熟于心形成肌肉记忆，才能在真正遇到危险的时候保护自己。

除了必要的飞行动作训练，在理论知识的学习上，张超同样很刻苦，有时候睡觉说梦话，嘴里念叨的都是“上舰飞行口诀”。

战机的座舱里有上百个飞行仪表和电门，飞行员必须精准无误地熟记每一个按钮的位置和操纵动作，在空中飞行，绝对不能出任何差错。为此，张超还特意利用休息时间，在模拟器上加强训练，将每一个飞行动作的操纵程序都深深刻进自己的脑海里，即使闭上眼睛，他也能准确地找到正确的位置。

除此之外，张超将近百个空中特殊险情处置方案记得滚瓜烂熟，即使其中大部分情况可能并不会发生，他也依然不敢掉以轻心。因为在他心里，战机比生命更加重要，每一个环节都必须一丝不苟地对待，不能出现任何差错。

爱在海天

2016 年 4 月 27 日，是张超加入舰载航空兵部队的第 90 个飞行日。再有 3 个飞行日，他就能完成剩下的训练任务，顺利上舰。“舰”，指的是我国第一艘航空母舰辽宁舰。只有在航母上完成起降飞行训练，取得上舰资格认证，才能成为一名真正的航母舰载战斗机飞行员。

张超像往常一样，驾驶着歼－15航母舰载机执行训练任务。这项任务他已经圆满完成过很多次了，对所有的操作和动作都烂熟于心，刻在骨子里的肌肉记忆，让他几乎是下意识地反应，一一作出正确的操作。尽管如此，张超仍旧没有放松警惕，依旧把这次任务当成第一次执行的任务，谨慎认真地对待。

12时59分，张超驾驶歼－15航母舰载机完成海上超低空飞行后，正准备精准着陆。此时，着舰指挥官王亮已经在飞行记录上为张超打出了“优秀”的评分。没想到，意外突然发生了。

无线电内传来紧张而又急促的语音报警：“17电传故障，检查操纵故障信号！”

电传故障是歼－15航母舰载机最高等级的故障，一旦发生，就会触发系统自动报警，并在无线电中广播。简单地说，电传故障意味着飞机即将失去控制。

从接到警报到作出正确的反应，留给张超的时间不多。他需要在短短两三秒内快速在脑海中检索对应的应急预案，并作出正确的判断和行动，才有机会避免事故发生。而当歼－15战机最高等级故障——电传故障发生时，第一时间跳伞才是最佳选择。

如果是你，你会怎么做呢？

想象一下，一辆正在高速行驶的汽车突然刹车失灵，又或是一辆失控的大货车正向你冲来，你是否能在极短时间内作出使自己顺利逃脱危险的反应呢？

也许你会惊慌失措害怕地大喊大叫，也许你会身体僵硬地杵在原地，愣愣地看着眼前的状况，又或许你很幸运，是个机灵且身体灵活的孩子，遇到险情时能够快速躲避跑开……当危险来临时，往往会有很多种状况出现，而飞行员面对的状况，通常要比普通人更复杂得多。

当警报声响起时，张超脑海中第一个念头就是："一定要保住战机！"

现场视频和飞参数据显示，从 12 时 59 分 11.6 秒发现故障到 12 时 59 分 16 秒跳伞，短短 4.4 秒时间里，张超第一反应就是——竭尽全力推操纵杆，制止机头上扬。而他做出这个动作的目的，则是保住战机。

"跳伞！！跳伞！！跳伞！！！"塔台指挥员着急地连发三声命令，命令张超立刻弃机跳伞。即使才过短短 4 秒，此时飞机的仰角却已超过 80 度，张超错过了最佳的跳伞时机！

几乎是指挥员下令的同一瞬间，张超从座舱弹射出来。由于弹射的高度太低，角度也不好，导致主伞无法打开，座椅没有和张超分离，

程，张超只用了4.4秒。

4.4秒，这短短的时间，你能够用来做什么呢？大概只能够用来写下自己的名字，又或是喝一口水。可对于舰载机飞行员张超来说，这4.4秒内，足以让他迅速操作一系列程序动作，力求保住战机。对于张超来说，战机是自己出生入死的好兄弟，更是承载着无数飞行试验数据、技术资料的重要设备。在个人安危和国家财产面前，张超把国家财产看得比生命还重要。

4.4秒，祖国失去了优秀的儿子，人民失去了伟大的英雄，而张亚也失去了她挚爱的丈夫。

得知丈夫牺牲，张亚悲痛万分。每每想起那个眼里有光、心中有梦的男人，张亚都心痛不已。在丈夫牺牲五周年之时，张亚为张超撰文。在《爱，在海天间》里，她这样写道：

“4.4秒，生死一瞬，张超选择奋力推杆、挽救战机，毅然放弃了第一时间跳伞，放弃了生的希望。他没有留下豪言壮语，只有拼尽全力的执着，最终倒在离梦想咫尺之遥的地方——只剩下最后7个飞行架次，他就能飞上航母辽宁舰。这一年，张超年仅29岁。他来不及与我告别！

“血性是英雄的脊梁，英雄是血性的化身。张超骨子里始终透着一股不畏难、不服输、不怕死的劲头，风险面前挺身而出，强敌面前敢于亮剑，生死面前处变不惊，随时准备为党和人民牺牲一切，把革命军人的精神气概体现得淋漓尽致。

“那迎风飘扬的旗帜啊，正是无数军人用鲜血铸就的！

“生死之际，张超用无畏的担当，阐述着这样一个深刻不变的道理：作为共和国军人，今天的作为，决定军队明天的命运；今天的牺牲，就是为了明天战场上的胜利。

“有人说他傻，生命价值远高于战机。在我心里，他一点都不傻……于他，航母和舰载机是承载着祖国安全的利器，犹如伴他出生入死的兄弟，挽救战机、保留数据才能避免同样的险情在战友们身上发生。

“面对险情，张超反应已经非常迅速。只可惜，在装备故障情况下，所有操纵、抑制和补救措施都已无效，机头急速上仰，他被迫跳伞，但飞机角度已非最佳弹射角度，他连同座椅被重重砸落在跑道旁的草坪上。

“在巨大的撞击中，腹腔内脏击穿张超的胸膈肌，全部挤进了胸腔，心脏严重受损，左肺已经碎裂找不到了，最后医院下的死亡通知书诊断全身多发性复合伤，医生说，那么重的伤，能坚持到医院已是奇迹。

“我知道，他想活着，想飞上航母。航母事业才刚刚起步，我们与世界的差距摆在眼前。一代军人有一代军人的使命，他们的使命就是赶路。

“赶路，就要争分夺秒，赶路，就要风雨兼程。

“张超本平凡，他是因为投入到一项伟大的事业中而变得伟大，用自己年轻的生命在海天之间飞出了一道永恒的航迹。”

2019 年 9 月，张超被授予“人民英雄”国家荣誉称号。

正如张亚写的那样，“血性是英雄的脊梁，英雄是血性的化身”，张超是为人民海军航母舰载机事业牺牲的第一位英烈，他用生命践行着英雄的使命，将自己无畏的身影留在海天，将无限的深情留给世界。而后人，将回予无数鲜花赞歌，永远缅怀这位人民英雄。

张伯礼
——悬壶济世的国医

“白甲十万，战疫三月酣。江城生死皆好汉，数英雄独颜汗。中央经略济生，举国众志成城。中西协和防治，环球凉热彰明。”

这是一位中国医生的心声。他胸前佩戴着象征“人民英雄”国家荣誉称号的金色奖章。在他的心中，这枚奖章不仅是对他个人的肯定，更重要的是肯定了中医中药为中国的卫生健康事业作出的巨大贡献，是向每个为抗击新冠肺炎疫情挺身而出的医护人员致敬，他是作为他们的代表，站在这里接受表彰。

他就是中国工程院院士、天津中医药大学校长张伯礼。

成为一名救助患者的中医，是张伯礼在年幼时就扎根心底的梦。半个世纪过去了，他终于成为中医学科的带头人。就让我们一起来回首这位古稀院士的成长之路吧！

踏上中医之路

1948 年 2 月 26 日，新中国成立的前一年，在天津这一河海共同孕育的沃土上，于父母的翘首企盼中，张伯礼降生了，他的声声啼哭为这个小家庭带来了柔软的抚慰，安慰着他们因动荡时局而高高悬起的心。此时，春节刚刚过去十余天，门前窗上的贴花红得耀眼，积雪为小院穿上白色的衣裳，呼啸的风被阻挡在房外，屋内被暖黄的灯光铺满，显得格外温馨。张父来回翻阅字典，最终选定了寓意为杰出优秀的“伯”与代表品德高尚的“礼”为孩子的名字，将对孩子的美好祝愿都浓缩于名字中。

天津是一座多元文化交融碰撞的城市，生长于此的张伯礼童年过得十分幸福。他从小便穿梭于大街小巷中，感受生活中的细节，既看过传统文化之美，也见过西方文化之新，这是他后来学习中医却不排斥西医，并且倡导中西医结合的主要原因。

高中毕业后，张伯礼在老师的推荐下加入了天津大港的医疗队。相比于其他岗位，医疗队的生活可谓丰富多彩，带队的医生会教给他许多急救知识和医学常识。这是他第一次接触医学，也在无形中为他指明了前行的方向，而真正让他下定决心的是雪夜中的那位中医。

“医生，快救救他吧，他痛得直打滚呢！”两位村民扶着一个年轻小伙儿走进医疗队的办公室，他们的身上头上都挂着未化的雪花。年轻小伙儿脸色发白，浑身颤抖，连说话的力气都没有，他的额头上布满豆大的汗珠，脸上的肌肉不断抽搐着。经医疗队的医生检查后，大家才得知这是肠梗阻，只能到40里外的医院进行手术。

“这可怎么办，外面雪太大了，现在根本无法送他去医院啊。”村民焦急地问，年轻人在一旁无力地呻吟着。

“没办法，现在没有药，必须到医院去手术。”医生也深感无奈，突然，他想到了什么，站起来对村民说道，“去找街尾那位老中医，他好像救治过有相同症状的病人。”

“小张，我们一起带他去吧，雪真的太大了，路上也可以搭把手。”医生叫张伯礼一同出门，一行人顶着大雪，向街尾走去。

开门的是一位留着胡须的老人，他是当地很出名的老中医。问诊后，老中医开了一服中药，服下后不到1小时，那位年轻人就冲向茅房。大量排便后，他的肠梗阻被治好了。这是张伯礼第一次接触中医，以往虽然听说过这位老中医的妙手，可他却一直没有完全相信，直到那晚，他亲眼见到中医用中草药治病救人，而且药到病除，他突然萌生了对中医学的浓厚兴趣。张伯礼的中医之路就此开启。第二天开始，张伯礼便央求老中医教他中医知识，他从整理草药开始慢慢学习，在老中医那里刻苦地学习了一段时间。越是深入了解中医，他对中医就越热爱，他开始渴望更多的知识。

1977 年，国家恢复了高考，张伯礼抓住了这个机会，凭借一直以来的刻苦学习，在 1979 年成功考上了天津中医药大学的硕士研究生。3 年后他取得了中医内科学硕士学位，正式成为一名中医。

冲锋抗疫前线

2020 年 1 月 26 日，除夕之后的第二天却不复往年的热闹。除了窗花与对联还昭示着新年的来临之外，街上已变得冷冷清清，毫无年味。大家都沉浸在对于新冠病毒的恐慌之中，就连天气好像也更为寒冷了。

站在窗边，看着漫天飘雪的张伯礼面色凝重，他刚开完天津疫情防控工作会议，严峻的

这并非张伯礼第一次自告奋勇奔赴“前线”，以中医的方法对抗病毒。早在 2003 年“非典”扩散时，他就曾经尝试使用中药给病人治疗，根据病人的症状研制药方，并真的使患者病情得到了好转。当时，国家特批组建中医医疗队，他请愿担任天津市中医治疗“非典”的总指挥，采用中西结合的疗法为战胜“非典”病毒提供了强有力的支撑，在病毒预防、治疗与康复的全过程中都取得了相当不错的效果。

“国有危难时，医生即战士。宁负自己，不负人民。”张伯礼那时在日志中写下的这句话，17 年后的今天再一次实现了。

张伯礼带领 300 余名医护人员组成中医医疗团队，入驻武汉江夏方舱医院，抵抗新冠肺炎疫情。张伯礼刚到武汉时发放的 100 部手机，宛如深入敌军内部的侦察兵，将新冠肺炎的证候特征通过医生们的记录迅速传递给了张伯礼的团队。张伯礼带领大家根据患病时间轴，以及病人不同时期的症状，制作出了一份“新冠肺炎病情演变图”。

在研究中，张伯礼确认了新冠肺炎的中医学名为“湿毒疫”，这个重大突破使他们从一开始的茫然担忧变得充满信心。在后续的临床研究中，张伯礼发现了新冠病毒的复杂性，与“非典”病毒相比，它的传染性更强，还会损伤人体免疫功能及其他器官。张伯礼决定：先让病人们集中隔离服用中药，以此减缓疫情的扩散与蔓延，再根据更新的证候特征制定治疗方案。

2月15日，武汉迎来了2020年的第一场雪。武汉的冬天很冷，雪花在空中飘舞着，伴随无限的忧愁散落一地。

往年一到下雪的日子，街上便会有嬉闹玩

雪的人，他们的欢笑为寒冷的冬天带来温暖。可这一天，街道却空荡荡的，飘雪仿佛要将城市的最后一丝色彩抽离，树枝、房屋、道路都被积雪覆盖，只留下漫天的白色。

在武汉，江夏方舱医院里也都是身陷病痛的患者，他们蜷缩在电热毯上，望着屋外的飘雪，神情茫然。

这时，张伯礼给病人们开出了第一张处方——健身锻炼。

他在病人中找到了几位体育老师，让他们带领其他病患打太极拳，并让医务人员也跟着一起动起来，同时配上以中医药为主的治疗方案。几天之后，病房内一改旧貌，运动不但使病人们胃口大开，还增加了他们之间的交流。大家都在互相加油打气。

一个个好消息也陆续传来：“昨日的检查结

果出来了，大部分病人免疫功能及生化指标都有所提升！心肺功能也逐步改善了！”

综合治疗的良好疗效给医护人员带来了信心，心系人民的张伯礼也终于缓了口气。在进入武汉后，张伯礼便从早到晚如陀螺般不停歇地忙碌着。白天，他一边指导会诊调整处方，一边巡查医院观察病人证候；夜晚，他还要开会研究治疗方案。

在这种高强度的工作中，张伯礼的身体支撑不住，胆囊炎复发了。他得知后，要求保守治疗，不愿因手术而耽误研究时间。不论是医生的建议，还是中医团队成员的劝说，都无法让他改变决定，直到领导强制下令必须手术时，他才被迫放下手中的工作。

在进入手术室之前，张伯礼仍在看疫情通报，手术结束后的第二天，他便开始办公。病床的餐桌上摆放的不是餐点，而是一沓厚厚的文件和没有关过机的电脑。

当时国家召开疫情防控视频会议，由于担心个人病情会影响众人的士气，张伯礼换上了自己的衣服，在病房的角落整整端坐了几个小时。谁能想到此刻这位年过七旬，刚做完手术的老人为此作出了怎样的坚持和努力，因为身体虚弱，每个细微的动作都会使他满头冷汗。

是什么使他如此坚强呢?

“我们的仗还没打完，我如何能躺下休息！”会议结束后，张伯礼对担心他的同事们说出了原因。病房内，大家都被这句话感动了，他们沉默着，为眼前这位古稀老人感到心疼。为了缓和这样低沉的气氛，张伯礼又调侃道：“这回把胆留在了武汉，更是与武汉肝胆相照了。”

就在张伯礼想要投入战斗时，医生却带来

一个不好的消息：虽然手术很成功，但是他的双腿却出现了血栓，必须卧床休息半个月。

领导要将张伯礼接回天津，让他以自己的身体为重，不可再过度操劳，可张伯礼拒绝了。他说：“我绝对不回！我们刚开始打仗，我怎么可以就这样撤离战场！”

张伯礼一边服药，一边忍着疼痛再次返回江夏方舱医院开展工作。作为总指挥的他一回归便被中医专家们包围了，大家纷纷把这段时间的情况向他进行汇报。短暂的会议结束后，张伯礼便穿上防护服进入隔离区观察证候，看舌苔、摸脉象，视察病区环境。

巡视结束以后，众人才发现张伯礼的防护服早已经被汗浸湿，穿在里面的衣服仿佛是刚从水中捞出，汗水一滴一滴落下。在其他医生的催促下，张伯礼返回休息室换上干净衣服，匆匆扒过几口饭，便召开会议继续研究方案，针对两大类病患反应新制定了一号处方、二号处方，指导护士们记录观察中医药的疗效特点和规律。

张伯礼的指挥使方舱内部有条不紊地运行着。除了最初提出的太极拳，他还要求病患们练八段锦，每天都需配合中药进行按摩、敷贴和针灸，通过这些举措防止患者病情加重。在中西医结合治疗下，新冠肺炎痊愈率也明显提高了。

这些临床数据是张伯礼向国家提交的一份完美答卷。在他的带领下，中医药学深度介入抵抗疫情，首次大范围有组织地实施对病患的早期干预，首次整建制接管疫情病区，首次进行中西医全程联合巡诊和查房……其中有无数个首次，这些大胆尝试需要的不单单是执行能力，更需要爱国爱民的责任心。

一切的付出都得到了回报，自 2020 年 2 月 14 日开舱至 3 月 10 日休舱，江夏方舱共收治 564 名新冠肺炎患者，他们做到了患者零转重症、零复阳，医护人员零感染！就算身体抱恙，张伯礼也坚守在自己的岗位上，不曾离开，与全国各地亿万名默默付出的医护人员一起冲锋前线，坚持到听见告捷的号角，看到胜利的旗帜的那一刻。

“唯愿樱花烂漫时，江城无恙展新颜”，落雪那天无数人共同许下的愿望，终于在武汉第一株早樱开花时成真了。

3 月 19 日，武汉“清零”。这是新增确诊病例、新增疑似病例、现有疑似病例首次全部归零。春风吹醒了樱花，也吹散了积压已久的恐惧阴霾，樱花树上星星点点的粉色装扮着这座恢复生机的城市。

医护人员是抗击疫情的中坚力量，他们负重前行，在逆境中寻找成长的钥匙，在艰难的战役中获得精神的洗礼，最终用坚定的信心和直面惊涛骇浪的担当带领人民乘风破浪。从医50年的张伯礼在“人民英雄”国家荣誉称号颁奖仪式后说，他是代表全体中医药人站在这里，而这枚勋章应该被珍藏，并成为新的动力。

“临危受命，领衔出征，留肝胆于斯地；舍生忘死，妙手仁术，拯民心于针汤。”张伯礼古稀之年出征武汉，国医济世，德术并彰，身披“白甲”坚守中医药阵地。在疫情汹汹而来时，他义无反顾前往抗击疫情的最前线，以中医药学的综合治疗吹响战争的第一声胜利号角。让我们记住领奖台上精神矍铄的张伯礼，记住这位与武汉“肝胆相照”的人民英雄！

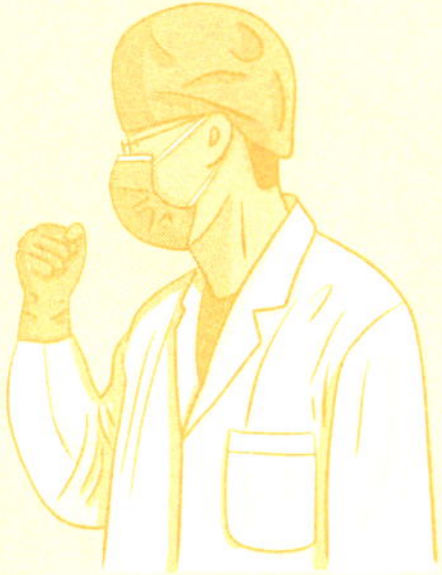

张定宇
——不忘初心，不负此生

“他曾经说：‘我这样奋力地工作就是因为我热爱生活。’正是这份热爱让他在面对肆虐的病毒的时候拥有无比的勇气和力量……”

2020 年 9 月 8 日，激昂的颁奖词正播报着，飘扬的红旗在阳光的沐浴下闪着耀眼的色彩，人民大会堂里正在举办全国抗击新冠肺炎疫情表彰大会，掌声此起彼伏。这一年有无数家庭经历着生离与死别，这一年也有无数英雄站在抗疫前线围成保护人民的堡垒，这一年有希望引领人们往前走，这一年是不普通的一年，因为新冠肺炎疫情，也因为那些默默付出的人。

“……他的双腿已经开始萎缩，但他站立的地方，是最坚实的阵地！”

话语落下后，视线尽头走来一位步履蹒跚的老人，他穿着笔挺的西服，一深一浅的脚步格外坚定又格外令人心疼。他向台下为他鼓掌的群众回以微笑，神情从容地向领奖台中央走去。台上，他微微弯下腰，戴上习主席授予的代表荣誉与肯定的“人民英雄”奖章，在快门声与掌声中淡然笑着。挺拔的身躯让人短暂地忘却了他其实是一名渐冻症患者，那一刻，他在所有人心中留下了伟岸的模样，他就是张定宇，一位身处困境却从不言放弃的人民英雄！

表彰大会结束后，张定宇接受了记者的采访。记者们提出了许多问题，其中一个令张定宇沉默许久，片刻后他才缓缓说起了自己的童年，回答为何会走上从医这条道路。

张定宇望向记者，坐在摄像机前的他身上穿着还未换下的西服，透过稍有雾气的眼镜，他好像看到了父亲满怀期待的双眼，而父亲身后是高低错落的房屋，白墙青瓦，树影婆娑。那一刻，他的思绪化成小船，在岁月这条长河中逆流而上，抵达回忆中的堤岸。

逆境前行

1963 年 12 月，在一个飘着雪的冬日里，张定宇降生于湖北武汉。这座有着“江城”之称的省会城市被长江与汉江交错分割为三个部分，而张定宇的家就在汉口的汉正街上。起初，张定宇一家的生活幸福又美好，他的童年是在哥哥自行车的后座上度过的。在他印象中的每一个傍晚，他们都会到街口迎接下班归来的父母。

暮色映在江上，波光粼粼，夕阳从树叶间的缝隙中穿过洒下光斑，一家人在落日余晖中向家的方向前进。坐在自行车上的张定宇紧紧抓着哥哥的衣角，在母亲温柔的叮嘱里感受生活的安谧。

可惜这样的生活持续到小学便戛然而止，张定宇第一次感受到了生命的脆弱。平日里总是充满活力的母亲卧躺在床上，脸色苍白且憔悴，旁边是沉默不语的父亲。那些被血染红的纸团几乎每天都会出现，代替落日成了他记忆中最难以抹去的色彩。

“爸爸，您说我未来要做一个怎样的人呢？”

被作文困扰的张定宇一边往嘴里扒着饭，一边询问着父亲。

“我们定宇想当一名医生吗？学医就能照顾妈妈了，还能帮助很多陷入困境的家庭。”父亲期待地望向他。不知不觉中，时光在父亲的眼角刻下皱纹，而那双带着期望的眼也成为张定宇心中的一束光，照亮了未来的方向。

张定宇在书桌上一笔一画地写着作文，一字一词一句之间，都是小小的他对未来的憧憬——当一名医生，和哥哥一起照顾父母，还要救助其他人，保卫更多家庭。从那晚起，他一改平时爱玩闹的模样，变得认真刻苦，每天都认真向哥哥请教学习中的问题，还会主动分担家务。

度过无数个奋笔疾书的日夜，张定宇成功考上了重点中学，而后又被华中科技大学同济医学院录取。可正当他开始计划自己的未来生活时，一个沉重的打击猝不及防地降临在这个家庭里。

1983 年，张定宇的哥哥被检查出流行性出血热，不久后病情加重引起尿毒症，呕吐、腹泻、出血，原本健硕帅气的哥哥被病痛折磨得奄奄一息。

“好想再看一次樱花啊，以后你要连我的份儿一起，照顾好妈妈。”由于医疗条件有限，哥哥没能熬到春天，在那个冬日里离开了这个世界。那年的寒冬带走了哥哥的生命，也带走了张定宇的笑颜。每到傍晚，他都会想起哥哥的自行车后座，还有那个曾经美满的小家。

从那以后，张定宇和母亲都不敢看《新闻联播》，因为哥哥和其中一名播音员长得神似，每看到一次便会加深一分对哥哥的思念与无法言说的苦楚。所幸张定宇并没有被打倒，他越发刻苦，想让自己更优秀一点，宽慰父母的内心。

可命运却仿佛要将他牢牢踩在脚底一样，在他好不容易走出悲痛时，又一个噩耗接踵而来，让原本就已经伤痕累累的家庭彻底支离破碎——父亲被查出食道癌。癌细胞很快转移至肝脏，父亲就这样被癌症夺去了生命。父亲去世后，母亲整日以泪洗面，而年仅22岁的张定宇也被狠狠击倒，他将自己锁在房间内，伤感世事无常，痛恨命运不公。

隔着房门传来的母亲的阵阵咳嗽声，唤醒了张定宇那颗消极的心，他想到父亲期盼的目光和哥哥临终时的嘱咐，意识到自己得振作起来照顾好母亲，努力成为医生，让更多家庭免受他们所经历的生离死别的痛苦！张定宇咬牙坚持从同济医学院毕业，在武汉市第四医院担任麻醉科医师，他的生活从此变成医院与家两点一线。

医者本能

经历越多的生离死别，就越会珍惜活着的可贵，越想去拓展生命的厚度与宽度。在从医的 30 余年中，张定宇为救助更多病人，多次在危机时刻挺身而出，不论是处境危险或是身患重病，都无法阻挡他救死扶伤的医者仁心。新冠肺炎疫情暴发时，他用生命与疫魔鏖战，这却并不是他第一次毫不畏惧不顾自身安危救人，在此之前他也曾一次又一次以一己之力拯救病患。

1997 年，中国号召组织医疗队出征非洲北部的阿尔及利亚进行援助，张定宇得知后便立即填报意愿书，搭上前往远方的航班。在空中，他看到了被夕阳渲染的云朵和渺小的城市。张定宇在阿尔及利亚参与救助的两年里，亲眼看到了在水深火热中苦苦寻求希望的异国人民。他曾在日记中写道，很庆幸自己选择了医生这个职业，未来也会坚守医者初心，倾尽所有拯救病人。

在援非的两年时光里，张定宇也遇到了很多挫折，他因此深感自己能力的不足，于是回国后立刻着手准备报考博士学位研究生。在上班外的闲暇时间，他都抱着厚厚的书籍学习，一遍记不住就翻阅两遍，床边高高垒起的书籍成为他向上攀登的梯子。2002 年，他成功考上了同济医学院在职博士。

2008 年，无情的地震将汶川变成废墟，到处是瓦砾和废石，恐慌的人们眼中满是绝望的泪水，来不及抢救的伤患数不胜数，死亡人数每日剧增，亿万中国人民都在心中为灾区祈祷着。张定宇也同样心系灾区，他主动申请前往重灾区，申请通过后他立刻带领湖北省第三医疗队奔赴什邡市。身为麻醉师的他奔波于不同的手术台之间，他既不害怕余震也不感到疲惫，只担心自己不够快，不能帮忙拯救更多同胞。

2010 年，国际医疗人道救援组织在中国发布寻求令，张定宇是中国第一批加入的医务工作者，也是湖北省第一位“无国界医生”。当时巴基斯坦局势动荡，张定宇毫不畏惧，在成为“无国界医生”后直接参与了当地的独立人道医疗救援工作。次年除夕，当中国上下都沉浸在新春的喜悦中的时候，巴基斯坦西北部的反恐战争却一直在进行中。面对几乎每天都会看到的血肉横飞的惨状，远在异乡的张定宇只能在战火连天的危境中抢救着伤患。

“有一个待产孕妇子宫破裂出血了，需要紧

急抢救。”医院电话中传来求救消息。

“得把孕妇送进医院啊，外面还没停战，现在我们无法离开医院！”护士焦急地向对方说着。

“我去吧。我穿着白大褂，他们不会伤害到我的。”张定宇说完便向医院大门跑去，可就在此时，不远处一个炸弹爆炸了，瞬间火光升腾，围墙也因承受不住而崩裂坠落一地。

“张医生，别去！外面太危险了！”其他医护人员想拦下张定宇，他却只是摇摇头就跑出医院，向孕妇所在的方向赶去。

“快！手术室！”待他再次回来时头上脸上已经满是尘土，气喘吁吁地连话都说不全，抱着孕妇放上病床推向急救室。输液、给氧、麻醉、剖腹，一切都有条不紊地进行着。伴随着婴儿的一声啼哭，手术终于结束了。躺在病床上的产妇向张定宇表示感谢，他只是说这是他身为医生该做的。

2018 年，张定宇被限定了生命的长度，刚过完 55 岁生日没多久的他被确诊为渐冻症。这是一种罕见的疾病，目前在中国乃至全世界都还未能研发出治疗药物，患者的肌肉会慢慢萎缩直到彻底丧失行动能力，最终呼吸衰竭，失去生命。正值壮年的张定宇听到这个噩耗，在一夜未眠后默然接受，他想未来的自己只能和时间赛跑了，既然不能阻止病情，那就让剩下的时间更有意义吧！

在此之后，张定宇在医院里开始用大嗓门儿进行指挥，可伴随着越来越大的嗓门儿而来的是他愈渐迟缓的脚步。他用轻松的语气告诉妻子虽然自己的右腿被“冻”住了，左腿反倒更有力气，想以此安慰她，却不料引得爱人彻底红了眼眶。

2019 年 12 月 27 日晚，张定宇在办公室加班时接到来自同济医院的紧急电话，称有一位不明原因的肺炎患者，肺部呈毛玻璃状，疑似患了一种新型传染病，且除了同济医院外还有其他医院也收治了几名相同病症的患者。这句话犹如石子一般投入张定宇心中，激起无数波澜。此时临近新年，而武汉又有数百万流动人口，万一这个时候出现传染病，后果将不堪设想！

张定宇立刻下令进行二级防护，一人一车单独接送，直到凌晨才将所有患者接到金银潭医院南七楼重症病区。出于对 7 个不明肺炎病例的本能警惕，他当晚便安排采集支气管肺泡灌洗液样本送检，却得到一个令人害怕的结果——这是一种类似“非典”病毒的冠状病毒，具有很强的传染性。值得庆幸的是，张定宇的快速反应为确认新冠病毒赢得了宝贵的时间。

从那个夜晚开始，一场壮烈的战“疫”打响了。开辟专门病区、迅速进行隔离、保证消毒清洁、紧急调配物资设备……张定宇这一系列教科书般的措施让金银潭医院避免出现严重的院内感染事件，也使其成为武汉重症患者救治的主战场之一。随着时间流逝，病患每天都以几倍的速度增加，医院灯火通明，医护人员们彻夜忙碌，消毒、接收、治疗，每个人都像皮筋一般被超负荷的工作量拉得紧紧的，无法喘息，却毫不退缩。

“我们已经站在一个风暴眼上，必须保卫我们的武汉，保卫武汉人民！”

张定宇在会议上鼓舞全院800多名医护人员，自己更是冲在第一线。患病的他原本需要增加休息，并每日用热水缓解肌肉萎缩，可最初一个多月他几乎都是在办公室沙发上打个盹儿便继续工作。因为过度忙碌导致渐冻症病情越来越严重，让他的步伐更加艰难。一次下楼时，由于失去支撑张定宇差点从楼梯上摔倒，但这没有使他慢下步伐，唯一改变的就是他开始使用登山杖来让自己保持稳定。

在张定宇边跑边喊的指挥下，医院有条不紊地运作着，可被称为“铁人”的他却收到消息，一样冲锋在前线的妻子意外感染了新冠病毒。

临近春节，一面是感染病毒的妻子，一面是人满为患的病房与无处安置的病人，还有自己越来越不受控制的身体，张定宇看着空荡荡的大街潸然泪下。

“我很内疚，也很害怕，我也许是个好医生，但不是个好丈夫。我们结婚 28 年了，与她相比我总是首先选择病人，我怕她身体扛不过去，也怕失去她！”这是张定宇写在日记里的话，他自24岁与妻子相爱至今，可他却没办法第一时间去往妻子的身边给予她力量，因为医院离不开他，几千名病人也离不开他。妻子住院的第三天深夜，张定宇才有时间前去看望，却也只待了不到半个小时。后来一直到妻子出院，他都没能再出现，两个人仅仅是在微信上互报平安。

为了寻求新冠病毒的治疗方法，在国家法律政策的允许下，张定宇带队开展了抗病毒药的临床研究，并利用康复者血浆进行重症病人的救治研究。在他的呼吁下，很多康复患者捐献了血浆，其中也包括他刚痊愈的妻子。除此之外，他还组织动员遗体捐赠以开展新冠肺炎病理研究，全国第一例新冠肺炎遗体解剖工作正是在金银潭医院完成的，这些举措为全面打赢抗击疫情的战役奠定了坚实基础。

武汉金银潭医院是这场战“疫”最先打响的

地方，也是离危险最近的地方。在病毒肆虐时，身为医院院长的张定宇以蹒跚的脚步追赶着时间，带领着医护人员救治了2800余名患者，用渐冻的生命在抗疫战役中点燃患者生的希望和信心。他从不抱怨命运，反而对于所拥有的一切都更为珍惜，他说在医院看到年轻的同事“啪嗒啪嗒”地从台阶上飞奔而下，他就觉得生活很美好；看到那些患者逐渐康复重展笑颜，他就觉得一切都值得；看到阳光和被风吹落的树叶，他就觉得很幸福，想在未来做更多的事。

2021年2月17日，张定宇入选“感动中国2020年度人物”，颁奖词用简短的话语概括了他的不平凡：“步履蹒跚与时间赛跑，只想为患者多赢一秒；身患绝症与新冠周旋，顾不上亲人已经沦陷。这一战，你矗立在死神和患者之间；那一晚，歌声飘荡在城市上空，我们用血肉筑成新的长城。”

当他以不太平稳的步伐走上台时，台下响起了经久不息的掌声。一位老人含着泪向张定宇呼喊，让他慢一点走，告诉他全国人民都愿意等他！

褪去白大褂，张定宇也是一个普通人。疫情好转后他终于慢下来，开始进行康复治疗，也终于能够再次骑上自行车，与妻子一起慢慢骑行于东湖，感受生活的美好惬意。他的身后是花冠繁茂的樱花树，他的耳边是欢乐喜悦的笑声，他的眼前是充满希望的未来。

在我们的心中，张定宇是伟大的人民英雄，他身披白甲冲锋在前，踉跄却坚定地奋斗着，虽然他一生遇到了太多的挫折与打击，可是他却始终如同一位英勇的守卫者，永远矗立在患者身边。

陈薇
——军人的使命，人民的坚盾

2019 年年底，突如其来的新冠肺炎疫情打破了人们平静的生活，在与疫情战斗的过程中，疫苗成了保护人们最有力量的“盾牌”。

“请出示健康码，按顺序进入！”

“请按照地板上的一米标线，保持距离排队等候！”

“请佩戴好口罩，不要随意摘下！”

翘首以盼的人们在医护人员的引导下有序

地排队，期望自己能尽快接种疫苗，不再因为新冠肺炎疫情而担惊受怕。伴随着疫苗的普遍接种，人们的生活也逐渐恢复正常。

今天，我们就要给大家介绍一位为人们铸造“抗疫盾牌”的英雄——陈薇。

2021 年 2 月 25 日，我国首个腺病毒载体新冠疫苗获得国家药监局批准上市，这是国内首个单针接种的新冠疫苗，证明了我国疫苗研发已处于世界的第一方阵。截至目前，世界上还有许多国家的人民都在期盼着新冠疫苗的接种。对于他们而言，疫苗就代表着希望，是挽救生命的希望，也是国家经济复苏的希望。随时预约疫苗接种，这个在我国已经看似平常的事情却是很多国家的人梦寐以求的！

那些为我们构筑疫苗屏障，为人们建立起安全感的人民英雄是多么令人钦佩！

陈薇就是这些英雄中的一员。她是拥有少将军衔的中国工程院院士、生物安全专家、军事医学科学研究员，同时还是人民群众心目中的巾帼英雄。

2020年9月8日，庄严肃穆的人民大会堂用最高规格的礼仪迎接当天的主角们。音乐声中，穿着军装、留着利落短发的陈薇走上颁奖台，从习主席的手中接下了沉甸甸的奖章——“人民英雄”国家荣誉称号奖章。

她是以军人和科学家的身份站在领奖台上的，这枚奖章表彰她报效祖国的忠诚、研发疫苗的刻苦。面对台下为她鼓掌的人，人称“铁娘子”的陈薇红了眼眶，她忍着泪水，向台下和电视机前的千千万万观众还以标准的敬礼。

“老了啊，以前没有一根头发是白的。”电视机前的一位老奶奶发出感叹，她正是陈薇的母亲。

当所有人都在为陈薇欢呼时，这位年近八旬的母亲却只看到女儿斑白的双鬓，她望着屏幕上的女儿，除了自豪，更多的还有心疼。那个曾经只会向自己撒娇的女儿，一转眼已经成为让国家、人民认可的英雄，这中间经历的艰难困苦，只有女儿自己知道。老母亲擦了擦眼角的泪珠，她俯身拿起相框，那是年轻时和女儿拍下的合照，思绪也飘向窗外回到过去。

蔷薇女孩

1966 年，花园里盛开着的蔷薇花，被大雨浇了一整夜后，仍然活力十足，正随着风儿起舞。

此时，一对幸福的夫妻也在雨后迎来了小

家的新成员——一个可爱的女婴。他们为女儿取名“陈薇”，希望她能和屋外的蔷薇一样茁壮成长，即使是在挫折中依旧能坚强怒放。

像父母的祝愿那样，陈薇从蹒跚学步到牙牙学语，从学习《三字经》到阅读英文原著，几乎样样拔尖儿。即使遇到困难，她也从来不会放弃，只会咬紧牙关再次拼搏。她是街坊邻居教育自家儿女时常说的“别人家的小孩”，但儿时的玩伴并不会因为陈薇的优秀而疏远她。在他们眼中，陈薇是遇到问题时帮助他们寻求解决方法的最佳搭档，因为她看过的书籍和了解的知识远超他们，总有一些新奇的想法，能带领大家出奇制胜。

陈薇最初的梦想并不是成为科学家，而是当一名教师。她从小学开始便是连任的班委，一直是老师们的好帮手，老师们都很喜爱这个

在大学里，她不仅是众人眼中的学霸，还是校园女神。那时她长发飘飘，清秀可爱，身为理科生的她喜欢舞蹈和文学，还经常参加舞会，是学校里无人不知的风云人物。她虽然生性活泼，却不会错过任何科研实验与课程学习的机会，也正是丰富的爱好让她能够一直保持敏锐与好奇，对科学研究从来不曾厌倦。

本科毕业后，陈薇获得了浙江大学的保送资格，在清华大学生物化工专业攻读硕士学位。机缘巧合下，她到军事医学科学院取抗体，由此接触到了这个和学校不一样的特殊单位。

陈薇一下子就被那里高科技的实验设备、走在前沿尖端的科研课题所吸引，她知道，在这里能实现自己的愿望，于是，陈薇立刻作出决定——她要去参军，要去军事医学科学院做科研！

毕业后，陈薇走了一条与其他同学截然不同的道路，她拒绝了知名公司的邀请和丰厚的薪资待遇，被特招入伍，走上了一条军事科研的道路。

当同学拿着百万年薪时，也会在聊天中问起那个当初的校园风云人物，她在做什么呢?

“她不是在实验室，就是在前往实验室的路上。”

陈薇的同事对她的印象就是繁忙与刻苦，她不断在科研中探索，从没有停下脚步。1998年，陈薇获得军事医学科学院医学博士学位。不仅如此，她还破格晋升为研究员，享受首批军队特殊人才津贴，这些都是国家对她的嘉奖。然而陈薇却不觉得有什么了不起：“穿上这身军装，这一切都是我应该做的。”

战“疫”坚盾

2003年“非典”暴发，全国上下陷入恐慌，科学院率先分离出新型冠状病毒，陈薇临危受命，研发抗“非典”病毒药物，她带领团队成员，冒着生命危险与病毒零距离接触。由于每次离开实验室，脱下防护服都需要很长时间进行消毒，为了跟时间赛跑，陈薇不顾身穿防护服产生的负压缺氧状态，在实验室里一待就是八九个小时，甚至减少吃饭和喝水、使用成人尿不湿，以减少离开的次数，这种艰辛一般人难以想象。

庆幸的是，陈薇和组员终于在实验中有了重大的发现：细胞在干扰素的保护下可以抵抗“非典”病毒的攻击，起到了明显的预防作用！

陈薇那被防护面具勒得发红的脸上终于露出了笑容，她知道自己成功了！但这并没有使她放慢脚步，反而令她更为紧张。她在数天内跑遍了全国83个“非典”定点医院，根据干扰素的作用对患者指导用药，在最短的时间内验证了干扰素的有效性。陈薇深知，必须比病毒更快才能战胜病毒，她将所得的资料收集起来，并整理上报国家审批。

随后，她和团队研发的“重组人干扰素ω”正式获批进入临床使用，陈薇组织实验室全体人员共同投入生产线，在他们的努力下，喷鼻剂的日产量甚至达到了两万支！这是惊人的产量，谁能想到最开始每天只能生产几百支！多少医护人员经历了不眠不休的努力，才能达到如此结果。更值得骄傲的是，“重组人干扰素

ω”喷鼻剂成为抵抗“非典”病毒的第一道防线，根据统计，全国有 1.4 万名在抗疫前线的医护人员使用了喷鼻剂并且无一人感染！

这是陈薇第一次奔赴抗疫前线，却不是最后一次。

2014 年，西非埃博拉疫情大规模暴发，并且迅速传播至欧洲与美洲，引起全球恐慌。虽然国内没有埃博拉病例，但陈薇却明白，疫苗研究迫在眉睫。她不顾劝阻，自告奋勇地率队赴非。

陈薇认为只有成功研制疫苗才能将疫情隔绝，在她的坚持下，她向疫情席卷处英勇逆行。在艰苦的条件下，她率领团队研发出世界首个 2014 基因突变型埃博拉疫苗，同时也是首个冻干剂型埃博拉疫苗。这在世界上引起轰动，所有人都被这个看似柔弱的女科学家震撼，无法想象，她瘦小的身躯装着多么惊人的能量！她为全世界人民筑起了一道抵御病毒的坚实护盾，展现了中国的大国形象和大国担当！

30 多年的军旅生涯，陈薇一直战斗在生物安全防控的最前沿，有很多同事都劝她不要选择这些会危及生命的“魔鬼”课题研究，因为这些成果很可能最终在临床上得不到应用。

陈薇每次听见这样的说法总会一笑而过，直到后来，她才对同事们说出了心声，“我穿上这套饱含人民期望的军装，就需要做到军人应该做到的事，那就是真正地保卫祖国、保护人民。如果我的科研成果没有被应用，我真的会感到万分庆幸，至少人民都是安全的。”只要一想到这些烈性微生物很有可能给世界带来毁灭性的灾难，她便不敢停止脚步，她必须主动出击，防患于未然，在一切可能发生的危险来临前，铸造出能够抗争的“盾牌”。这是作为科研工作者的使命，也是身为军人该具备的担当！

2016 年，陈薇被评为“中国十大科技创新人物”之一，与她一起入选的，还有女科学家屠呦呦教授。接过奖杯的一瞬间她听见了台下观众热烈的掌声和欢呼声，她知道自己走了一条正确的道路，她将守护人民向着美好的未来前行。

2019 年的年末，一场突如其来的新冠肺炎疫情将全世界都拉入恐慌之中。这是一次重大的突发公共卫生事件，从最初的几人到数以万计，再到武汉封城，病毒所带来的恐慌在新年伊始跟随春运迅速蔓延了整个中国。春节，这本是个阖家团圆的日子，却因感染人数的不断增加而变得压抑沉重，每个人的心中都充满了对未知的恐惧。

就在人们感到无助时，一批批逆行驰援武

汉的“战士”让希望再次燃起，他们明白前路是危险的，却依旧义无反顾地在最前线拉开生命保卫战的序幕。陈薇也是“最美逆行者”中的一员，她率领的团队在最短时间集结完毕，大家分别从各自家乡返回北京前往武汉。这支团队是军事医学科学院的骨干力量，对于他们而言，这次行动并非逆行，而是使命，他们要做的是顽强战斗、保卫人民。

抵达武汉的当天夜里，陈薇便召开会议，将疫苗研究作为此次行动的主攻方向，检查溯源、样本采集等也需同步进行。那时，武汉正值疫情高峰期，核酸检测是防疫最关键的技术支撑，严峻的形势下检测需求飙升。陈薇为了让医院能尽快得到检测结果以便救治患者，第一时间组织团队先放下其他工作，设计搭建全自动核酸提取平台和全自动抗体检测平台，并使用自主研制的试剂盒将样本检测时间压缩至 4 小时。他们的这一做法既能让医院及医生在最短时间内得知结果，同时也能降低新冠病毒的二次传播概率，这是给所有医护人员的一剂强心药！

为了尽快研制出疫苗，挽救人民生命安全，陈薇每天通宵达旦工作。几十年与“毒”共舞的经验让她积累了超乎常人的对病毒的敏锐感知。在一切检测工作做完后，陈薇便正式开始疫苗研制，她根据病毒的特性制定了 3 条研究推进方案，两个月内不曾停歇地以最快的速度完成了疫苗的研发以及相对应的生产制备。

“Ad5-nCoV 疫苗通过质量检测，符合预期标准！”

“临床研究注册审评通过了！”

“我们做出了全球首个开展临床试验的新冠病毒疫苗！”

“今晚世界第一针新冠免疫接种成功！”接二连三的好消息传到了实验室。

疫苗Ⅰ期临床试验成功，108位志愿者结束了医学观察，健康状况良好。这是陈薇及其团队在武汉113天里不分昼夜全力以赴的研究成果，是以最快速度、最优设计研发的疫苗。全世界都因此沸腾了，他们看到了出类拔萃的“中国速度”，也看到了战胜新冠肺炎疫情的希望就在前方！

“人民英雄”国家荣誉称号颁奖词中这样说道：“新冠肺炎疫情暴发后，她闻令即动，在基础研究、疫苗、防护药物研发方面取得重大成果，为疫情防控作出重大贡献！”

陈薇临危受命，带领人民脱离疫情的沼泽，走向饱含希望的未来。被坚实的健康屏障保护着的中国人民将永远牢记她的付出，牢记这位为我们铸造生命盾牌的巾帼英雄！